国家社科基金青年项目"海德格尔后期存在论美学研究"(15CZX062)结项成果。

西安石油大学优秀学术出版基金资助成果。

海德格尔后期
存在论美学思想研究

张海涛 著

中国社会科学出版社

图书在版编目(CIP)数据

海德格尔后期存在论美学思想研究/张海涛著. —北京：中国社会科学出版社，2023.6
ISBN 978-7-5227-1448-6

Ⅰ.①海… Ⅱ.①张… Ⅲ.①海德格尔(Heidegger, Martin 1889—1976)—美学思想—研究 Ⅳ.①B516.54②N02

中国国家版本馆 CIP 数据核字(2023)第029370号

出 版 人	赵剑英
责任编辑	王小溪
责任校对	师敏革
责任印制	戴 宽

出　　版	中国社会科学出版社
社　　址	北京鼓楼西大街甲158号
邮　　编	100720
网　　址	http://www.csspw.cn
发 行 部	010-84083685
门 市 部	010-84029450
经　　销	新华书店及其他书店
印　　刷	北京君升印刷有限公司
装　　订	廊坊市广阳区广增装订厂
版　　次	2023年6月第1版
印　　次	2023年6月第1次印刷
开　　本	710×1000　1/16
印　　张	15.25
插　　页	2
字　　数	215千字
定　　价	79.00元

凡购买中国社会科学出版社图书，如有质量问题请与本社营销中心联系调换
电话：010-84083683
版权所有　侵权必究

目　录

前言 ………………………………………………………… （1）

第一章　生活之路：海德格尔介绍 ……………………… （1）
　第一节　海德格尔的生活背景 ………………………… （3）
　第二节　海德格尔的人生经历 ………………………… （7）
　第三节　海德格尔的主要哲学思想 …………………… （32）

第二章　存在之思：海德格尔的存在论辨析 …………… （40）
　第一节　前期海德格尔的存在论思想 ………………… （42）
　第二节　后期海德格尔的存在论思想 ………………… （54）

第三章　存在要义：海德格尔存在论之三维 …………… （65）
　第一节　思维维度 ……………………………………… （65）
　第二节　伦理维度 ……………………………………… （70）
　第三节　对话维度 ……………………………………… （84）

第四章　美学初构：海德格尔的生存论美学 …………… （107）
　第一节　生存论美学的确立 …………………………… （109）
　第二节　生存论美学的基础 …………………………… （117）
　第三节　生存论美学的域限 …………………………… （132）

第四节　生存论美学的转向 …………………………………（140）
　　第五节　生存论美学的审美旨趣 ……………………………（151）

第五章　美学表达：后期海德格尔的语言之思 ………………（159）
　　第一节　语言的工具化 ………………………………………（161）
　　第二节　语言的表达 …………………………………………（167）
　　第三节　语言的接受 …………………………………………（172）
　　第四节　语言作为美学的研究基础 …………………………（178）

第六章　美学升华：后期海德格尔的"诗意栖居" ……………（185）
　　第一节　理念与诗意的碰撞 …………………………………（185）
　　第二节　诗之自由与诗人之回归 ……………………………（192）
　　第三节　诗之真谛 ……………………………………………（201）

第七章　美学反思：后期海德格尔的艺术之思 ………………（207）
　　第一节　艺术作品的特性 ……………………………………（207）
　　第二节　艺术与真理的关系 …………………………………（213）
　　第三节　审美境域的开启 ……………………………………（218）

参考文献 ………………………………………………………（223）

前　　言

　　20世纪80年代中期随着中国思想界掀起的"存在主义热",海德格尔开始受到中国学人的重视。国内海德格尔研究亦在此一时期真正确立。30多年来研究队伍不断壮大,研究成果蔚然可观,涌现出了陈嘉映、王庆节、孙周兴、彭富春、张祥龙等一大批知名学者,他们对海德格尔哲学中的诸多论题都进行了卓有成效的研究,如生存问题、语言问题、诗学问题、他人问题、世界概念、自然概念、本有概念,以及其理论与诸多西方现代哲学流派和中国传统哲学(尤以道家、禅宗哲学为重)的关联问题等,取得了丰硕的成果。可以说,30多年来"海德格尔在中国"的态势不断加强。"海德格尔"也从原初的哲学论域不断拓展,逐渐影响到人文学科的诸多领域。"在《存在与时间》中文版出版以来的21年中,海德格尔影响了当代哲学学科下包括马克思主义哲学在内的诸多学科,影响了文艺理论、艺术评论甚至诗歌创作。其流泽之广远大大超过了韦伯,甚至超越康德。"[①]

　　然而就海德格尔美学思想的研究来说,目前国内有关海德格尔的论著中,有关其美学思想的专题论著及在美学论域内对海德格尔的研究专著并不多。除去笔者的专著外,仅有的4部专著分别是刘

[①] 丁耘:《启蒙主体性与三十年思想史——以李泽厚为中心》,《读书》2008年第11期。

旭光的《海德格尔与美学》（上海三联书店2004年版）、张贤根的《存在·真理·语言——海德格尔美学思想研究》（武汉大学出版社2004年版）、王昌树的《海德格尔生存论美学》（学林出版社2008年版）以及郭文成的《海德格尔晚期美学思想研究》（人民出版社2016年版），足见国内海德格尔美学思想研究的薄弱。在这4部著作中，前两部专著并未能将现代西方审美主义所关注的核心问题及中国当代美学亟须思量的问题，即审美如何解答人的生存意义质询的问题与海德格尔关注的核心问题（此在的生存现实与此在本真存在的可能）进行有效的对接。刘著只是从现有的美学观念如美学观、美观、艺术观、美学史观来挖掘海德格尔的相关论述，由此将海德格尔纳入既有的美学框架。张著则与其说是海德格尔美学的思想研究倒不如说是在分期（前、中、后三期）的基础上对海德格尔思想的概论，美学的问题域并不突出。王昌树的《海德格尔生存论美学》虽然以生存论为视野来整体考察海德格尔的美学思想，但海德格尔对人之生存之思的前、后期巨大差异并未得到突出。郭文成的《海德格尔晚期美学思想研究》将海德格尔的哲学思想划分为早、中、晚三期，与学界较为普遍地将海德格尔哲学思想分为前后两期的观点出入较大，同时，郭著在对海德格尔晚期思想整体论述的过程中并没有将美学作为贯穿始终的线索，而是突出海德格尔晚期哲学的语言性，实际上是对海德格尔晚期语言哲学的研究。另外，就有关海德格尔美学思想的研究论文来看（包括以海德格尔美学思想为研究对象的硕士、博士学位论文），现有的300余篇论文中，发表时间多集中在21世纪的近十几年间。这说明海德格尔的美学思想研究已经逐渐引起学界的重视。但就论文的内容来看，沿着海德格尔的思路对海德格尔的美学思想进行解读和有关海德格尔美学思想的概论性质的论文又在论文总体中占据了绝大部分。这说明当前国内海德格尔美学思想研究还主要集中在介绍、阐释的层面上。截至目前，在以海德格尔的美学为主题的研究成果中注意到海德格尔前、后期美学断裂,明确指出海德格尔后期存在论审美主义倾向的成果较少,对海德格尔美学的系统性研究及海德格尔后期美学思想的专题研究还有进一步深入的空间。

国外的海德格尔研究起步较早、成果丰富,但仍有一些问题还有深入研究的空间,主要体现在以下两个方面。

一是,后期海德格尔的"本有"存在论与前期此在生存论的断裂问题。一部分学者认为后期海德格尔"本有"存在论是其前期此在生存论的自然延伸,如奥特里·波格勒(《海德格尔的思想之路》)、Michael Inwood(《海德格尔》)等。也有些学者谈到了后期海德格尔哲学的转向问题,但主要是指对主体性残余(生存唯我性)的克服,如 George Pattison(*The Later Heidegger*)。海德格尔本人在《给理查森的信》中虽然承认其前、后期思想的差异,但更倾向于认为其后期思想包含前期思想。也有学者认识到海德格尔前、后期思想的巨大差异。理查森在给海德格尔的信中明确将海德格尔分为海德格尔Ⅰ和海德格尔Ⅱ,伽达默尔在《海德格尔后期哲学》中认为《艺术与作品的本源》的发表标志着海德格尔思想的异质性转向,克劳斯·黑尔德在《海德格尔与现象学原则》中则把海德格尔后期思想的转向理解为海德格尔对此在与敞开维度关系的翻转。这些观点尽管没能够直接指出后期海德格尔的"本有"存在论与前期此在生存论的断裂问题,但已经意识到后期海德格尔由于舍弃此在而呈现出了不同的思想特征,为我们研究这一断裂提供了重要的思想启发和理论支撑。

二是,美学在海德格尔存在论中的地位和美学在其哲学历程中的作用。尽管有些学者已经认识到海德格尔哲学的诗化特征,并直接以海德格尔的美学为研究对象,如马克·弗雷芒-默里斯(《海德格尔诗学》)等,但他们多局限于对后期海德格尔语言论、艺术论的阐发,没有明确指出美学或诗学在其哲学中的地位和作用问题,更没有具体论述美学在海德格尔前、后期思想中地位与作用的实际变化及其带来的理论后果。其他一些学者注重海德格尔美学与其他非致思性美学的关联研究，如 Steven L. Bindeman (*Heidegger and Wittgenstein: The Poetics of Silence*)。但多停留在区域性的美学比较研究上，致力于海德格尔美学与其他非致思性美学的趋合研究，没有能够切实将美学作为海德格尔哲学的一个不可或缺的有机组成部分来做系统研究。还有一些学者已经意识到了后期海德格尔存在论与美学之间的关系，如 Robert Mugerauer (*Heidegger's Language and Thinking*) 等，但没能指出美学在其前、后期哲学中地位和作用的变化及其前、后期对审美的不同理解，因而也没有明确指出海德格尔后期存在论的审美主义倾向。

国内外的海德格尔研究尽管都有意无意地论及了海德格尔存在论的诗性指向和后期哲学不同于前期的理论特征，但却未能充分认识到其与前期哲学的断裂问题，以及后期存在论与美学的关系问题，因此，在他们的基础上，本书试图以美学在哲学中地位和作用的变化为线索，研究海德格尔从前期具有生存唯我性色彩的此在生存论到后期带有审美主义倾向的本有存在论的转向问题，重点从存在论的角度对海德格尔的后期美学思想进行专题研究。

本书的研究内容主要分为四部分：在论述后期海德格尔的美学思想之前，首先介绍了海德格尔的生活背景、人生经历和主要哲学思想（第一章），以使读者对海德格尔有一个较为立体、全面的认识并对其哲学思想有一个概观。然后，先期对其存在论思想进行了整体梳理（第二、三章），意在凸显海德格尔存在论的整体面貌。海德格尔前、后期思想固然差异巨大，但运思方式与向度的改变并没有完全取消其存在论思想的前后连贯性。接着，以"美学初构"为题，从生存论美学的确立、生存论美学的基础、生存论美学的域限、生存论美学的转向、生存论美学的审美旨趣五个方面系统梳理了前期海德格尔生存论美学的内在建构，并分析了其转向后期存在论美学的必然性（第四章）。最后，全面分析了后期海德格尔美学思想独特的语言之思、"诗意栖居"和艺术之思（第五、六、七章）。

本书在研究内容上与以往的成果有两点不同。一是，把海德格尔的美学思想划分为前、后期两个阶段，首次以专题形式集中研究后期海德格尔的美学思想。二是，对海德格尔的生存论美学思想进行了前、后期贯通研究。在突出其后期存在论美学思想的基础上，也不回避海德格尔后期思想中的生存论残留。

本书在研究方法上运用知识考古、现象学还原、文献研究、文本细读等方法，对海德格尔美学的整体知识谱系进行宏观把握，在对海德格尔后期美学文本的细致梳理中对其后期美学思想的形成背景以及历史走向和理论发展轨迹进行了认真清理。运用了比较美学的研究方法，在胡塞尔与海德格尔、海德格尔前期与后期思想、海德格尔与中国道家思想的相互比较和参照中对海德格尔后期的美学思想进行全方位的立体分析和诠释。

本书对海德格尔后期美学思想的研究具有一定的特色，表现为：对海德格尔的存在论思想分前、后两期进行了总体把握，在此基础上对海德格尔前期美学的一些核心概念如"畏""死""良知""好奇""闲言""两可"等进行了深入的分析、批判，以凸显海德格尔后期美学转向存在论的必然性和必要性；从思维、伦理、对话三个维度，结合海德格尔后期哲学与中国道家哲学的比较对海德格尔的后期存在论思想进行了详细的阐述；分析了海德格尔美学的前、后期关联，重点从语言的本体论建构、人"诗意栖居"的本真生存、艺术对审美世界的开启三个方面对其后期美学思想进行了细致的分析论述。

本书得到国家社科基金青年项目"海德格尔后期存在论美学研究"（项目编号：15CZX062）和西安石油大学优秀学术出版基金资助，得到中国社会科学出版社诸位同人友好襄助，在此并致谢忱！

第 一 章

生活之路:海德格尔介绍

马丁·海德格尔（1889—1976）是德国著名的思想家、理论家、教育家、学者，更是20世纪世界范围内伟大的哲学家。海德格尔出生于德国巴登州一家笃信天主教的普通家庭，兄妹共五人，海德格尔是长子，其父弗里希·海德格尔的职业为本地（梅斯基尔希镇）圣马丁教堂的司事，由于从事神职这一条件，在海德格尔的人生中"宗教"是一个重要的标签。1909年，他进入弗莱堡大学之后就选择了神学，此后开始了人文科学、自然科学、哲学等学习，在其漫长的学习、研究生涯中，宗教影响可谓深刻。

在海德格尔的一生中，以"教育"为依据的关键时段主要包括：1903—1906年就读于康斯坦茨人文中学，随后进入弗莱堡人文中学；1909—1911年就读于弗莱堡大学；1913—1915年获得哲学博士学位，并开始学术研究生涯，其博士学位论文《心理主义的判断学说》，将新康德主义、现象学理解和认识等融为一体。直到1915年第一次世界大战爆发，海德格尔应征入伍，教育生涯暂时中断。

1917年，海德格尔克服多方面的压力，甚至不惜退出天主教，与"异教徒"艾弗里德（Elfride Petri）结婚，婚后不久再次应征入伍，但由于健康问题很快得以回归，1918年重新回到了弗莱堡大学，开始担任讲师职务以及胡塞尔（Edmund Gustav Albrecht Husserl）的助教，其间海德格尔彻底断绝了与"天主教教义体系"的联系（1919年），全身心地投入科学、哲学等领域的研究中，1922年成为马堡大学的哲学教授。在马堡大学的教育生涯中，海德格尔和神学家鲁道夫·布尔特曼成为挚友，哲学研究工作取得了较大的进展，在1928年回到弗莱堡大学担任哲学讲座教授之后，他的讲座内容得到了扩展，研究范围涉及柏拉图、亚里士多德、康德、莱布尼茨等的学说，以及真理、时间、前苏格拉底时期的希腊哲学等。

海德格尔的代表作品《存在与时间》（1927年）出版以后引起了巨大的轰动，早期分散发表在胡塞尔主编的《哲学与现象学研究年刊》上，此后发行了单行本。他创造性的哲学观点，引发了哲学界的广泛关注，但此后几乎没有发表任何研究成果。屈指可数的作品中，主要是1928年与恩斯特·卡西尔（Ernst Cassirer）针对康德哲学进行公开辩论的成果，整理为《康德与形而上学问题》的论文。直到1935年，海德格尔在弗莱堡进行了"艺术作品的起源"演讲，从哲学的角度去探讨艺术，1936年根据海德格尔关于尼采（Friedrich Wilhelm Nietzsche）的上课讲义，整理成《尼采》一书出版。

针对海德格尔的研究，学界普遍认为，20世纪30年代是其思想的巨大转变期。一则源于海德格尔自身研究成果逐渐丰富，形成了较为稳定、系统的哲学体系，二则源于社会环境的巨大嬗变。第二次世界大战结束之后，海德格尔的研究工作、创作工作才恢复正常，这其间他全部的著作得以整理汇编，并在1975年出版。次年5月26日，海德格尔逝世，这位20世纪伟大哲学家的心脏停止了跳动，遗体葬于他出生的梅斯基尔希镇。作为世界公认的著名哲学家、教育家、思想家、理论家、学者，海德格尔在前人研究成果的基础上，融合20世纪自然科学、人文科学的成果，形成了自己独立的思想体系，其影响深远，覆盖哲学、神学、文学、历史学、心理学等诸多方面，具有宝贵的研究价值。在研究海德格尔思想体系之前，我们有必要针对其生活之路的点点滴滴进行了解，以更好地走进这位伟大哲人的内心。

第一节 海德格尔的生活背景

　　一个人的成长影响中，幼年的生活背景是最为深刻的，如果梅斯基尔希镇（Messkirch）存在"先知"，他一定会在1889年9月26日这一天，准时地守候在弗里希·海德格尔司事家中，等待一个男婴的降生。

　　这个男婴就是马丁·海德格尔——20世纪伟大的哲学家。

　　当然，世界上不存在"先知"，从海德格尔幼年到他取得伟大学术成就之间，还存在一个相当漫长的过程。人们在此之前，只是将这一天视为无比平常的一天，梅斯基尔希镇古老、安详地坐落在巴登州的乡下。这里有森林、群山、河流、田野，还有教堂传来的不和谐声音。

　　海德格尔的出生诚然不会影响梅斯基尔希镇存在的巨大矛盾，19世纪末期，德国大部分地区的宗教改革仍未彻底完成，正统天主教和旧天主教之间的矛盾仍然激烈。海德格尔的父亲从事神职，对于这一矛盾自然更为敏感。在新旧世纪交替之间，正统天主教徒强势占有了教堂，而旧天主教徒十分愤慨、不甘，双方的争夺让小镇弥漫着一股火药味。需要注意的是，身为父亲的弗里希·海德格尔，对于一个新生命的降临，也不会存在过多的喜悦——即便是长子，这种不合时宜的"添丁进口"，只会让贫困的家庭雪上加霜。

　　距离海德格尔成名还有将近半个世纪的时间，而眼前的宗教矛盾如何化解，却是迫在眉睫的。海德格尔的父亲作为一名旧天主教教徒，锲而不舍地想夺回教堂。在这里有必要介绍一下"梅斯基尔希镇"的情况，国内翻译著作中，也有将其称为"麦氏教堂镇"[①]，笔者认为这种处理方式不妥，过多地迎合了国内读者的理解需要，

---

① 夏汉苹：《海德格尔传》，长江文艺出版社2001年版，第2页。

容易造成理解歧义,让人们认为"教堂镇"是一个存在基础。但事实上,梅斯基尔希镇是德国西南"巴登邦"(Baden)的一个地区,以农业经营为主,在 19 世纪末期仍然呈现经济落后、工业滞后的状态。但是,该地区有着丰富的历史、人文资源。早在公元 7 世纪,本地居民就皈依了天主教,建立教堂、传播教义、吸引信众,逐渐发展为一个政治文化中心。发展到公元 11 世纪之后,梅斯基尔希镇成了德国西南部天主教的活动中心。这期间 Walburg 家族的统治期长达 13 个世纪之久,此后经历过战乱、易主等,在 1806 年成为巴登伯爵(Prinz Maximilian von Baden,政治家)的领地。

在海德格尔出生的年代,梅斯基尔希已经彻底沦为一个乡间小镇,由于近代工业未能触及本地,导致经济落后、人口稀少,但在历史原因影响下,天主教的宗教文化氛围在这里仍然浓厚。加上天主教机构的不断馈赠、维护,一定程度上形成了宗教文化日益昌盛的局面。因此,从这里走出的历史名人,也都带有浓重的宗教色彩——在海德格尔之前,这里还出现了一个天主教思想家——亚伯拉罕。

贫困,给海德格尔幼年的生活蒙上了一层阴影,实际上,他所在的是一个典型的德国下层劳动者家庭,家庭成员世世代代从事繁重的体力劳动。海德格尔的祖父是鞋匠,父亲虽然在教堂是"司事",但所从事的具体工作却类似于杂役一类,包括看管圣器、打扫卫生、修修补补等。"司事"其实是一种地位低下的工作,收入十分微薄,即便是作为天主教徒,也很少有人愿意去做,而愿意承担"司事"职务的人,往往是对宗教十分虔诚、忠厚老实、性格软弱,甚至经常受到歧视。由此不难判断,在天主教新旧两派争斗激烈的环境下,海德格尔一家的生活是十分艰苦的。

依靠父亲额外的箍酒桶手艺,海德格尔一家勉强维持着清苦的生活,但在当时他所处的生活环境中,正酝酿着一场宗教为导火线的"战争"。这注定海德格尔的童年无法在平静中度过,且过早地影响了他的信仰。

这场风波可以归结为"教堂之争",发生在正统天主教徒和旧天主教徒之间,但战争的导火线却可以追溯到1870年。1870年罗马教皇举办了天主教大会,规定罗马教会具有同天主类似的绝对权威。这些"新教义"成了天主教地区教众产生分歧的原因,由此,在地方教会中呈现出"支持派"和"反对派"两大阵营。其中,支持派被称为"正统天主教徒",而反对派被称为"旧天主教徒",此后的一二十年中,两派的矛盾不断激化。这一场看似发生在天主教内部的教义纷争,事实上已经超出了神学、信仰、宗教等"形而上"的研究范围,而具备鲜明的社会学特征。所谓的"正统天主教徒",他们之所以认为自己是"正统",原因在于支持罗马教皇的新规定,而"旧天主教徒"则只承认1870年之前的教义。表面上看,两派似乎只存在观点上的差异,但进一步剖析正统天主教徒、旧天主教徒的身份构成,就不难看出端倪:正统天主教徒大多是商人、权贵、知识分子、工人等城市居民,他们在社会上的经济地位较高,有着明确的政治要求;而旧天主教徒则主要由农民、手工业者构成,他们的社会经济地位较低,有着较为纯粹的宗教信仰需求。

海德格尔的家乡梅斯基尔希镇是一个工业匮乏、远离城市的乡村小镇,在这里划分出"正统天主教徒"和"旧天主教徒",无异于划分出"富人"和"穷人"两大阶层,由此可以想象矛盾的激烈性。在"富人"和"穷人"的阵营越发分明的情况下,巴登州政府也表明了支持正统天主教徒的态度。加上中产阶级的呼应,梅斯基尔希镇天主教新旧之争逐渐集中到一个问题上,即教堂的使用权。巴登州政府是中产阶级民主政府,他们有能力打压旧天主教会的活动,海德格尔一家与大量相似家庭情况的教民由此失去了教堂的使用权。实际上,对于教民而言,这种行为无异于剥夺他们的信仰,一番较量之后,以旧天主教徒的妥协、失败而告终,放弃教堂之后,旧天主教徒不得不重新找了一个储藏库作为临时的集会场所。

这件事情对海德格尔一家的影响很大,幼年的海德格尔不得不随着父母，从相对舒适的老教堂司事房中搬出来。海德格尔的父亲继续在临时教堂中工作，紧张的政治、宗教气氛，始终包围着幼年的海德格尔，特殊的环境也造就了他特殊的品格。在5岁的时候，海德格尔也从一个"旁观者"晋升为这场战争的"参与者"。

1894年，梅斯基尔希镇教堂纷争达到了顶峰，为了捍卫宗教信仰自由，被驱赶的旧教堂杂役、司事成为斗争主力，而他们也面临着被警方逮捕的危险。海德格尔的父亲作为其中一员，同样面临着艰难的困境，小镇到了晚间变得非常清冷，小海德格尔在一个周末的晚上，意外地遇到了父亲的一个朋友，这才了解到他受到警方的追捕，需要出去逃亡一段时间，希望老海德格尔能够照顾他的家人。同时，他交给小海德格尔一件重要的东西，就是临时教堂的大门钥匙，嘱咐他第二天一定要准时将门打开，以供旧天主教徒们做礼拜。

年幼的海德格尔表现出超出了年龄应有的冷静，他放弃了将此事告诉父亲的打算，想要独自承担这份责任——时至今日，从旁观者的角度来说，我们只能去揣测一个有着坚定宗教信仰的孩子，需要多大的勇气和决心，才能隐忍到毫不声张的程度。是夜，小海德格尔没有像往常一样缠着父母，而是早早地上床休息。但是，当他睁开眼睛之后，发现天空大亮，很快就要错过做礼拜的时间。

对教民而言，做礼拜是一件神圣的事情，他们可以不吃不喝，但绝对不能失去对信仰的敬畏。当小海德格尔急匆匆地赶到临时教堂，发现那里已经挤满了人，每个人脸上都带着沮丧和忧伤的表情。更为严重的是，昔日的旧教堂大门敞开，那些所谓的"正统天主教徒"们高傲地走进教堂大门，还不忘向众人投来鄙夷的目光——这在小镇上，会成为一个标志性的耻辱事件，如果旧天主教徒无法按时完成礼拜，那么就意味着他们在这场宗教战争中彻底失败了，这一事件也会成为被攻击、嘲弄的把柄。当小海德格尔挤进人群，刚开始并没有引起关注，他高举着钥匙冲到了门前，人们瞬间欢呼起来，将小海德格尔围得水泄不通，激动的人们将他高高举起——这一事件，也让海德格尔感受到了宗教信仰的力量。

从史学角度来说，欧洲国家的宗教纠纷，往往与社会生产力有着密切的关系，包括天主教教义的改善，也在一定程度上伴随着社会结构的嬗变，这一点与中国传统文化序列中"宗教因素"的稳定性相比，存在很大差异。随着时间推移，梅斯基尔希镇天主教民之间的纠纷开始缓和。1895年2月，老教堂重新回到了旧天主教徒的手中，这是旧教徒的胜利，意味着经历了20多年的信仰流放之后，终会重新回到"上帝的家中"。对小海德格尔来说，这一胜利更具有现实意义，他的家庭重新回到了相对舒适的司事房，生活条件得以改善。而其父亲老海德格尔，将新房子的钥匙交给小海德格尔保管，这一行为也十分具有象征意义。

幼年时期经历的这一场有惊无险的宗教斗争，非常典型地诠释了海德格尔的生活背景，宗教在德国社会文化中占据着重要地位，必然影响思想、学术乃至哲学体系的发展方向。更为现实的意义在于，宗教斗争的胜利并不意味着社会等级发生变化，即便取得胜利，旧天主教徒们并没有因此改变自己的阶级，海德格尔一家仍然生活得相对贫困，这一点可以从海德格尔幼时的监护人、经济支持者Groeber主教的著作中找到，《梅斯基尔希的天主教》一书中详细地记录着，由于宗教的纠纷、贫富的差距，连小学生之间都经常发生斗殴事件。而这种发生在孩子们之间的斗殴行为，本质上是家庭条件优越、心理优越感强的富家弟子对贫穷人家孩子的欺凌；在众多被欺凌的孩子中，海德格尔也是其中一员。

第二节　海德格尔的人生经历

一　学习经历

1909年，20岁的海德格尔顺利从高中毕业，进入弗莱堡大学，他的学术生涯就此起航。值得注意的是，海德格尔能够开始自己的大学生涯，除了他的聪明才智"支持"，自己贫困的家庭无力提供任何其他支持，关键时刻，来源于天主教会的支持确保了他不沦为"失学青年"——但是，从当时的社会背景来说，教会支持青年学习并不是一项稀奇的事，更不是公益善举，而是一种笼络人才、知识投资的重要手段——所有接受教会资助的学生，其前提是毕业之后要成为牧师，终身为教会服务。

海德格尔的聪明才智在高中时期就已经显示出来，弗莱堡高级文科中学在他的毕业评语上写道：有天赋、学习努力，品行端正。高中时期的海德格尔在性格方面就已经趋于成熟，并且具备很强的独立能力，对于德国文学有一定的造诣。更重要的条件是，幼年的生活背景让海德格尔坚定了服务上帝的神职愿望，所以教会的资助可以说是一举两得。但是，人生是难以捉摸的，若干年后，海德格尔为了爱情放弃天主教，或许同样是命运的安排。

当然，简单地将海德格尔憧憬神职的愿望归结为他幼年的生活背景，理由有些牵强，尽管他的父亲在教堂中做司事，但实际上的身份就是杂役、仆人，这样的工作是不值得向往的。在当时的德国社会中，家境贫寒的子弟想要进入上层社会，有效的途径并不多，神职是一个最有效、最可行的途径，有进取心的海德格尔自然不会放过这一机会。此外，还有一个重要的影响者，他对于海德格尔而言，不仅仅是坚定神职的动力，也是一个神圣的崇拜对象——亚伯拉罕。

在海德格尔成名之前，亚伯拉罕是小镇上唯一的一个名人。他出生于1644年，与海德格尔的生活经历有很多相似之处。两人的家庭环境基本相同，对比之下，亚伯拉罕似乎更好一些，同样聪明善辩，两人毕业于同一所小学，同样进入耶稣会修士团学习。也可以认为，海德格尔前期的人生轨迹，基本上是沿袭亚伯拉罕的。但两人在最后的身份定位上却"分道扬镳"，亚伯拉罕最终成为一名牧师，而海德格尔却未能如愿。

亚伯拉罕的职业是牧师，他之所以能够享誉德国，主要源于他在布道过程中的两个主张。其一，具有强烈的民族主义政治宣传特征。17世纪中叶，德国在内的大部分欧洲国家，都处于奥斯曼土耳其帝国的统治之下，罗马、维也纳等世界名城同样笼罩在政治宗教的迫害阴影中。亚伯拉罕在布道的过程中，以耶稣基督的名义号召人民起来反抗，不断唤醒民族意识，对于反抗异族占领发挥了重要作用。其二，亚伯拉罕反对维也纳宫廷奢靡的生活方式，以及在当时统治下形成的颓废社会风气，他在布道的过程中不断予以揭露、讽刺、批评、谴责。因此，亚伯拉罕不仅是一名牧师，也是一名社会批评家、政治家、活动家，他的布道过程本身也是政治宣传过程，其思想深刻地影响了18世纪德国浪漫主义运动。这样的一个人物，对于梅斯基尔希镇的居民而言，自然是神圣的存在，他们都为自己生活的土地上出现一位闻名遐迩的伟大人物而自豪。

幼年的耳濡目染，对海德格尔来说，同样产生了对亚伯拉罕的无比崇敬，尤其是两人同样虽生活贫困却志存高远，追逐亚伯拉罕的足迹，对海德格尔来说是"顺理成章"的事情。尤其在他即将进入大学学习的阶段，梅斯基尔希镇掀起了一阵"亚伯拉罕热"，当地人民在亚伯拉罕逝世200周年之际举行了一系列的纪念活动，海德格尔就是其中的积极组织者、参与者，在他的一生中，一共参与了两次关于亚伯拉罕的活动致辞，都验证了他对亚伯拉罕的崇拜之情。

第一次发生在1909年9月6日，亚伯拉罕的纪念活动如火如荼地进行。这一天的纪念活动中，海德格尔被选为纪念会主席。此后，青年海德格尔参加了纪念碑的捐赠典礼，并撰写了一篇十分精彩的报道，记载了当时的场景："平淡无奇的乡村，同他那性格坚韧、自信以至显得古怪冥顽的村民一起，静静地聚居在深山幽谷之中……一片没有任何特点的地方；黑沉沉的冷杉林，处处萦绕回荡的薄雾；阴暗中不时从石灰岩上迸出一闪一闪的星光。这一切交织在一起，成了一幅美丽的画面：朴实、清新、真实——这就是揭幕典礼的气氛。"①

第二次发生在1964年5月，在梅斯基尔希镇以《关于圣·克拉拉的亚伯拉罕》致辞，尽管海德格尔当时已经75岁高龄，但仍然可以看出他对亚伯拉罕的热爱和崇敬。在这份报告中，海德格尔热情洋溢地介绍了亚伯拉罕的思想、成就——在经历了漫长的岁月和坎坷的人生，海德格尔丝毫没有减少对亚伯拉罕的热忱。

亚伯拉罕在海德格尔幼年时期的深远影响，坚定了他最早的梦想，即成为一个世人皆知的神职人员，传播上帝的思想与恩惠。但这个梦想并未实现，甚至一心供奉神职的想法，严重影响了他的人生。灾难、坎坷、背叛也如影随形——神对于他的信徒，尤其是忠心的信徒，往往会给予更加严厉的考验。1909年，海德格尔成为一名见习修士，正式踏入了神职的道路，并加入了"耶稣会"。耶稣会作为一个宗教组织，有着非常严格的制度，海德格尔的修士之路刚刚经历了十几天，就被解除了会籍，原因很简单，他的身体状况不允许他从事繁重的神职工作，心脏疾病成为海德格尔迈向梦想的一大障碍。

退而求其次，海德格尔为了继续自己的梦想，进入大学之后义无反顾地选择了神学。按照海德格尔的打算，希望通过坚持对神职工作的学习，在将来能够寻求新的入职机会，但大学环境中的学术研究，很显然与"耶稣会"这样的宗教组织不同。虽然进入神学系学习，但各科之间的学术问题具有很大的关联性，逐渐地，海德格尔的研究兴趣也发生了转移，不再单纯地围绕着"上帝"，开始对本体论相关的思辨神学问题倾入较大精力。同时，海德格尔对于大学中的哲学课体系提出了质疑，随着进一步自学，所提出的疑问也不断增加，尽管这一时期哲学并不是他的主要研究方向，也没有取得什么成就，他却通过大量的阅读得到了形式逻辑的训练，其中胡塞

---

① 参见夏汉萍《海德格尔传》，长江文艺出版社2001年版，第16页。

尔、托马斯·阿奎那、Hermann Schnell等的著作对他的影响很大，尤其是胡塞尔，在后期两人建立了师生友谊。

海德格尔与胡塞尔关系的建立，是通过阅读布伦塔诺的书籍开始的。胡塞尔是布伦塔诺的学生之一，在进入弗莱堡大学之后不久，海德格尔阅读了胡塞尔的《逻辑研究》，起初他的目的只是单纯地想要从中找出布伦塔诺提出的一些观点、答案——这说明一个问题，在彼时的德国学术研究中，同样有着类似于中国的"师承"现象，胡塞尔作为布伦塔诺的弟子，对自己老师的研究成果进一步发展、解释，似乎是天经地义的——但是，海德格尔通过阅读《逻辑研究》并没有找到想要的答案，更具体地说，他根本就看不懂这本书。这让一向对自己信心满满的海德格尔备受打击。事实上，作为一个缺乏逻辑学、哲学基础理论的大学生而言，海德格尔看不懂并不奇怪，一则是该书所探讨的逻辑问题本身就很难，二则是海德格尔所要寻求的答案，与这本书的写作目的、思路并不一致，我们了解到，海德格尔此时的思维仍然有着强烈的思辨神学特征，他所思考的问题，并没有跳出神学框架。但通过《逻辑研究》的学习，海德格尔对胡塞尔的研究产生了更加浓厚的兴趣，尤其是胡塞尔提出的现象学方法，奠定了海德格尔后期研究工作的基础①。

为了进一步学习，海德格尔继续学习了胡塞尔的《算术哲学》等著作，同时对于古希腊、欧洲中世纪的哲学文献展开搜集、阅读，不断丰富自己的理论体系。但作为一个虔诚的教徒，海德格尔也没有忘记与其失之交臂的"神职"。大学期间他在地方神学杂志上发表了不少文章、书评，也表现出一些不成熟、不稳重的宗教想法。例如，海德格尔曾经公开地宣扬教会的官方意识形态，缺乏根据性地对资产阶级自由主义思想、城市新生活、无神论等展开批判。事实上，这在很大程度上是受到了正统天主教的影响，他呼吁基督教的

---

① 参见［德］比梅尔《海德格尔》，刘鑫译，商务印书馆1996年版，第17—18页。

信众确立以宗教为核心的生活理念——诚然，宗教信徒进行的宗教贩卖活动是很自然的，但海德格尔并不是一个毫无主张的布道者，对于一些改良思想，我们仍要肯定他的价值。以下列举三点分析。

思想观点一，海德格尔强调人应该孜孜不倦地追求真理，而并非沉迷于眼前既得利益。19世纪末20世纪初欧洲天主教宣扬的一种奢靡风气，在文化艺术方面造成了消极影响。海德格尔在对人们的规劝中，引用了达尔文的生物进化论思想，否定了易卜生"只有通过生活的谎言才能实现幸福"的说法，认为真理一定能够带来幸福，谎言没落是一个迟早的问题，并且，人一旦背离真理，"真理必然会对逾越的行为进行惩罚"。进化论的佐证表明，"高等生命以低等生命的没落为发展条件"，例如自然界的植物生存离不开养料，而养料的来源是自然界无生命的成分，动物生存又依赖植物，只有植物的死亡才能换来动物的生存。以此类推，人类想要获得精神性的生活，就必须阻止、扼杀一些低级趣味的东西。

思想观点二，海德格尔认为人应该追求自我的价值与独立性，反对对名人名士盲目崇拜。宗教不等于迷信，海德格尔反对对名人名士的盲目崇拜，本质上是反对个人迷信现象，并不等于他反对宗教。海德格尔指出，大多数人相信真理但并不愿意为真理而奋斗，缺乏追求真理的动力，"他们宁愿将真理钉在十字架上"，许多名人名士的言行不等于真理，而人们盲目追捧的结果，也导致任何个人主义的伦理学都缺乏存在基础和发展可能。这一观点，源于他认识到根本性的生活真理，是不能够单纯地以科学构造的，需要丰富的生活经验、阅历，才能够达到生活真理检验的标准，由此才能达到"与情欲世界相对立的本生的精神上的自由"。关于"生活的真理"这一研究主题，成为海德格尔一生探索的问题，奠定了海德格尔哲学的主调，后期他积极地展开了现实生活、真实生活的思考。

思想观点三，海德格尔主张人应该保持精神自由，肯定书籍对思想引导的价值，但不能做书的"奴隶"。书籍在前喻文化时代有着重要的社会地位，它不仅仅是一种工具，更是一种财富的象征。但拥有书籍不代表拥有智慧，海德格尔主张人们独立发展自己的哲学思维，这与传统的哲学辨析精神存在严重的冲突性——包括近代，西方哲学家都否认其他文化拥有哲学的合法性问题。海德格尔批评当时的学术研究者，认为他们只会用精巧的手段来提出匪夷所思的问题，给出一些遥不可及的任务，描绘光辉灿烂的目标，但设计具体的问题研究方法时，又往往是捉襟见肘的。面对这一现象，后世学者们花样百出、动机多元地尝试着，完全忘记了自己作为哲学研究主体的存在。在这种氛围下形成的学术氛围既缺乏逻辑，也是不健康的，因此，海德格尔提出需要强化唯我主义的价值，主张学者们从伦理、心智等方面加强本我自己的人格，并将本我培养视为最基本、最主要的要求，且置于一切活动之上。这一思想充满了先进性，也是海德格尔在近代中国被广泛赞誉的重要原因，中国传统文化认为"弟子不必不如师"，这与海德格尔对学生的要求基本一致，他认为学生本身的拓展，无论如何不能被视为追随他人之后。青年的智慧在真理欲望的驱动下，去主动寻求一些未知的内容，即掌握所谓"世界观的关键问题"，这些是书本上不可能描绘的，需要以全新的思想去思考，也只有这样才能获得真正意义上的"真理"。

海德格尔在早期接触哲学时提出的观点，整体上并不成熟，甚至有一些严重的缺憾，但从以上三个思想观点不难看出，他对长期以来形成的哲学研究、发展氛围并不满意，尤其是面对纷乱复杂的哲学世界观研究，存在很大的不满，主张青年学生应该积极地"辨识真伪、去其糟粕、取其精华"，发展为自身的哲学逻辑，并且，在哲学思维上有着明显的现实和实用特征。

海德格尔的学习经历持续三年，繁重的神学系学习严重损害了他的健康。为了增强自己的身体素质，海德格尔一度采用体育运动的方式进行改善，但由于不得其法，反而造成更加严重的心脏病症，这也导致其在1909年不得不离开弗莱堡大学神学院。加上短暂的修士职业生涯,这已经是第二次由于健康问题导致的学业中断,海德格尔非常的沮丧;但是,除了不能够继续学习的打击之外,还有更为严重的生存危机等待着他。

前文中我们已经做过了说明,教会资助有学识、有理想的年轻人学习,本身是一种投资行为,被支持的人才日后要为教会服务。对海德格尔来说,神学系的学习结束,意味着他以后不可能再从事神职工作,由此教会方面也提出不再支持海德格尔的要求。海德格尔的父亲只是一个教堂司事,收入十分微薄,维持一家的生计已经是十分困难了,根本就不具备供养海德格尔在城市生活开销的能力。失学失业、生活困境,对身体病痛和心理折磨的海德格尔来说,无疑是雪上加霜。1909—1911 年,海德格尔处于休养生息状态,随着身体渐渐康复,他依然决定重新回到弗莱堡大学学习,伴随着这一决定,海德格尔在学籍注册的时候也做出了一个让人费解的选择:由于已经彻底和神职无缘,很多人都认为他会选择自己感兴趣的哲学系,然而海德格尔却注册了数学系。

但是,十分明确的一点是,这一决定并没有影响海德格尔对哲学的兴趣,在 1915 年的一份简介资料中,海德格尔说明了原因。他之所以选择数学而非哲学,是为了避开哲学系的必修课,这样保障了他有大量的时间去钻研哲学问题,并有选择性地去听哲学课,尤其是弗莱堡大学枢密顾问官李凯尔特的哲学课程。也就是说,重新回到大学、重新选择专业之后,哲学问题被他作为主要问题来把握,并且实现了对逻辑认识质的飞跃。

新一轮的求学经历是十分艰苦的,失去了教会稳定的资金支持,海德格尔随时都可能陷入衣食无着的困境。为了维持学业,他不得不四处求援告借,并且通过努力,获得了弗莱堡大学的奖学金(每学期 500 马克),暂缓燃眉之急。当然,这对于他只是杯水车薪,学习之余他需要从事家庭教师的工作,也一度想要去借高利贷——命运这时候总算对他露出了微笑,避免陷入高利贷的压榨危机,海德格尔的朋友帮他重新联系了颂扬神圣托马斯·阿奎那基金会的帮助。这个基金会是由银行家、资本家 Schaezler 家族的 Constantin 与 Olga 兄妹建立的。两人都是十分虔诚的天主教徒，并且对托马斯·阿奎那（Thomas Aquinas，13 世纪意大利哲学家、神学家）的思想十分推崇。这一基金会需要一个人对托马斯·阿奎那的正统神学、哲学思想做出研究，基于教会组织的一贯作风，要获得资金支持，奖学金的受益者就必须宣誓效忠天主教会，同时该基金会也要求信奉托马斯·阿奎那的思想。

迫于现实困境，海德格尔为了获得这笔经济支援，不得不暂时将亚伯拉罕置于脑后，签订了相关的协议。当然，事实也证明这只是一时妥协的做法，海德格尔对教会思想中所具有的专制特色是十分不满的，对托马斯·阿奎那这样一个意大利神职人员的思想，也存在很多质疑。关于这一点，在一封信中，海德格尔满腹牢骚地对朋友宣泄出来。事情的起因是这样：1914 年罗马教廷宣布将托马斯·阿奎那的著作《神学大全》中的思想，确立为天主教的官方思想，要求信徒将其作为判断思想真伪的唯一标准。显而易见，罗马教廷在当时的影响力仅仅是名义上的，并且只针对意大利及周边的小范围而言，但这一影响对外却是整个天主教信仰世界，毕竟没有人能够否定罗马教廷的地位。海德格尔在给他的朋友 Krebs 的信中写道："难道我们也属于意大利周围的小岛吗？"并且指出，罗马教廷的专制做法，只差为哲学制定原则了，如果允许这样做，那么身为学院学者，就应该怂恿官员们想出办法，将那些具有独立思想的人洗脑换脑，换成意大利凉拌菜。

这种牢骚并不是仅仅表达出不满，更重要的是海德格尔本身也陷入了信仰冲突与矛盾。他一方面宣誓效忠天主教，签订协议重于托马斯·阿奎那的思想；但另一方面却又在内心充满了厌恶——这种冲突、矛盾，也造成了他行为上的一些"不检点"，以至于后期人们在研究海德格尔时，不得不尽量回避。对于海德格尔宣布的"效忠",其本身是一种严重的机会主义做法,在他的身上尚未摆脱穷困的阴影,这造成了他内心、品格上存在阴暗面。但是,也有一些学者认为,这样苛责海德格尔是不正确的,探讨任何事情都离不开历史唯物主义,海德格尔作为一个社会底层的青年,只有抓住一切机会才能跻身上层社会,利用投机手段也是无可厚非的,试想,如果海德格尔拒绝了颂扬神圣托马斯·阿奎那基金会的支持,那么他能否完成学业也是个未知数。

关于求学历程中的海德格尔,存在的争议虽多,但并不影响他作为伟大哲学家的事实,在1914年取得博士学位之后,海德格尔终于进入了上层社会,但迎接他的是更为艰苦的求职之路。

二 求职经历

结合海德格尔幼年到青年时代的经历,尤其是求学过程中失去教会支持之后,仍然能够在城市中坚持生活下来,说明他有着强烈的改变命运的决心。远离家乡小镇,开始新的人生奋斗,但这并不是一件容易的事情。海德格尔在弗莱堡大学获得博士学位,按照他的设想,继续留在大学内展开研究工作,就必须获得一个相应的教师职位。

值得一提的是,彼时的德国要求,留在大学执教,必须通过教职论文。基于国别和教育制度的差异,它属于德国高等教育的一项"特殊规定"。当时,德国大学生即便获得了博士学位,但仍要以"学生身份"参与相关的教育活动,不要说作为教授,就连最基本的"讲师"资格,也不会授予。所谓"教职论文",与学位论文是完全不同的概念,也不属于严谨的"论文"范畴,而是写一本学术著作,交由高校学术机构审定,这样才能获得进入高校授课的机会;如果高校审定认为著作达到一定的学术价值,才能够上报相应一级的政府教育部门批准,从官方名义上授予授课资格。由此也可以看出,德国当时的教授职位采取的是"审核""授予"的分离制度，整个过程是十分严格的。但无论如何，都需要上交一本学术专著（论文），它具有申请授课资格的专门用途，因此被称为"教职论文"。

海德格尔的求职经历与他的求学经历一样，同样充满了坎坷，并且一开始就遇到了极大的阻碍。1914 年海德格尔毕业并获得博士学位，同年，他的博士导师 Schneiber 应聘到斯特拉斯堡大学任教，海德格尔还没从获得博士学位的喜悦中抽身，就面临着艰难的选择：要么随着自己的导师离开弗莱堡大学，一起前往斯特拉斯堡大学，要么中途更换导师，这样可以留在弗莱堡大学。最终，海德格尔还是选择了留下，他的导师也换成了李凯尔特（Heinrich John Rickert，德国哲学家、历史家，新康德主义弗莱堡学派的代表人物）。

不仅在德国大学，在时至今日的高校教育中，中途更换导师都是一件极其冒风险的事情，最为明显的影响是，导师更换会直接影响自身的学习进程，以及日后的发展，海德格尔等于放弃了自己的"大好前程"。除了学术方面，还有一个负面因素必须考虑，就是宗教原因，这在日后的晋升中产生了很不好的影响。Schneiber 是天主教哲学家，尽管海德格尔在学术方面与他没有太多共同语言，但仍然可以得到很好的照顾，而李凯尔特是新康德主义的信奉者，"新康德主义"属于学院派哲学，试图复活和重新解释康德哲学，并针对古典唯心论展开了一系列的批判，与天主教哲学存在着很强的矛盾。正因为如此，李凯尔特对于信奉天主教、作为天主教哲学家的海德格尔，实际上并没有太多好感，现实中也没有给予太多的帮助，转而将他安排给弗莱堡大学天主教历史学教授 Finke。从私人情感上说，海德格尔和 Finke 之间的关系非常密切，并且 Finke 对于海德格尔的天赋非常认同，但他毕竟不是海德格尔的导师，所以能够发挥的作用是很有限的；重重影响，集中在后期的求职问题上爆发了出来。

除了导师出走造成的不利影响之外，还有一个宏观社会方面的影响不容忽视。熟悉世界历史的读者应该已经觉察到,"1914 年"是一个非常醒目的年份,在这一年 8 月,第一次世界大战爆发了,整个欧洲被拖入战火之中,"德意志帝国"作为同盟国之一参战,海德格尔在大战爆发两个月后应征入伍,但他的从军经历很短,因为心脏病复发的问题离开军队,充当"预备役人员",在后方继续从事自己的书斋生活。1915 年 8 月,第一次世界大战爆发一年之后海德格尔完成了自己的教职论文,成为弗莱堡大学的一名助理讲师。

海德格尔的助理讲师生涯还伴随着"军人"身份,随着第一次世界大战战事紧张,海德格尔身体好转之后再次入伍,但他的工作已经转入"文职",被分配到弗莱堡邮局从事官方书信检查工作。由于距离弗莱堡大学距离较近,这为他提供了教学工作的便利。海德格尔走上讲台之后开设了第一门课程,即《古典和经院哲学大纲》。在此期间,他的导师李凯尔特也离开了弗莱堡大学,前往海德堡大学任教,这样一来,原本的弗莱堡大学哲学系就出现了职位空缺,一个正式入职的机会摆在海德格尔面前。

但是,要获得这个职位并非易事,海德格尔很快发现自己所面临的不是单纯的竞争,还关系到与朋友 Krebs 的交往——Krebs 同样想获得这一职位。在此,需要说明一下两人的关系,纯粹地从私人关系上说,两个人有着深厚的友谊,这一机缘也是源自海德格尔的导师离开之后。当时,弗莱堡大学的哲学系就已经出现了空缺,海德格尔原本的计划是通过教职论文之后,自己顶替 Schneiber 的职位,但这期间为了教学工作的需要,Finke 邀请了一名来自罗马的编外讲师讲授哲学课程,他就是 Krebs。换句话说,两人见面之初是紧张的竞争关系,但是通过接触,后来两个人成了很好的朋友,经常一起探讨哲学、宗教方面的问题,Krebs 主动帮助海德格尔完成教职论文,一定程度上,两个人是"亦师亦友"。

前面我们已经阐明,李凯尔特只是海德格尔"名义上"的导师,由于学术、信仰方面的矛盾,他从未真正指导过海德格尔,实际上做出大量工作的是 Finke，包括学习指导、经济援助等方面，海德格尔最后完成的《邓·司各特的范畴学说和意义理论》也凝聚了 Finke 的许多贡献。李凯尔特对于这篇论文的兴趣不高，在评审的过程中完全交给 Krebs，在两人之间的友谊关系影响下，所谓的"评审"也变成了"交流"。Krebs 在阅读论文的时候，海德格尔就在身边共同探讨——李凯尔特所要做的，就是最后签个名字而已。所以，帮助海德格尔晋升的人实际上有两个，一个是教授 Finke，一个是编外讲师兼好友 Krebs——对于海德格尔而言，两个人都是自己尊重的人。

因此，在面对同一职位的竞争时，直接导致海德格尔和 Krebs 的感情破裂。在当时的弗莱堡大学，几乎所有人都知道 Finke 教授是支持海德格尔的，但这并不意味着海德格尔存在优势，因为 Finke 只是"庇护人"，并不是名义上的导师，再加上 Krebs 本身拥有更高资格，在编外讲师的位置上从业很久，所以弗莱堡大学哲学系的一些教授也支持他，事情一下子陷入了僵局。

原本以为会陷入漫长的等待，但 Krebs 却很快打破了僵局，他没有在弗莱堡大学哲学系做出表态，而是写了一封信发给了当地教育部门，很不客气地指出，他所从事的讲师工作只是名义上的，而弗莱堡大学要授予他"代行教授"的职位也是不合理的。如果不能给予明确的答复，他将不再继续从事教学工作。这一举动很有"逼宫"的意味，实际上是要求政府教育部门明确表态。特别需要指出的是，在信中他列举了一系列教授候选人的名字，与自己进行对比，但其中刻意漏掉了"海德格尔"这个名字——尽管，Krebs 对这一行为并没有打算隐瞒，但却是很多人不知道的，然而最了解的人却正是海德格尔，因为此时他还在弗莱堡邮局从事书信检查工作，所有来往的信件都要看一遍；在了解到 Krebs 的真实意图之后，海德格尔感到了深深的恶意。人在利益面前究竟可以做出多少丑恶的行为？更让他愤慨的是，自己的导师李凯尔特对这一问题并没有明确表态，以自己离开弗莱堡大学"不予干涉"为借口，玩起了"两面派"的手法。这样一来，真正支持海德格尔的人就不存在了。他不仅失去了职位，也失去了朋友，当然，Krebs 也是这场闹剧的牺牲品。

三 婚姻经历

让我们短暂地离开海德格尔不幸的遭遇，了解一段幸福的故事。

关于婚姻，早在 1913 年，海德格尔尚未取得博士学位的时候，就和一位叫玛格丽特（Margaret）的小姐订过婚，但是他们的婚姻只持续了很短的时间，在性格、爱好等方面的差异下，促使海德格尔解除了婚约，此后一直处于独身状态，第一次世界大战爆发两年后（1916 年），在一次偶然的聚会上，他遇到了埃菲利特·佩特里（Eifride Pettri），两人一见钟情。

从男女之间的情感角度出发，海德格尔属于"后知后觉"的，他不善言辞应酬，尽管对埃菲利特·佩特里有着深深的好感，但表现得非常矜持、腼腆。或许是他低估了自己对异性的吸引力，包括气质、外表、举止等，实际上，他也吸引了埃菲利特·佩特里的注意。于是在他独处思考哲学问题的时候，一个"现实问题"打破了沉默。埃菲利特·佩特里主动靠近海德格尔，一番交谈后，两人彼此欣赏。

海德格尔的婚姻经历并不是后世研究者关注的部分，它与严肃、深邃的哲学问题没有必然的联系。[①] 但完全忽视也不对，因为海德格尔与埃菲利特·佩特里的结合，本身就是一种"挑战"，透过表面现象去观察本质，也可以窥视出海德格尔在哲学领域的思想改变。

一开始，两人的婚姻就面临全面的阻挠，原因很简单，海德格尔是天主教徒，而埃菲利特·佩特里是新教徒（信奉基督教新教的人）。在宗教制度严格的德国，这是一件"逆天"的事，尤其海德格

---

① 参见［德］安东尼娅·格鲁嫩贝格《阿伦特与海德格尔——爱和思的故事》，陈春文译，商务印书馆 2010 年版。

尔出身于传统天主教家庭，这种行为无异于"叛教"。海德格尔的父母也无法容忍他和"异教徒"结婚的事实，通过各种方式予以抵制。更为严重的是，这将直接影响海德格尔的职业生涯。一向关照海德格尔的教授Finke也提出了反对。整个弗莱堡大学天主教团达成一致：如果海德格尔能够放弃这一决定，可以作为他在弗莱堡大学的"保护伞"，帮助他获得更好的发展；如果继续坚持和埃菲利特·佩特里结婚，那么他将彻底被孤立。至于其他方面的反对和质疑，包括朋友、同事、亲友等方面，更是多不胜数，甚至他们怀疑海德格尔经历长期压抑的生活，精神受到了严重的刺激。

但这一切阻力并没有吓到两个相爱的人，他们的结合还是如期发生了。对这一事件，研究学者们做过许多猜测，但归根结底的一点是，海德格尔本质上已经对天主教的信仰发生了动摇，与基督教新教的接触越多，对原本信仰的质疑也就越多。此后不久，海德格尔正式宣布退出天主教——当然，之所以能过做出这样一个大胆举动，源于海德格尔得到了更强有力的支持，这个人就是胡塞尔。在胡塞尔的帮助下，他可以自由地展开学术研究，关于他和胡塞尔的关系，在后面的部分会做出详细交代。

应该说，海德格尔退出天主教对他整个人生都有重大影响，但这种影响在学术方面是有利的，一方面，他放弃了有党派的天主教思想家身份，转变为一个自由的思想家，可以专心地做学问，而不被宗教束缚；另一方面，海德格尔在哲学方面的研究也更为自由，并且成了胡塞尔的弟子，得到了他的帮助，掌握了现象学的方法，为最终解决"存在的意义"这一哲学问题找到了可靠的途径。

四 教授经历

"勇气"和"鲁莽"是两个不同的概念，即便同样是为了理想，前者也表现出强大的智慧。在海德格尔的"婚姻经历"中，我们了解到他为了爱情而与"异教徒"埃菲利特·佩特里结合。这种行为不是单凭一腔热血就能够做到的。如果参考海德格尔的求学、求职的经历，就不难发现一旦失去仅有的支持，他整个人会陷入多大的困境。退出天主教这样一件"天大的事"，竟然可以顺理成章地完成，必然存在一个前提，就是海德格尔获得了远比天主教会，甚至弗莱堡大学哲学系更大的支持。

这一关键人物就是胡塞尔。能够结识胡塞尔是海德格尔最大的幸运，时间回溯到1915年，随着李凯尔特的离开，哲学系教授职位的空缺及争执不下，最终弗莱堡大学哲学系聘请了胡塞尔做教授。当时的胡塞尔已经是欧洲知名的学者，是著名的学者、哲学家以及现象学创始人，他与海德格尔没有正式接触之前，海德格尔就已经十分熟悉胡塞尔的著作了，包括他的博士学位论文、教职论文中，都有胡塞尔学术成果的痕迹。在自己早期的哲学研究中，胡塞尔的观点被他作为"正确观点"直接运用。但这一段"师生关系"的建立并不顺畅，曾经在素未谋面的情况下，海德格尔曾经将自己的教职论文寄给胡塞尔，希望得到他的指点，但这一举动没有得到任何回应，足以看出两个人的身份悬殊，此后胡塞尔正式就职，在教授人选的问题上，同样没有表现出对海德格尔的支持，这一度让海德格尔非常沮丧。但事实上，海德格尔的认识并不深入，他没有从胡塞尔的观点来正视问题。

在胡塞尔看来，无论海德格尔天赋、性格如何，从教育角度来看，他始终属于天主教"军团"的人物，而这一类人物对于学术研究的态度，也必然按照天主教的授意展开，本质上是一种"布道者"，而不是严肃的科学研究人员。当然，这种观点也是相对偏激的，但先入为主的偏执感，影响了他对海德格尔的正确判断，以至于在后期马堡大学推荐副教授的情况下，也没有推荐海德格尔，并评价他"太年轻、缺少经验"。这种不公平的对待，也让海德格尔对胡塞尔产生了偏见。但整体上，海德格尔还是十分崇拜胡塞尔的，在1917—1918年间的冬季学期里，两个人经常在一起探讨学术问题，其间海德格尔也弄清楚了胡塞尔现象学存在的巨大缺陷，坚定了进一步研究的信心。

真正让胡塞尔改变对海德格尔看法的事件，就是他"离经叛道"的婚姻，海德格尔能够退出天主教和一个新教教徒结合，这无异于表明自身的坚定学术立场，打消了胡塞尔对海德格尔"天主教哲学家"的身份顾虑。也因此，海德格尔得到了胡塞尔的全面支持，在这里，可以看出胡塞尔身上最为高贵的品格，他十分强调学术的纯粹性，在任何势力的影响下，科学必须保持中立的地位。

当时，海德格尔在弗莱堡大学已经成为备受争议的人物，虽然他在学术领域取得了一定的成果，但仍然是一名编外助教，并且这一身份还是在胡塞尔的努力下才保留了下来，从弗莱堡大学晋升教授的机会十分渺茫。在胡塞尔的大力推荐和马堡大学教授尼古拉·哈特曼和托苔的帮助下，海德格尔前往马堡大学任教，并在那里最终达成夙愿，获取了教授头衔——这在当时来说，已经是最好的结果，既避免了海德格尔身陷争议的旋涡，也加快了他晋升的速度。但从内心而言，海德格尔并不愿意离开弗莱堡大学，尤其是不愿意离开导师胡塞尔，何况他还要进一步地掌握现象学的方法论，去思考并最终解决自己多年来一直在思考而又尚未得到解决的哲学问题。退一步海阔天空，无论如何，在"贵人"的帮助下，海德格尔终于从一名编外助教晋升到哲学教授的身份，开始了在马堡大学的教书生涯。

马堡大学也是德国一所著名的高校，并且与弗莱堡大学在学术氛围上存在极大的差异，这里是新康德主义"马堡学派"集中地，海德格尔的许多认知也得以"颠覆"。学术层面，马堡大学的氛围更加活跃和激进，汇聚着一大批名流高手。在任教时间内，海德格尔结识了一大批新朋友，如哈德曼、纳托普等人，通过交流了解各派的思想。此外，海德格尔还结识了 R. 布尔特曼、K. 巴特、克尔凯格鲁德等一大批宗教哲学家。海德格尔参加了 P. 弗里德组织的"读书小组"，对荷马、修昔底德、品特等的作品加深了解，进一步涉猎了巴斯卡拉奇、陀思妥耶夫斯基等的作品。这些丰富的阅历、广泛的交际行为，对于开拓自己的眼界、丰富哲学思想，发挥了重要的作用。可以这么说，海德格尔进入马堡大学，一半时间在执教，一半时间是在学习，他的主要精力当然还是在哲学研究上。围绕着"哲学史"的课程，不断向学生阐述现象学的价值，这一时期所涉猎的哲学教学内容，主要包括了柏拉图、亚里士多德、康德、笛卡尔、谢林等人的哲学，以及中世纪本体哲学的相关方面问题。

  讲课与学术研究之间是存在极大的互动性的，海德格尔很注意"教与学"的融会贯通。自身在学习一些哲学著作时，能够将《精神现象学》《逻辑学》《形而上学的沉思》《纯粹理性批判》等著作的内容非常合理地融入哲学史讲座中，并使用现象学方法，贯穿对"存在问题"的思考，这非常具有创新意义，对学生也很有吸引力。马堡大学对海德格尔的哲学史专题讲座有着很高的评价。听过他的课的人曾说过："思想又活过来了。"海德格尔在哲学授课方面的成功，主要得益于他能够把问题进行深刻、透彻的分析，非常注重引导的作用，形成了自己独特的风格。换一个角度说，海德格尔其实是非常具有演说家的才能的，即便在资源非常有限的情况下，也能够做到吸引听众，牢牢地抓住学生的好奇心。由此，就出现一个很奇怪的现象，根据美国哲学家 W. 考夫曼的一段描写："他（海德格尔）都能够唤起人们的一种期待的心情：以为他所讲的最重要的事情，已经走到了发觉这些问题的边缘，当他走进演讲厅时，气氛一下子被控制住了；尽管他的大批听众不久就坠入了云里雾里，他还是能抓住他们的注意力，而且在最后的结论中给人这样一种暗示——虽然现在一切问题还不明白，但下次一定会有重大的启示。"也就是说，海德格尔的听众们很多时间都不知道他在说什么，但却还怀着期待的心情等待着下一次聆听，由此可见海德格尔的魅力——这种魅力不是"一时一地、一期一会"性质的，而是有着广泛性的。我国著名学者熊伟先生在《海德格尔是一个哲学家》中也做出了证实，作为曾经聆听过海德格尔讲课的中国人，熊先生将其描述为"一个满堂吟咏的诗人"，而不是一个贩卖哲学知识的教授，在中德文化或东西方文化差异下，海德格尔的魅力丝毫不减。

海德格尔在马堡大学的收获是丰硕的，根据他在这一时期的演讲稿，陆续出版了《康德和形而上学问题》《现象学的基本问题》等著作，在哲学专题讲座方面也收获了巨大荣誉，成为德国、欧洲乃至西方世界的哲学知名人士。最为重要的是，在1925—1926年冬季学期中，马堡大学决定让海德格尔顶替哲学系的哈特曼教授，从教授晋升为"系主任"，这也促成了海德格尔的经典著作《存在与时间》的出版。根据德国教育部门的要求，在大学中承担主任级别职务，必须发行过有一定社会影响力的出版物，但海德格尔此时除了教职论文之外，并没有成书出版。无奈之下，只能将一部没有完成的作品委托给胡塞尔，这部书就是1927年出版的《存在与时间》——海德格尔在这本书的单行本扉页上明确表达了对胡塞尔的感谢："谨以此书献给爱埃德蒙特·胡塞尔，致以友情和敬意。"

后世对《存在与时间》给予了高度评价，但从海德格尔的创作初衷来看，早期并没有准备"长篇大论"，首次出版的内容只占到了写作提纲的三分之一，可以理解是为了"应景而做"。并且，《存在与时间》的写作目的，也并非单纯地为了阐述哲学研究，而是为了建议一种新的本体论，将时间作为线索来解决"存在意义"的问题。在思想创新方面，它将"人"的存在作为新本体论的基础，而不是"物"为基础，这就具有很强的颠覆性。加上此时德意志帝国的时代背景，资产阶级在日益上升的过程中充满了焦虑、恐惧、危机，在发表之后引起了巨大的反响。

严格来说，海德格尔的《存在与时间》一书是马堡大学教学经历的重大收获，但并不是一本相对成功的学术作品。主要原因在于，大量使用并不成熟的现象学方法、独创的名词术语，在读者角度来看十分难以理解，甚至有一些文字游戏之嫌。即便是现象学发展相对成熟的今天，回过头再读这本书同样艰涩难懂，它的主要价值在于将"人"放在哲学问题的首位，特别是他所关注的是资本主义社会中人的命运、境遇等；整体上，马堡大学的五年执教生涯，奠定了海德格尔学术发展的基础，使他获得了一定的社会地位，也奠定了他存在主义哲学"创始人"的地位。

五 政治经历

从1914年第一次世界大战爆发开始，海德格尔人生最重要的时期（求学、求职、婚姻等）存在于一个十分复杂的政治环境中。1914年第一次世界大战爆发，到1933年希特勒上台，德意志帝国被卷入了历史的旋涡之中。海德格尔也有了一段十分艰难的政治经历，尽管在后世看来，海德格尔的政治经历中染上了不少"污点"，如支持纳粹、颂扬希特勒等，甚至一些西方学者也刻意宣扬这一方面的内容，但现在看来，有些过激的说法事实根据并不充足。这一段特殊的经历，需要从海德格尔担任弗莱堡大学校长说起。

众所周知，海德格尔对于弗莱堡大学有着深厚的感情，结束马堡大学的授课之后，他得以重新回归。1933年，希特勒率领的纳粹党（民族社会主义德国工人党）横行德国，在法西斯主义日渐猖獗的同时，也加紧了对犹太人的迫害，这一场风暴短时间内遍布各个角落，弗莱堡大学也未能幸免。1933年5月，弗莱堡大学解剖学教授封·默伦多夫由于支持犹太人被当局赶下台。出于保护大学内犹太籍教职工的"天真想法"，封·默伦多夫立即找到了海德格尔，希望他能够就任校长一职——当时海德格尔的名气已经很大，他的出面能够阻止希特勒政府当局"任命"校长，以此来保护犹太籍教职工免受迫害。在这种极端的情况下，海德格尔临危受命担任了校长职务。

综合海德格尔对弗莱堡大学的个人情感而言，他只是为了维护大学的稳定、继续做好学术研究工作，所以在担任校长职务之后，并没有积极配合希特勒政府的活动，也没有协助展开对犹太人的迫害。这自然就引起了当局的不满，当时的纳粹激进组织"冲锋队"不断向当局反映海德格尔的行为，海德格尔多次被"冲锋队总部"警告。但海德格尔并未就此屈服，在保护犹太人问题上，接二连三地和当局发生纠纷冲突，包括阻止反对犹太籍教授的游行示威、保留犹太人教授的职位，以及在"焚书事件"中保护了哲学系中犹太作者的作品。以上举动，反映了海德格尔对纳粹反人类的行为的明确态度。一个更有力的证明是，在1934年2月，海德格尔因为不愿意辞退犹太人工作人员而被迫辞职，这反映了海德格尔对于战争中犹太人的同情。

　　海德格尔身上的政治污点究竟是如何坐实的？或者说，为什么反复被人以这一问题进行诟病？关于这一问题，也只能说"人无完人"。海德格尔存在他自己的狭隘性，特别是这一时期，在思想、认识、行为方面表现出的"政治幼稚"，他一度对于希特勒的政权实质没有形成正确的认识。① 比如说，1938年胡塞尔逝世，在一封以自己妻子名义发出的追悼信中，海德格尔还表示胡塞尔惨遭迫害，应该是下层官员的胡闹，对于希特勒政权抱着一种支持的态度。也正是这种支持态度，使他在一系列问题上犯了严重错误。但客观地说，海德格尔支持希特勒政权，有着深刻的时代背景。20世纪30年代的德国进入了空前危机，经济恶化、战事吃紧、社会不安，尤其在1932年整个德国的失业人口超过50%，加上第一次世界大战结束后面临的巨额赔偿，国家上层统治中必须尽快化解矛盾，而民族主义情绪的高涨为希特勒提供了上台机会，相关历史文献中有着详细的阐述，此处不做深入探讨。海德格尔也深深地体会到国家、民族的忧患，正是对希特勒一系列"空头支票"的信任，才导致了自己人

---

　　① 参见倪梁康《海德格尔与胡塞尔关系史外篇：反犹主义与纳粹问题》，《现代哲学》2016年第4期。

生污点的产生。

自然,海德格尔作为一个知名人物公开支持希特勒,所造成的时代影响、历史影响是很坏的。希特勒及所领导的纳粹党只是为了利用海德格尔的名气,但关于这一点,他自己并没有看透。① 于是在1933年,海德格尔成了纳粹党成员,紧接着铺天盖地的宣传,将海德格尔塑造为纳粹党的代表人物。其中,《南德纳粹党报》在1933年上半年的报道中写道:"弗莱堡纳粹党人在海德格尔加入纳粹党的这个举动中,看到了比现实革命及其力量还深刻的意义。"一系列的吹捧,包括责任心、关注德国民族的命运和前途、站在伟大运动的中心,等等,刻意将海德格尔塑造成"当代人的精神领袖"。

客观地说,个体都存在不可避免的狭隘性,"伟人"身上的狭隘性尤其容易被放大。海德格尔也是如此,他无法站在一个超越时代的角度去审视一切,这也导致他的巨大影响力造成了无法弥补的恶劣后果。在1933年11月11日,德国教育界召开了著名的"莱比锡会议"。本次会议的目的主要是教师会的选举活动。但海德格尔在发言中却过多地涉及了政治内容,他号召全国各阶级都应该根据对德国民族的自我责任来规定自己的任务。需要强调的是,海德格尔的这一观点,并非只是强加于不同阶级的个人,而是针对德国"教师会"这一组织而言的。这无异于肯定了希特勒政府在社会组织层面的"权威性"。海德格尔吹捧道:"元首已经在整个民族中唤醒了这种决心,并将之融入一场革命中。"② 显而易见,海德格尔作为一个十分知名的教授,他公开表达对希特勒的支持,对于纳粹主义稳住脚步起到了助纣为虐的作用。尽管,晚年海德格尔对于此事进行了辩解,类似这样的言论是出于被迫无奈,而最终的目的则是完成自己的教育改革梦想。

---

① 参见赵卫国《海德格尔思想的多维透视》,人民出版社2016年版,第58页。
② [德]维克托·法里亚斯:《海德格尔与纳粹主义》,郑永慧等译,时事出版社2000年版,第155页。

所谓"教育改革",是指海德格尔试图改变德国大学教育中的一些弊端,但从日后的表现来看,他主张的教育改革并不纯粹,而是与他自身的政治经历密切相关。早在1929年海德格尔的一篇名为《什么是形而上学》的文章中,描绘了他教育改革的初衷:"各种学科千差万别,讨论对象的方式也不相同,许多支离破碎的学科,在今天只是被大学科系的技术组织维系在一起,并且是靠各学科的实际应用目的而保持其意义,实际上,各门科学的本质上已经是死亡了。"客观上分析,海德格尔对于大学教育中存在的生硬分离、学科隔阂改革观点是无可厚非的,但是将"教育改革"融入当时的政治局势中,则是完全没有根据的荒谬做法。海德格尔在海德堡大学的一次演讲中指出:"德国有了一场革命,我们必须问一下自己,大学里也有了革命了吗?没有。"① ——这种言论,很大程度上,应该是源于海德格尔的真实想法。它将希特勒的行为看作一场革命,而并未看透法西斯主义的本质,由此教育为了适应"革命"也必须进行改革,即"必须从帝国的生存意志中规定其任务"。海德格尔的教育改革主要包括三个方面具体内容,即"劳动服务""军役服务""知识服务"。其中影响较大的是"劳动服务"。在1933年6月海德格尔发表的《劳动服务和大学》的文章中,对其内涵做了细致阐述:"学校将不再局限于教育领域","劳动者与学校都想取长补短,以共同建立要使人们的民族走向新的、根深蒂固的、统一的教育力量,我们的民族依靠这种新生力量从事国事活动,并投入国家命运中去"。其中,"教育和劳动"相结合的教育理念并无过错,但海德格尔将教育改革的内容和纳粹政治特色结合起来,由此进行的鼓吹就产生了巨大的危害,以民族主义情绪为基础,掩盖了世界大战的真实原因,在"民族情结"的吸引下,大量德国青年走上战场,这种危害是客

---

① [美]理查德·沃林:《存在的政治——海德格尔的政治思想》,周宪等译,商务印书馆2000年版,第177页。

观的、严重的。

针对海德格尔政治方面的批评，有一系列相关书籍，在此需要重申的是海德格尔本质上是一名学者、教授，并不是一个政治家。他与真正的纳粹之间是有本质区别的。本书无意为海德格尔的"污点"辩护，仅从客观事实出发，在当时的希特勒政府统治下，存在类似现象的人物并非少数。相对而言，海德格尔的"清醒"来的还不算晚，他担任弗莱堡大学校长的时间只有十几个月，辞职之后也不再发表任何政治言论，重新回到了学术研究中去了。并且，这一举动也引起了纳粹的注意，宣传、赞颂等行为消失了，取而代之的是监视和控制。海德格尔的著作出版被限制、言论被限制，甚至讲课的过程中也有"便衣"监视。在希特勒失败的最后一年中，海德格尔甚至被赶去挖战壕、做苦力，这也是他清醒之后，疏远纳粹的代价。所以，我们看待历史问题还是要结合历史唯物主义的观点，实事求是的分析，以下针对三个主要方面的争议，做出一些必要阐述。

第一，是关于海德格尔就职弗莱堡大学校长演说的问题。海德格尔有过很多次演说经历，但比较著名的演说，当数他就任弗莱堡大学校长的演说。其中一些言论涉及宣誓效忠希特勒，这是为后世研究者广泛诟病的部分。但是，从这次演说的官方版本中，我们仍然可以看出海德格尔自己的信念坚持，它不仅完全公开地拥护国家社会主义，同时也回避了其核心思想，即"种族主义"，转而扩大"民族主义"的宣传。这一举动和纳粹的要求是不相符的，由此在事后，海德格尔也受到了希特勒政府的责问。时任教育部长的巴登就提出了批评，尤其是指出海德格尔拒绝"政治科学"的观念。还有一点值得说明，在演说结束之后，海德格尔将演说稿题词献给了当时著名的犹太人教授查德·克朗纳，可见海德格尔并不认为自己的校长演说是在与犹太人作对，而且还想争取犹太人对自己的演说的赞同。

第二，是关于对待犹太人的问题。这也是一个非常敏感和严肃的问题。众所周知，纳粹对于犹太人的迫害十分残忍，到后期完全达到了反人类的程度。海德格尔被认为是希特勒的支持者,由此也被描述为残害犹太人的"刽子手"。但事实上,海德格尔对犹太人是非常友好的,并施予援手、加以保护。约翰·巴普梯斯特·涪茨曾回忆说:"当犹太人内科医生坦豪塞尔受到强权者的解雇威胁时,海德格尔声明说,如果真的发生了,他将辞去他的校长职务。"① 珀格勒还说:"海德格尔在其任校长时,曾试图救助一些正教授如弗兰克尔和黑维西,他把他们视为'具有模范品质'的、'高尚的犹太人'而加以保护。"② 当犹太女教授伊丽莎白·布洛赫曼受纳粹的迫害必须流亡去英国谋生时,海德格尔曾给她写鉴定材料,以使她在英国找到一个工作位置。海德格尔与这个犹太女教授的通信关系维持了半个多世纪。所以,如果海德格尔真是一个"纳粹",他肯定不会做出这些举动。

第三,关于是否亲近纳粹主义的问题。时过境迁,试图弄清楚海德格尔"主动"或"被动"接触纳粹主义,已经是不可及和不必要的事情。但是,弄清楚海德格尔是否在情感上亲近(认可、同情、赞扬等情绪)纳粹主义,还是一个非常有必要的问题。根据珀格勒(《海德格尔的思想之路》一书的作者)的记录,在海德格尔辞掉弗莱堡大学校长职务之后,就立即不再谈关于希特勒的事情,更多的是探讨弗里德里希·荷尔德林(德国诗人)。这种变化是非常微妙的,因为希特勒毕竟是"法律上的元首",而弗里德里希·荷尔德林却是德国人"精神上的元首",接近神灵一般的存在。由此可见,海德格尔并非真正认同纳粹主义,一旦从特殊的境地中摆脱出来,就立即抛弃了原有的立场,这也促使他和纳粹之间形成了激烈的冲突。以至于在一段时期内,海德格尔的书信都要被纳粹当局审查,海德格尔也警告过朋友,不要给自己写"坦率的信"。针对希特勒,海德

---

① [美]帕特里夏·奥坦伯德·约翰逊:《海德格尔》,张祥龙等译,中华书局2002年版,第10页。

② [法]阿兰·布托:《海德格尔》,吕一民译,商务印书馆1996年版,第9页。

格尔也有着猛烈的批判,在1938年称希特勒为"本世纪的强盗和罪犯",晚年回忆自己在弗莱堡大学担任校长一事,认为是一件蠢事。事实上,从他辞职之后,弗莱堡大学的校长职位已经不再进行选举,而是纳粹部门直接任命的。

已经有足够的理由支撑"海德格尔并非纳粹"这一观点,尤其是第二次世界大战结束之后的审查,能够为海德格尔做出证明,他属于"轻度责任者"。本质上,也没有身陷政治旋涡,注意力始终落在教学与研究工作上。如果,我们要给予海德格尔一个公正的评价,不妨认为他是一个"误入歧途者",毕竟他支持过法西斯,与纳粹合作过,也曾起到过推波助澜的作用,但本质上,海德格尔不失为一名一生以探求真理为志业的哲学家。

第三节 海德格尔的主要哲学思想

探讨海德格尔美学,必须细致梳理海德格尔的哲学思想,从海德格尔的整体思想脉络中来把握其美学思想。就海德格尔哲学的整体面貌来看,前期海德格尔的美学思想以此在生存论分析为基础,是一种"生存论美学"。在《存在与时间》中,海德格尔明确指出,"存在"必须以人的生存方式来体现,这就是"此在的自身存在"。一般认为,以1930年《论真理的本质》发表为标志(理查森认为以1935—1936年《艺术作品的本源》演讲为标志),海德格尔的思想分为前、后两期。此之前的哲学思想内涵主要包括了对"此在"生存状态的分析,以及对此在生存情态的揭示。此之后的哲学思想则致力于以存在来限制此在,通过审美世界的开启来克服此在的有限性甚至唯我性。其美学研究的视域在人的生存之维外还涉及自然之维、信仰之维。诗歌文本和艺术作品成为其开展论述的主要载体,表现出显明的"存在论美学"意味。

我们先看其前期哲学。《存在与时间》是海德格尔最重要的著作，也是影响范围最大的作品。书中不仅涉及哲学，也涉及神学、心理学以及社会学等诸多学科领域。纵观西方哲学史可以发现，对存在论问题的讨论在西方哲学中从未止歇。海德格尔的存在论是以时间作为根本，让人们借此探寻存在者，并逐渐发现自身存在的意义。就"存在"与"存在者"进行比较，二者有较大程度的不同。对于存在来说，其本身便是世界存在的体现。而存在者则是存在世界的特定性对象，不仅代表着世界外物的存在状态，也代表着人这一个体的存在。在海德格尔看来，长期以来西方哲学在存在论的讨论中实际上是将存在者与存在混淆了。因此，只有区分出存在与存在者，将存在的意义深入理解之后，才能够对其内涵进行深刻的把握。就《存在与时间》来说，此在在世界之中存在即意味着存在的显现。

此在的本质是被遮蔽的，这种遮蔽从某种程度上讲，是由各种原因造成的。因为物和人的不断侵扰，造成人在社会中个人本性的丧失，因为俗尘中的万物纠葛，人际关系繁杂，都不可避免地成为心灵的负累，违背人心原本的意愿。而去顺从另外一种声音，总要维系一定程度上的和谐，这种个人的本性在不断潜移默化中被他人占有，而这种内心的声音和意愿不仅被占有了，还带来了更多的烦恼和不安。而当人丧失了此在的时候，人之为人的个性便丧失殆尽，成为常人，也就处于一种沉沦状态。海德格尔认为这种沉沦状态主要表现在以下三个方面：闲言、好奇和两可。闲言，是说人们热衷于道听途说、人云亦云，却独独缺乏自己独立的声音，个人声音追随大众喧嚣而终淹没于众人之声。因此，人的生活无波无澜，成为一种呆滞状态，也逐渐变成了大众的传声筒。好奇，人们在日常生活中被世俗世界的光怪陆离迷惑，好奇心成为一种不断探究的状态，于是好奇心的旺盛便导致人们无所住心于他人、他物，随着物是人非而不断转换注意力，从而将人性该有的本质逐渐忘却。两可，于人的生活世界中来照面的东西，在好奇中浮滑而过，在闲言中随便道出。如此，人们就无由判断真正领会了什么或未曾领会什么。这样，人生的意义就会变得混沌不清，人们在把自己交付给常人之际，个人的命运便随着常人成为一种无可无不可的状态。过去如何担负、现在如何面对、未来如何筹划就此都处于一种模棱两可的状态。最终，本己被置于常人的权威下沉沦于世。

此在要出离这种沉沦的状态，必须摆脱常人的宰制。而这种摆脱首先需要通过"畏"来实现。畏不同于怕，怕之所怕总归是从周遭环境中来的人或物，而畏之所畏却不是某人某物，而是在世本身。畏有更深沉的心理蕴含，畏是对自己被抛在世状况的蓦然所悟，是无法自解的心理深渊。畏有如顿悟，此在霍然得之，蓦然了悟到自己的孤独在世，一下子将自己作为被抛的曾在承担起来。畏使此在超离沉沦从常人中抽身出来成为本己。本己对自己当下的审视和未来的筹划不再遵从常人的权威而是自己决断。就生存的时间性来说，此在最本己的未来就是死亡。本真此在的决断本质上就是向着死亡决断。那么决断的根据从何而来？按照海德格尔的说法，决断的根据就是"良知"。人们在良知的指引下反躬自省，最终回归本真的生存。总之，海德格尔的此在生存论分析是在时间维度上展开的，时间既是此在绽出的维度同时也是此在存在意义的载体。

可以说，《存在与时间》的整体构思，自海德格尔青年时代开始到20年代中期，在对哲学史整体把握的基础上，对"存在"问题的独特理解。这其中包括了此在的本真与非本真状态、真理的内涵、作为此在在世本质的操心、作为此在绽出维度与意义载体的时间等。海德格尔围绕这些主题，在《存在与时间》中以"存在的提问"或者"对存在意义的追问"为中心来重新阐释。《存在与时间》看似庞杂繁复，但仔细分析会发现其实其结构相当明晰：先提出此在，然后指出此在在世的一般结构，进而以这一结构分析此在的非本真状态与本真状态，最后在本真状态的分析中提请出时间。其中，最具阐释力和穿透力的是对本真的时间性的分析。所谓时间，按照海德格尔的说法,就是"此在不断进行的一种独特的运动。或者说此在即是时间本身"。本真的时间有将来、曾在、现在三个维度,这三个维度不是平行的,"将来"最为重要。而"将来"就是"先行到死的觉悟性,这种觉悟性是与自己最后的可能性之死面对面,并始终把其作为可能性的维持"。① 在"将来"这一时间维度上,此在先行到死,肩负起被抛的曾在、立足当下的现在向未来筹划本己的生存。在这种向死而生的筹划中,此在生存中一切来照面的东西都显豁起来。可以说,"将来"时间维度上展开的此在的本真生存乃是无蔽真理的显示过程。由此可以看出,曾在、现在、将来三者的关系是:首先是出现将来,其中担负着曾在,然后又由这两个环节催生出现在的筹划。所以,这三者的排列顺序应是:将来—曾在—现在。总体上来说,这三个维度的统一性即被称为时间性。而所谓的时间性就是这三个维度的互动,贯穿。

再看其后期哲学。海德格尔的著作《林中路》蕴含着后期海德格尔丰富的存在论美学思想。此著作收录了从30年代中期至40年代中期发表的《艺术作品的本源》《世界图像的时代》《黑格尔的经验概念》《尼采的话"上帝死了"》《诗人何为?》《阿那克西曼德之箴言》六篇文章。而其中《艺术作品的本源》尤为重要,有学者将这篇文章看作海德格尔Ⅰ与海德格尔Ⅱ的分水岭。在这篇文章中,海德格尔首先以解释学循环的方式阐明了艺术家和艺术作品的关系。进而指出艺术作品的本源必要从已然称为艺术品的东西那里探讨其成为艺术品的特征。在这一思路引领下,海德格尔分析了物、器具和艺术品。传统对物的阐释有:作为各种属性的承担者的基体;其次,感觉中的多样性的统一体;被赋予了形式的素材。海德格尔认为,这三种传统的解释都没有从根本上说明物的本质,海德格尔通过梵·高的画最后揭示了物的存在形态和工具之所以是工具的原因。并且认

---

① 董吉:《存在主义中的我》,《现代交际》2012年第5期。

为，所谓艺术就是存在物的真实进入作品之内起作用。

艺术就是真理自行置入作品中。海德格尔从对艺术作品的观照来追问真理问题。作品之所以为作品，存在的两个基本特征乃是建立世界和制造大地。"大地"是海德格尔在《艺术作品的本源》中首次提出的一个概念。这一概念的引入在伽达默尔看来，乃是海德格尔关于艺术作品本源的演讲所以引起哲学轰动的最主要原因。就《艺术作品的本源》来看，所谓"大地"意指本质上的自行锁闭者，但也并不直接就是遮蔽，却具有遮蔽的本性。世界与大地，本质上都意味着一种敞开。世界敞开为人的生存，大地则敞开为自然万物的本然状态。海德格尔说："大地并不直接就是锁闭，而是作为自行锁闭者而展开出来的。"① 艺术作品将世界与大地收纳入自身，但两者却显示为一种争执，即世界的敞开性与大地的锁闭性之间的争执。但是，世界只有建基在大地上才成其为世界，而大地也全赖世界来凸显。所以，两者的关系是一种两相自立又以争执的形式两相亲熟的不可二分关系。总之，在世界与大地的争执中作品的作品存在得以实现，在争执中体现出了作品的统一性和完满性。就真理与艺术的关系来说，正是艺术作品中世界与大地的这种争执才使真理自行置入作品中这回事发生。艺术作品昭明了世界的敞开性和大地的锁闭性。这种昭明其实就是真理之发生，也即真理之无蔽的体现。

后期海德格尔的语言之思也是围绕存在之真理展开的。在海德格尔看来语言是存在之家，而本真的语言就是诗。诗人通过作诗，并运用本真的语言来揭示、阐明存在的真理。在这里，海德格尔一改传统的工具性语言观，语言的本体论意涵被提请出来。就理论上来说，语言是意义产生的基地，是存在之家。但语言的这一本质的显现却是由诗来承担的，在这一意义上，也可以说，诗是意义的发生者、存在的创建者。在《荷尔德林和诗的本质》中，海德格尔分

---

① ［德］海德格尔：《林中路》，孙周兴译，上海译文出版社2004年版，第42页。

明说道："诗乃是对存在和万物之本质的创建性命名。"① 海德格尔解释道,诗的创建有三种含义,即作为捐赠、建基和开端的创建。这三重含义上的创建实际上都是词语性的创建,"诗乃是存在的词语性创建"②。诗的词语性创建本质上即是对意义世界的命名。这正如伽达默尔在《真理与方法》中所说的:"能被理解的存在就是语言。"③ 而意义世界的命名与人站出来生存是同一过程。由于真理即是此在站出来生存。所以,诗的创建也就是真理之发生。说到底,作为一项语言领域的活动,诗的本质务须从语言的本质那里获得理解。而作为由诗来现实化的语言,语言的本质又务须从诗的本质处思量。就与真理的关系来说,可以这样总结:语言承载存在之真理,诗显现存在之真理。

这样看来,诗人的作诗显得尤为重要。在《人,诗意地栖居》中,海德格尔认为作诗本质上乃是一种度量。"测度是栖居之诗意因素。作诗即是度量（Messen）。"④ 在《诗人何为》中,海德格尔又说,诗人在贫困的时代担负着探寻远逝诸神的踪迹以招呼众人倾听有关神圣者的道说,最终将神带临人间的使命。两者结合起来看,贫困时代,诗人的使命即为通过作诗将神作为人度量自身的尺度迎纳入人的世界。海德格尔说:"惟当诗人采取尺度之际,他才作诗。"这话的意思是:诗人以天空之面貌（神的显现）为尺度作诗,在其采纳尺度之际,聚人之熟识之物与神之疏异之物为一体,从而构成"诗意的形象"。此形象"把天空现象的光辉和声响与疏异者的幽暗

---

① ［德］海德格尔:《荷尔德林诗的阐释》,孙周兴译,商务印书馆2004年版,第47页。
② ［德］海德格尔:《荷尔德林诗的阐释》,孙周兴译,商务印书馆2004年版,第45页。
③ ［德］伽达默尔:《真理与方法》下卷,洪汉鼎译,上海译文出版社2002年版,第606页。
④ ［德］海德格尔:《演讲与论文集》,孙周兴译,生活・读书・新知三联书店2005年版,第205页。

和沉默聚集于一体"。① 诗意的形象产生之际,天地神人聚合为一体。"充满劳绩,但人诗意地,/栖居在这片大地上。"(荷尔德林)经由作诗,人在委身大地之际将天地万物与不可知的神带临近旁。所以,"作诗乃是原始的让栖居",② 作诗建造着栖居之本质。至此,人操劳于斯的世界、自行锁闭的大地、昭明且同时庇护着万物与神明的天空、作为自行遮蔽者的不可知的神在人之诗意地栖居中聚合为一、无此无彼、朗然澄明。此澄明由于承纳了大地与神的遮蔽已不再仅仅是此在的到场,而成了天地神人的游戏,是人与自然万物、人与神明两相应答、两相交融又各自持守己位的关系。此澄明乃是"遮蔽中的澄明",此"遮蔽中的澄明"乃是一种聚天、地、神、人四方为一体的审美世界。

后期海德格尔的存在论美学绝非一种美学或艺术学的转向。以一种独立学科面目出现的美学与艺术学,在海德格尔看来恰恰是形而上学对审美与艺术本质的褫夺。因此,马克斯·韦伯所强调的宗教与艺术"不断加剧的紧张关系"③,刘小枫所谓"艺术代替传统的宗教形式,以至成为一种新的宗教和伦理"④ 的将艺术与宗教并立的观点,都不适于后期海德格尔的生存论美学。审美不仅在审美现代性的意义上担负着取代宗教的"世俗救赎"功能,更重要的是,审美通过一种诗化的形式将神性采纳为度量人之栖居的尺度。简单说来,在海德格尔这里,审美与其说关乎救赎,倒不如说关乎生存。

毋宁说,后期海德格尔的存在论美学乃是对人的本真生存的一种非《存在与时间》层面的积极建构。通过对语言、诗、艺术的沉

---

① [德]海德格尔:《演讲与论文集》,孙周兴译,生活·读书·新知三联书店2005年版,第211页。

② [德]海德格尔:《演讲与论文集》,孙周兴译,生活·读书·新知三联书店2005年版,第212页。

③ H. H. Gerth and C. W. Mills, *From Max Weber: Essays in Sociology*, New York: Oxford University Press, 1946, p. 341.

④ 刘小枫:《现代性社会理论绪论》,上海三联书店1998年版,第307页。

思，人的本真生存最终坐落于人与天、地、神共生的诗意地栖居。语言、诗、艺术"为天、地、神、人四方世界的自由嬉戏设置空间和提供场地"①。因此，本书在对海德格尔的生平及哲学、美学思想做整体把握的基础上把重点放在后期海德格尔的语言之思、诗意栖居和艺术之思上，以期全面解析后期海德格尔的美学思想。

---

① 赵奎英:《从"存在与时间"到"栖居与空间"——海德格尔后期哲学的空间化转向及其生态美学意义》,《厦门大学学报》(哲学社会科学版) 2009 年第 2 期。

第二章

存在之思：海德格尔的存在论辨析

海德格尔哲学的最核心词语无疑是"存在"。前期海德格尔的思想主题是以此在通达存在。"此在"（Dasein）这一词语就是基于"存在"（sein）而创生。"Da"作为一个前置词，构造了一个能够感知存在从而思考存在的特殊存在者。可以说，前期海德格尔以"此在"为基础对"存在"进行了"本体论的解释"，建构了一整套关于"此在在世的生存论学说"[①]。

后期海德格尔的思想主题是以存在限制此在，转向了"存在真理本身"的思考，实现了研究维度的扩展，形成了"天、地、人、神"四个维度。这种转变，从根本上消除了理解存在现象的"预备性"特征，在肯定存在意义前提的基础上，使用"诗意地运思"模式探究存在真理本身。其中，"解蔽/聚集""澄明/遮藏""在场/不在场""人言/大道"的对立统一关系，成为海德格尔后期哲学及美学思想的基础。

就海德格尔的思想转折来说，虽然学术界对"海德格尔Ⅰ"和"海德格尔Ⅱ"的划分还存在诸多争议，但基本都承认海德格尔前、后期思想存在巨大差异。本书主要研究海德格尔的后期存在论对其"生存论美学"的革新，因此以"存在真理本身"意义为基础，确

---

① ［法］阿兰·布托：《海德格尔》，吕一民译，商务印书馆1996年版，第48页。

保其后期必要元素和理论体系的涉及。尤其要指出的是，海德格尔前期、后期思想并不是独立的，所发生的转换是更加精进，而非彻底颠覆。关于这一点，他本人在《论真理的本质》中明确进行了表示，"转折并不是对《存在与时间》里的观点的修正，而仅仅是试图去达到某个重要的领域。并从这一领域出发对《存在与时间》进行检验"，以及"只有从海德格尔Ⅰ那里思出的东西出发才能切近地通达海德格尔Ⅱ那里有待思的东西。但海德格尔Ⅰ又只有包含在海德格尔Ⅱ中，才能成为可能"。① 由此，海德格尔Ⅰ和Ⅱ也好，海德格尔前和后也罢，是相互依存的整一的哲学思想体系，只是针对同一活动过程，在两个不同维度上的探索，前期哲学思想是铺垫和准备，后期哲学思想是拓展和融涵。在上文中我们也提到了，《存在与时间》一书实际上是一部不完整地未完成性著作，海德格尔后期研究对其进行了完善。

应该说，海德格尔对自己哲学思想的解释是十分中肯的。宏观上来看，海德格尔哲学的整体就是在探讨"存在和存在者""有与无"之间的复杂联系。对比而言，海德格尔前期思想主要是针对"此在在世"的生存状态研究，以"时间"为范围，找出"存在者"的隐蔽之处，使其达到存在的澄明阶段。而在海德格尔后期思想中，他把主要精力放在了"存在本身性质"的解释上，通过直接面对存在的真理，给出完整的解释。在前、后阐述上，海德格尔Ⅰ具有明显的"英雄风格"，例如在《存在与时间》中，他提出以死亡的先行决断来描述"本真"的存在状态。这种"英雄风格"或"英雄主义"的思想状态，到了海德格尔后期则回归平静了，让位于"寂静主义"或"神秘主义"，一切思想发展从明朗开始变得隐晦起来。变化最为明显的就是，海德格尔大大减少了自己创造新词语的频率，在表达方面，开始使用日常用语中的词语，这也从侧面表现出他卓

---

① 参见熊伟主编《存在主义哲学资料选辑》（上），商务印书馆1997年版，第195页。

越的"词源学"造诣。一些学者认为，海德格尔后期思想的变化，之所以能够从底层重新寻觅，而不是热衷于"基层建构"，和他的诸多经历磨炼密切相关，但从学术角度来说，这意味着海德格尔更顺从于"献身于思"的途径。

综合以上，后世研究者可以形成这样一种认识：海德格尔的思想始终围绕着"存在"这一问题展开，但却从来没有一个终点，学习者从他的一系列"基础理论"出发，当自认为已经达到了研究终点时，就会面临一个新的问题，而这一个新问题同样是没有"目的地"的。所有看似已经完成的研究理论，终归会变成一个"新起点"。正如海德格尔在《同一律》中阐述的那样："当思想试图走向召唤它的事情时，它可能在中途发生变化。"①

很显然，海德格尔很清楚地认识到，思想没有终点，得到更好的方法远比得到结论更有价值。本书针对海德格尔美学思想的研究，显然是一个"阶段性"和"局限性"的命题，为了更好地进行阐述，还是需要分阶段对成果展开必要的了解。简单来说，海德格尔前期思想研究的重点是"此在"这一最独特的存在者，而后期则是"存在本身"。进而，海德格尔的前期研究方法注重通过现象学还原"此在在世"，而后期则重视对存在本身展开"解释学释义"。

第一节　前期海德格尔的存在论思想

海德格尔的前期存在论思想，集中蕴含于《存在与时间》中。它的价值在于以一种独特的"语言"或"语言系统"，运用现象学的方法来直观"存在"，颠覆了传统的认识论的思维范式和运思方法，对胡塞尔的现象学研究给予了创造性的改造，赋予了该学说新

---

① ［德］海德格尔著，孙周兴编：《海德格尔选集》，孙周兴等译，生活·读书·新知上海三联书店1996年版，第646页。

的内涵。我们可以这样理解：《存在与时间》没有局限于"哲学"狭小的圈子中，它将存在问题重新提炼出来，放入"哲学询问"的视野里面，以供后人重新展开研究，其思想创新价值是非常巨大的。20世纪30年代的哲学家埃米尔·施泰格尔这样评价《存在与时间》："我感到有一种捉摸不透的语言力量不可抗拒地吸引着我，这种遭到多方非议的语言，即使在今天也不失为哲学领域的最伟大成果之一。"① 这是对海德格尔所独创的哲学语言体系以及附着其上革命性思想的赞颂。就海德格尔的前期存在论思想来说，比较重要的包括以下几个方面。

一 存在的遗忘

海德格尔在《存在与时间》一书的开头部分，就引用了柏拉图的一段话，并进行了批注。柏拉图认为："当你们用到'是'或是'存在'这样的词，显然你们早就很熟悉这些词的意思，不过，虽然我们也曾以为自己是懂得的，现在感到惶惑不安。"② 海德格尔进而描述道："我们用'是'或是'存在着'意指什么？我们今天对这个问题有了答案吗？没有。所以现在要重新提出存在的意义问题。"③ "存在"是人类理解世界的本源性概念，但在西方哲学思想中，"存在"的解释是通过不断地形而上的方式加以阐明的，看起来好像是回答了存在，但实际上，"形而上"本身是否存在还是一个问题，人们并未真正解答过存在的真理问题。这种逻辑矛盾就在于，人们思考某一种实体的、虚无的"存在性"时，往往把"存在"作为一个前提条件，更确切地说，这种存在是"研究者"的存在，主体是

---

① ［德］比梅尔：《海德格尔》，刘鑫、刘英译，商务印书馆1996年版，第166页。
② ［德］海德格尔：《存在与时间》，陈嘉映、王庆节合译，熊伟校，陈嘉映修订，生活·读书·新知三联书店2006年版，第1页。
③ ［德］海德格尔：《存在与时间》，陈嘉映、王庆节合译，熊伟校，陈嘉映修订，生活·读书·新知三联书店2006年版，第1页。

"整体的存在者",而"存在"充其量是一种默认成立的假设。

海德格尔认为:"存在既不是上帝,也不是世界的基础,存在比存在物更广阔。"① 跳出哲学思考,人们对于存在的认识,只是将抓住"存在物"作为依据。它是本体论情况下对外界的参照、反应,但是"切近之物往往被推得更远",所以人永远只能抓住存在物,而不可能抓住"存在"。在此基础上,海德格尔树立了"存在意义"的研究目标。

当然,从纯粹的学术角度来说,西方哲学家探讨"存在"问题,主要依赖的是传统的本体论,海德格尔在继承胡塞尔的现象学方法之后,则建立起了全新的"基本本体论"②。在海德格尔看来,亚里士多德、康德、黑格尔等人,其实都没有真正理解存在的意义,他们所建立的逻辑体系,重点在探讨形而上学范畴的"存在"定义,这种定义的一个最大局限在于"存在者"的存在,阻碍了哲学家对"存在"的进一步追问。海德格尔眼中的"存在"是一个动词,代表着过程;而在传统西方哲学中,"存在者"是一个名词,一个实体的存在。由此判断,长期以来形而上学中的"存在"都是不完整的,是一种被遗忘的状态。

二 存在的追问

(一)基于追问者的"此在"

1. 从"追问者"角度分析"此在"概念

《存在与时间》彰显了海德格尔的哲学思想体系,也阐明了他的研究思路,在对他人研究的指引上,明确提出"不可直接"的态度。所谓"不可直接",是指不可独立地看待"存在""时间"两个维度,而只能以"此在"为前提,通过"此在"的分析得到对存在的

---

① 参见熊伟主编《存在主义哲学资料选辑》(上),商务印书馆1997年版,第129页。
② [德]海德格尔:《海德格尔文集 什么叫思想?》,孙周兴译,商务印书馆2017年版,第65页。

把握，进而在存在的时间意义上，分化出过去、现在、将来三个维度。"存在"并不是一个现在存在的静态事物，它是建立在存在自身"在"的过去基础上的，所以从"存在者"的角度去追问"此在"，就必须找到一种没有被规定的存在者——人。人是一种对过去存在有所领悟、对未来存在有所决策的"存在者"。

在《存在与时间》一书中有这样的描述："此在是一种存在者，但并不仅仅是置身于众存在者之中的一种存在者。从存在者状态上看，这个存在者的与众不同之处在于，这个存在者为它的存在本身而存在。于是乎，此在的这一存在机制中就包含有：这个此在在它的存在中对这个存在具有存在关系。而这复又是说：此在在它的存在中无论以任何一种方式、任何一种表达都领会自身。这种存在者的情况是：它的存在是随着它的存在并通过它的存在而对它本身开展出来。对于存在的领悟本身就是此在的存在规定。"① 基于海德格尔这一观点，能够提出存在意义问题的追问者，也只有"人"。究其原因，是因为存在者必然是已经存在、已被规定的东西，但往往这样的东西，都是"僵死"状态，保持着"是其所是"的属性，只有人具有可能性、发展性，并可以在自身存在的过程中去探索"存在意义"。

换言之，"此在"不存在任何现成的、静态的本质，也不存在被任何事先限定、约束的条件，它是追问者自身"去存在"（Zusein）的基础上获取的。由此也表明：此在是其他存在者存在的基础，只有明确了"此在"才能证明其他事物存在。而"人"作为一个研究对象，区别于其他事物的存在，海德格尔使用了"生存"这一概念。也就是说，人的生存是以其他存在物都不具备地生存方式为前提的，在《存在与时间》中，海德格尔进一步解释道："惟有人存

---

① ［德］海德格尔:《存在与时间》，陈嘉映、王庆节合译，熊伟校，陈嘉映修订，生活·读书·新知三联书店2006年版，第14页。

在。高山是有的,但它不存在。树木是有的,但它不存在。马是有的,但它不存在。天使是有的,但它不存在。上帝是有的,但它不存在。……人是这样一种存在物,这种存在物的存在是通过存在的无遮蔽状态的敞开的内在性,从存在出发,在存在之中标志出来的。"①

海德格尔认为,人是唯一关心其他存在物的存在、能够对于存在的一般意义提出问题的存在者,是与存在的意义源贴近的存在者。这一理论下,也将人生存的价值进行了升华,奠定了"此在"在一切存在者身份中的优先地位。当然,这种论述也存在很多漏洞,直观上看,它仍然没有摆脱"存在者"自身的狭隘性,尽管海德格尔后期思想中不断去证明人作为"此在"的客观性,却无法摆脱形而上的错误。一些研究者认为,这种狭隘的观念,其实源于西方哲学体系存在的漏洞,"上帝的手指"不足以解释一切,其中也不排除海德格尔对现象学的过度崇拜。

2. 此在在此

海德格尔备受诟病的一大原因,在于他思想运行早期过于热衷创造新的词语,以此来凸显自身哲学研究的不同,显得更加标新立异。客观上,彼时德国哲学研究系统仍处于古典派的控制下,探讨哲学理论、问题仍离不开西方古典哲学语言。为了打破这种局限性,有必要展开一些创造。如海德格尔解释人作为"此在"的基本含义,是指"在世界中"的意思,他由此创造了一个新词语"Dasein",表示"在世"的意思。德语属于印欧语系,细化为"日耳曼语族西日耳曼语"的分支,在欧洲有着较大的使用范围,与历史悠久的汉语相比,表达能力相对匮乏。"Da"是一个前缀,在很多词语中均有使用,所表达的内容根据语境生出词义,如"这里""那里""因

---

① [德] 海德格尔:《回到形而上学的基础》,转引自考夫曼《存在主义》,1975年英文版,第268页。

为""但是"等,"sein"是"存在"的意思,所构成的"此在"(Dasein)这一个崭新词语,本身的指向并不明确,中国读者所理解的"此在"必然也存在差异,需要进一步解释。我们可以简单地理解为,"此在"是世界混为一体的状态,孕育、生存、灭亡都在一个体系之下,而不仅仅是空间关系、地理关系、时间关系等。例如,城市在国家当中,而国家本身就是由城市构成的,即国家在所有城市当中——海德格尔发明"此在"的本意,其实就是为了阐明一种相互关系,而这是传统本体论、认识论所不具备的。

欧洲哲学体系中将"存在论"的解释权留给了"认识论",认识论的研究又从"本体论"出发,这样一来,传统的哲学研究会把人、人的参照主体视为分离状态,即世界是一方、客体是一方。"主体"和"客体"之间的关系是僵化的,主体的存在表现为客观现成、认识需求,而客体的存在表现为固态静止、被认识。这种解释下,显然"人"和"世界"是分离的,如果人不存在于世界,那么人在哪里?这是传统认识论始终无法说明的问题。

海德格尔利用"此在"将人和世界统一起来,视为一个结构完整的整体,认识之所以可能,是因为人一向就已经在世界万物之中。人诞生于世界、生长于世界、联系于世界,首先是同世界万物产生联系,在与万物交流的过程中,人逐步走向认识,而认识只不过是"此在"在世的一种存在方式而已。① 据此,又该如何去展开存在者世界观的归纳呢?

第一,海德格尔针对存在者"在世"的情况进行了划分,主要包括三种类型:工具性的"在"、现有的东西的"在"、世界的"在"。这三种存在方式,都离不开"此在"。其中,所谓工具性的"在"是指人类参与世界的基本途径,皮子、钉子、线绳等,利用一

---

① 参见[德]海德格尔《海德格尔存在哲学》,孙周兴等译,九州出版社2004年版,第78页。

定的工具性的"在",才能创造出"现有的东西的在"。比如皮子、钉子、线绳在一起可以制作一双皮鞋,或者一件皮衣。而工具性的"在"往回追溯则不难发现皮子源于动物的皮毛,钉子源于矿石的冶炼,线绳源于植物纤维的加工,这就是世界的"在"。所以,工具性的"在"向前、向后都是有意义的,它是"此在"的基础。

第二,针对"此在"存在划分了三个阶段。此在的第一阶段为"现身",其表现方式为存在者的情绪,就"人"的哲学探讨范围内,"情绪"是此在的最原始呈现方式,泛指人在追问"此在"意义时的直接体验。此在的第二阶段是"领会",它是建立在一定哲学逻辑基础上的,不存在任何可以将它从世界区分开来的主体,由此也可以认为"领会"是被必然存在于世界中的,即任何的"此在"献身于世界产生的情绪,总是包含着一定的领会。"领会"开展出个体存在的可能性,并将"此在"与之打交道的周围世界的存在者,将其中有利、有害的内容解释出来,将"此在"与世界上其他存在的属性互相关联。"此在"的第三阶段为"言谈",也就是说,"此在"将自己表现为言谈举止形式的存在者,其"在世"的坚定,源于它可以通过清晰的发声而被领会。当然,"言谈"的方式有很多种,并不仅仅是以语言表达的——"沉默"的状态或态度,本身也是一种言谈。弱化了的语言的功能,能够让人更深刻地领会其中的意境。

3. "畏"与"烦"

关于"此在"的讨论告一段落,此在在世的根源问题,在于更清楚地去了解"在……之中"的关联,由此海德格尔哲学思想面临一个必然要回答的问题:如何去解释"存在于世界之中"的整体结构、形态,帮助人去理解"此在"的本性。海德格尔提出了"畏"与"烦"两个思考方向,也是两个哲学概念。

针对"畏",简单地说就是"畏惧",但和"害怕"的类似解释存在差异。在中文语境下,我们可以将"畏"等同于"怕",它是一种客观事物影响主观体验的现象。但海德格尔所提出的"畏"有一定的限制条件。"怕"是指害怕的东西是手头的、身边的,或者作为他人"此在"的,而产生"怕"的基本条件则产生于"此在"与外物交流的过程。而"畏"并不是畏惧什么东西,而是指"所畏这就是在世的存在本身",我们可以理解为"敬畏"。在《存在与时间》中,海德格尔描述为:畏剥夺了此在沉沦着从"世界"以及公众讲法方面来领会自身的可能性。畏把此在抛回此在所畏而畏者处去,即抛回此在的本真的能在世那儿去。畏使此在个别化为其最本己的在世的存在。对这种最本己的在世的存在之领会使此在从本质上向各种可能性筹划自身。

结合以上论述内容,海德格尔的"畏"包含了三点内涵:第一,"畏"是一种原始情绪和现身状态在世的首选方式;第二,令人"望而生畏"的东西是被抛弃的在世;第三,让人产生"望而生畏"的原因在于"在世"的可能性。基于此,我们可以针对海德格尔对"畏"的三个内涵展开总结,阐明其最基本的特点,分别为"事实性""存在性""可能性",三个方面缺一不可。

"烦"是与"畏"对立的一种情绪,但这种对立不是结构性的,而是一种基于在世的整体结构情绪的"柔性对立"。因为"此在"的基本判断源于"在世界中"。由此,人的存在对世界的展开包括两种形态:其一是人的存在的自我世界,其范围是"周围";其二是人的存在的精神世界,其范围是"共同"。"此在"和一般存在者的交流状态为"烦忙",与其他人打交道则是"烦神",与未接触领域的交流则是"烦恼"——由此,"烦"是一种综合状态,或者是一种情绪标志。每个人都必然表现出别具一格的"烦"。海德格尔以此作为人"在世"的情绪表达,并非源于德语中"烦"(Sorgen)的本意(忧愁、挂念、焦虑等),而是基于罗马神话——希腊诸神中的"忧愁女神"奥伊季斯从"土神"盖亚之处取来泥土,塑造出了人,主神朱庇特赋予了灵魂,但在究竟如何命名"人"的环节,发生了冲突,每一个神都希望以自己的名字来给人命名。最后,"农神"萨图努斯给出的判断是：朱庇特赋予了人灵魂，在人类死亡的时候灵魂归还；土神给予了肉体，在人类死亡之后可以回归泥土；而忧愁女神赋予人类灵性，作为创造者，她应该占有人类的整个一生。但是，关于对造物的"命名"，就要遵守它的创造来源，所以就命名为 homo，因为人是用"humus"（泥土）所造而来的。所以，人的在世，其出发点是物质的在世，人"在世"的烦，也源于对物质的"烦"，例如在工业化发展进程中，人完全被卷入"人们"的非本真状态中，不断地被排斥、异化。

4. 向死而在

海德格尔哲学具有一定的神秘性，最具有代表性的观点就是他早期思想中的"死亡本体论"这一主题。海德格尔强调了"此在"虽然往往以"沉沦"的方式存在着，但它又是一种超然性的存在，人类通过对死亡的感悟，能够达到"本真之境"。在《存在与时间》一书中，海德格尔基于"存在论—本体论"这样描述"死亡"：死亡是此在的终结，是此在最本质的可能性，它是与其他存在者无关的"此在"的必然命运。但是，这种"必然命运"本身具有不确定性，死亡作为此在的终结，围绕着"此在"向着它终了的存在的整个过程中。正如前文所言，海德格尔早期研究中自己设计了大量晦涩难懂的语言表达方式，这句话对于中国读者而言（或者在中文翻译背景下），难以从字面上进行理解，在此我们简单地分析它的三层内涵：一、死亡是必然来临的，"此在"身上也不具备偶然性，即"此在存在"就必然是"死亡存在"。二、死亡在必然的基础上又是"不可代替"的，死亡降临于"我"，是"此在"最本质的可能性。三、"我"必然要死亡，但何时死亡、如何死亡又是不确定的，即"此在"的延续下，"我"能够肯定的是死亡过程的必然存在，而"死亡"则是未知的。①

---

① 参见张一兵《回到海德格尔——本有与构境》，商务印书馆2014年版，第145页。

海德格尔以此来探讨"存在"的意义，阐明了人必然要死亡，但生命并非没有意义，在死亡的必然性与死亡过程的偶然性交织下，放弃生命应具有的价值是荒谬的。海德格尔也因此而强调，正是因为死亡的必然性，反而能够激发人们在生命过程中不确定性的背景下，积极地探索人生的意义。因为，死亡实现了"此在"在世俗关系中的超脱，在"存在"的价值上，仅仅保留了自身，此在在对于死亡的感悟过程中，意识到自己存在的"唯一性"。人可以在死亡过程中选择无限种人生的可能——尽管沉沦于"烦"是一种重要状态，但却无法掩盖自身最本质的愿望和需求。

在现实主义哲学中，"向死而在"表现在正视死亡上，人如果不懂得何谓"死"，那么"生"也就没有什么可参照的对象。死亡"如影随形"，人们只有对死亡具有"畏"，才能被激发着不断开拓自己的命运、本真的人生。海德格尔的"死亡本体论"就是阐述了这样一个基本事实，生命的尽头到来之前，人不能因为恐惧死亡而放弃生命，也不是为了迎接死亡而生存。

5. 良心与决断

"向死而在"是一种精神状态，即朝向死亡发展而存在的形态，这必然不会在现实中存在物质的体现，否则也就违背了死亡过程的不确定性。而要达到"本真"的存在，在现实状态中要满足"先行到死"的状态，在海德格尔看来，存在这样一种可能性，并将这种可能性转化为现实性——良心与决断就是实现要素。

基于前文阐述，海德格尔"生存论"层面的"此在"包括两种可能性，其一，此在朝向它本身的各种可能性来筹划自己，其二，此在混迹于常人，以任凭公众解释的方式而沉沦于"公众"。"良心"在这两种可能性方面，表现为一种交流——"倾听"——通过对他人的倾听与对自己的倾听而实现。其中，对他人的倾听意味着承受各种不实性解释，如流言蜚语、造谣中伤等，发生"众口铄金"的现象并不罕见。对于自己的倾听则是"以自我为中心"寻求本真的存在。无论哪一种倾听,"良心"都代表了正向的呼唤、引导,将迷失于公众或者"迷失自我"的此在唤回到"本真之途"。

结合海德格尔的观点,如果将"良心"视为一种语言表达方式,就必然面临着一个"此在"对象的问题,即"良心的呼唤为此在带来了什么?"对这一个问题的解释关系到"良心"是否具备价值。显而易见,"良心"更适合作为一个判断标准,尤其在公众的声音中,日常"此在"的声音也来源于此——源于内心,而非上帝的指引。冥冥之中"以不同的'沉默'样式诉说着'无'"。人的存在——"此在"是被抛于世界之中的,世界观的差异并不能排除外界影响因素的存在。因而"此在"在本质上是被置于各种"可能性"之内,在一种形而上的存在中,"此在"选择着最有利的可能性,一旦这种可能性转变为现实性,那么也就形成了"决断"。

公众良心被唤醒总是个缓慢的过程。这是因为,良心通过沉默的方式向"此在"发出呼唤,公众在良心的呼声中达成共识,"此在"通过"决断"的方式做出回应,整个过程是动态性的,存在的状态发生变化,势必影响"决断"下"此在"对本真存在方式的筹划。

(二) 时间与存在

海德格尔所著《存在与时间》一书,在开篇"此在之准备性的基本分析"中,将"此在之在"放在研究结构的顶层,旨在解决它"是什么"的问题——答案为:烦。在《存在与时间》之中,海德格尔又提出两个问题。1. "此在之在"如何才能达到和被解释为"全体",2. "此在"本真存在的证据是什么。1 的答案为"烦"和"畏"的结构;2 的答案为对"向死而生"以及良心、决断的分析。以上两个问题被阐明之后,海德格尔的研究才正式转入对"此在"时间性的分析,也强调了"此在"最关键的特征,都可以通过"时间性解释"加以阐述。

在西方传统哲学理论体系中,时间并没有被过多的重视,认为它在人的生存方面是"游离"状态,是一种客观性的存在。任何个体都存在从过去、经现在、到未来的"时间流",人类作为世界的组成部分,对于时间均匀、不受外界影响的流动特性,没有任何可以改变的能力。在海德格尔的研究中,将人的生存体验带入了对时间意义的思考中,这是一种"纯粹哲学"的研究观点,如果"此在"成立,作为构成要素之一的"时间"就不容忽视。即便肯定时间的客观性,它也不再是现成的、外在于人的存在形态,而是"此在之在"的一个重要维度。① 传统哲学中的"时间观"是平行的,海德格尔在"存在"哲学问题研究中,则将其划分为"曾在""当前""将来"三个方面,这三个方面通过"逸出自身"形成牵引力,在时间维度上把"此在"打造成一个整体——何谓"逸出",海德格尔的解释为:"将在、曾在、当前分别表示这样一些现象的特点:去朝向自身、回到和让与……遭遇,去……、到……、寓于……,这些现象将时间性作为彻头彻尾的绽放而公开出来。"时间性针对的并不是现存状态,而是"绽放状态",相邻之间存在着极大的模糊区域。

通俗地说,"尘世"范畴下的人们,每一个状态都是一个崭新的自我,生活状态的"稳定"表象之下,总是在不停地选择、筹划、改变和超越自我。"生命"范畴下的人类,新陈代谢在每一刻都在重新塑造生命体。时间维度下的人类则不断接近"死亡"。对应的,人在思想层面,总是在不断地超越当前状态,进入个人所预期的未来状态,反之,人总是基于一定目标预期,从未来的可能性定位向当前现实性靠拢。但是,人又无法确保"曾在""当前""将来"这三个时间维度的长短,以"时间段"来命名三种时间体验,个体上的差异性很大,如"职业"这一变量,对于生存方式的"烦"(烦忙、烦神)的影响状态是不同的,所以对时间体验与"此在"的生存状态,应该更为整体性地多角度判断。

---

① 参见[德]海德格尔《存在与时间》,陈嘉映、王庆节合译,熊伟校,陈嘉映修订,生活·读书·新知三联书店2006年版,第49—50页。

简单地分析，人的"生存状态"（非此在的纯粹状态下）在时间性上存在两种基本方式，即"本真方式"和"非本真方式"；其中，在"本真方式"的时间性状态下，人的领悟要根据自身的可能性展开，至于能够接触到的"本真"程度，海德格尔将这一方面的时间性表现方式命名为"预备"，而在"非本真方式"下，时间性的表现则为"等待"。

第二节 后期海德格尔的存在论思想

从《论真理的本质》开始，后期海德格尔的存在论思想取消了此在的优先性。存在本身以及存在与真理地关系成为思想主题。对比而言，在研究过程中针对"时间与存在"的剖析，前期细化为本真的时间性方式、非本真的时间性方式。两大体系基于"曾在""当前""将在"三个维度上的表现，提供了"重演""遗忘""当下决断""当下呈现""预备""等待"六种状态。而在后期，海德格尔的研究开始具象化，减少了自创词语的使用频率，同时《存在与时间》的体系化追求被放弃，艺术、语言、诗成为其运思地主要场域，可以说，后期海德格尔的存在论思想呈现出了明显的审美化特征。

一 真理与澄明

以"追问者"的身份去看待海德格尔的后期存在论思想，德国学者比梅尔在所著的海德格尔哲学传记中，将"追问者存在"和"追问真理"看作一个双重主题，并将海德格尔对真理问题的探讨和对其存在问题的探索放在同一高度上。这样更加突出了海德格尔哲学体系中"真理问题"的重要性。当然，除了比梅尔之外，其他研究者也不同程度地提及"真理问题"。那么，海德格尔是如何展开真理问题的思考呢？除了《存在与时间》这一著作中的内容之外，海德格尔其他方面的著作如《论真理的本质》《哲学的终结和思的任务》《艺术作品的本源》《关于人道主义的书信》等,都给我们很大的启示。

与其他哲学家的目标差异在于,海德格尔对于真理的研究是"本质",他极力避开了附加于真理上的形形色色的概念。海德格尔的真理观中,真理(或"真理观念")的存在是以常识状态呈现的,人们在存在常态下时时刻刻接触到真理,但又因为"常识"的熟视无睹,造成真理"芳踪难寻",难以将其本真的状态呈现出来。

为了能够向世人清楚地阐明真理,海德格尔不得不回归古希腊哲学的描述体系,他指出德语"真理"(Wahrheit)的概念是从古希腊文"αηθεια"转化而来的,要想理解真理一词的最初含义就要追溯到古希腊人对真理概念的理解。海德格尔把希腊文"αηθεια"译作"无蔽状态"——其内涵可解释为,"真理"(αηθεια)这个词的前缀"α"是"无"或"非"的意思,其引申意义就是"剥夺者",此"剥夺者"将"存在者从遮蔽状态中夺取出来",而"每次真正的去蔽都仿佛是一次掠夺";对于"真理"一词的基词"ληθεια"相当于德文的"Verborgenheit",即"隐匿不彰"。综合分析,希腊人对真理的领会是"无隐匿性或去隐匿性、被揭示性",海德格尔将其归纳为"无蔽"。

显然,这一阐述仍然过于抽象,海德格尔进一步对"无蔽"进行了具象化,使用"澄明"这一词语来形容真理的状态。"澄明"的对应词为 Clairiere——"林中空地"。所谓"澄明"就是"使澄明"的意思,在一片森林中开辟出空地,当然这一空地不是独立的,而是通过"间伐"形式获取的,以确保森林中的植被保持合理的密度。这样能够实现阳光、水分、养料等更好的滋养森林的作用。海德格尔之所以引用了这一词语,寓意着在"间伐"的作用下,原本隐蔽、被遮盖的事物显露出真相,"阳光下"看得更加清楚。[①]

[①] 参见[德]海德格尔著,丁大同、沈丽妹编译《海德格尔自述》,天津人民出版社2017年版,第201页。

所谓真理就是"澄明",海德格尔这一定义揭示了存在者本身对"存在者"的认识,也能够让外界发现"存在者"。当然,这并不是说,存在者完全将自己公开,许多隐匿不现的东西依然是存在的,是否要暴露在"阳光下",取决于存在者自己的选择。开放或隐匿的状态又可以实现灵活切换,"澄明"只是为了一切在场者、不在场者打开对存在者的认知大门。从这个角度说,"澄明"本身也就代表了真理的在场性。

二 艺术与"四重奏"

海德格尔将艺术作为揭示真理的最佳途径,这也默认了艺术作为真理"归宿"的观点。在艺术作品中融合了"天、地、人、神"的"四重奏",也可以理解为,天、地、人、神四种具有象征性的存在,解释了艺术与"世界"的关系。

第一,艺术是"世界"的意义描述载体。所谓"世界",在此处是一个哲学概念,海德格尔哲学思想下的"世界"是现实的、精神的综合体,它广泛地建立在以人为出发点、对于生存空间的理解之上。也就是说,"世界"离开了"人"是不存在的。由此,人可以感知的一切都是世界的组成部分,一花一草、一山一河,有机物与无机物,在"世界"的概念之下是没有区别的。具体的,海德格尔在《艺术作品的本源》一书中指出,"一个石头是没有世界的,植物和动物同样没有,但是农妇却有一个世界"[①],这就强调了,"农妇"作为人在拥有"世界"上的特质。对于这一描述的理解,参考《存在与时间》中"此在在世界中"的描述,具有高度的一致性,即"赋予人特殊地生存论地位"(此在),是艺术揭示真理的重要原则。绝大多数艺术作品是"形而下"的存在,但这并不影响艺术为人们敞开通往真理的大门。艺术的工具性反应在器物层面,也具有

---

① [德]海德格尔:《林中路》,孙周兴译,上海译文出版社2004年版,第33页。

强烈的人生意义。事实上，包括一些并不太"艺术"的艺术品，也可以从中体会到人生的酸甜苦辣、独特经历。例如，屋舍前面种植的向日葵，农妇每天都要从旁边经过，清晨碰掉上面的露水，傍晚摇曳下积累的灰尘，但并不认为这是一种艺术品。可是，通过梵·高的绘画，它就上升到了艺术品的行列，成为存在真理、展示自身的存在。由此，人们在欣赏艺术的过程中，如果不能结合自身的体验、反思艺术背后的真理，也就说明艺术脱离了"世界"。

第二，艺术是"自然"存在的揭示途径。海德格尔艺术哲学体系中的"自然"被他称为"大地"。同样"以人为中心"，自然就是"人把自己的住所建立其上或建立其中"。"大地"远比"自然"更形象，人们能够感知到的"大地"就是眼中或精神中的"世界"，但同时，"大地"又远远存在于人们生存视界之外，它太过平常，以至于人们不会有所察觉。海德格尔认为艺术除了建立在"世界"之外，以一种更加超然的形态存在，同时也处于隐匿状态的"大地"之中，强调艺术要"回归自然"。

第三，艺术呈现出"大地"和"世界"的矛盾。哲学上的"大地"不等于现实中的"自然"，海德格尔将艺术视为"大地的诉求"，同时也是"世界"与"大地"矛盾中形成的结果。换一个角度分析，大地是"自然"的，世界是"人"的，人与自然之间的矛盾造就了这一切。当艺术作品需要承担起诉说真理的任务时，它必须在人、自然之间做出一定的取舍，由此就引出一个新的问题：如何看待海德格尔后期存在论中艺术和真理的关系？在海德格尔《艺术作品的本源》中，他非常肯定"真理"是世界、大地相互斗争并揭示对方的本质。在世界和大地这两个哲学概念中，缺少任何一个方面的作用，所谓"真理"都是不严谨的，从结构到内涵都会形成巨大缺陷。真理就蕴含在两者的"同一性"当中。其中，大地是世界的根据，世界在演变中遵循着大地的规律，恰如人开拓自然却又不能逾越自然的底线。

天、地、人、神"四重奏"在大地、世界的交织中奏响，和谐的状态被海德格尔称为"宁静"，进而世界与大地的争斗，本质上是真理在艺术作品中的呈现，越是激烈争斗下形成的和谐，真理显现的程度就越明显。

三 道说与人言

后期海德格尔描绘语言匮乏现象是很明显的，以至于他在20世纪50年代的一次谈话中表示，自己很久都没有使用过"语言"（Sprache）这个常见词语了，而是钟情于"道说"（Sage）。这两者之间的区别，在于探究哲学表达的纯粹性，"道说"显然有别于"语言"。更加详细的研究被归纳到海德格尔《语言》系列的演讲中。

我们需要强调的一点是，海德格尔尽管十分喜欢以自创词语的方式来弥补传统哲学语言的不足，但他所做的尝试并非"空穴来风"，尤其是在对语言系统探究中，依然十分尊重传统地"语言观"，并没有自己建立一个"空中楼阁"。在传统哲学观点中，强调"人"是本身会说话的动物，因此是一种具有语言能力的动物。这其中"说话"（Sprechen）和"语言"（Sprache）都是以人自身的行为能力为基础，语言功能实现过程中表现为具体的"人的器官"活动，嘴巴、舌头、嘴唇、喉结等部分，只要语言存在，那么人就必须在场。这一限定条件，是指语言作为"时时发生"而言的，如果是电话、录音的形式，则为一种语言的表象。海德格尔认为，传统的语言并没有解释出语言的本质，至多是一种"表达"，这是语言的一种显性功能。

"有声的表达是一种对心灵的体验的显示，而文字则是一种对声音的显示。正如文字在所有的人那里并不相同，说话的声音对所有的人也是不同的。但它们（声音和文字）首先是一种显示，由其显示的是对所有人来说都相同的心灵的体验，而且，与这些体验相应的表现的内容，对一切人来说也是相同的。"① 这一段话是亚里士多德对语言的观点，海德格尔对此做出了自己的理解，他指出，亚里士多德揭示了一种始终掩蔽着的、作为"说"的语言结构。文字能够显示声音、声音能够表达心灵，而心灵的体验则与外界相关的事物存在密切关系，因此某一物在语言方面的"闪现"，要让显现者获得视觉、听觉、知觉的满足。②

所以说，海德格尔哲学语言的建构具有更深、更广的维度，它超出了传统语言的语音学、生理学等方面。阐明语言具有的"寂静之音"的特色，及语言未必要被获取，但可以充分体会，即"道说"的来源。那么，道说与人言又是怎样的关系呢？

第一，"道说"不是道听途说，与他律的语言行为截然不同，"人言"却恰好在这个范围之内。简单来说，"人言"是一种主观性强的表达行为，滔滔不绝、连绵不断地说，语言仅仅是一种彰显主观的工具。如口号、闲谈、争吵等行为，这些语言中虽然也包括逻辑性，以及推测、假设、结论等，但却与事物的事实没有关系。一些人在沉默中却能够表达出"道说"，即传播存在的真理。"形而上者为道"，"道说"并不强调语言在场。

第二，道说是一种彰显。通过语言进行交流的一切事物中，在同我们照面的被讨论者和被说者中，在向我们说出自身的东西中，在期待着我们的未被说者中，但同样也在我们的所说中，都有显示在运作。这种显示让在场者显现，让不在场者隐匿。道说贯通并嵌合着澄明之自由之境。而"澄明必然寻找一切闪现，离弃一切隐失，任何在场和不在场都必然置于澄明而自行显示，自行诉说"。

第三，"道说"的核心是"道"，是一种承载大道的语言表达方

---

① ［德］海德格尔著，孙周兴编：《海德格尔选集》，孙周兴等译，生活·读书·新知上海三联书店1996年版，第1107页。

② 参见［德］海德格尔著，孙周兴编《海德格尔选集》，孙周兴等译，生活·读书·新知上海三联书店1996年版，第1108页。

式。"大道"赋予终有一死的人一处栖息之地,而"终有一死"的人在死亡过程中彰显自身的本质,成为能够在场说话者。基于此,"大道"与"人言"之间的切换,更多地表现在一种语言呈现形式上,人和语言之间的关系也发生了转变,人不是语言的主宰者,语言的层级决定了它的使用者,即"语言使用人",语言的说主宰着人的"跟说"。

第四,"道说"直接反应在"倾听"层面,人只有通过"倾听"才能感受到最深处的、最隐秘的"寂静之音",那里也是"存在的真理"汇集之地。海德格尔说,"把作为道说语言的语言本质带向语言的有声表达",就是倾听,在这一观点下,言说首先是一种倾听。

四 思与诗

思和诗是两种在"大道"意义范畴之下的语言发生为"人言"的两种形式。思与诗又存在着隐含的、密切的关系,尤其是在哲学语言体系下,两者服务于"语言",俱在寂静中表现出聆听天道的昭示,并表达出道说的相互归属关系。海德格尔对"诗"的定义,本质上并没有明确的指向,仅仅将其视为"凝神之思"。这一段与中国先哲孔子提出的"思无邪"即为"诗"的观点相比,还是存在一些差异的。然而,就西方哲学理论框架下对待"诗"的评论形式,思和诗却是一脉相承的,但并不对等。就海德格尔哲学来说,"思"区别于传统哲学内涵的地方在于,"思"的概念内涵不是思辨、思考、思索。尤其不是形而上学的"思想"——那是一种表象性思维,即通过将一切物质都作为对象来思维。但西方哲学中自从笛卡尔思想出现以后,已经习惯地将"物"与"我"进行二元分离,在主体、客体对立的思维模式下,思想以及思想的对象被广泛地对立起来,这本质上是一种科学思维。例如,研究与被研究、计算与被计算、实验与被实验,人们不停地通过假设来探索真理,这种"思"是不完整的思维或思想,不能作为哲学的"标准"。据此海德格尔指出:

第二章　存在之思：海德格尔的存在论辨析

"一切科学的运思都只是哲学运思衍生出来的和凝固化了的形态。哲学决不由也决不通过科学产生……思想家的运思中……显现出千姿百态、不同凡响——哲学的'思'是激情的，诗对生命的召唤和对真理的守护，它带着自然的赋予而非科学原理的定义。"①

进一步，我们探讨何谓"思"的问题。海德格尔的定义中，"思"即为"存在的守护"，是一种"聚集"，它是一种将万物生灵之力汇集于自身的力量。而"科学之思"只是去发现，而忘却了"存在"；遗忘了"思"，就等于否定了"回忆"，海德格尔在《讲演与论文集》中写道，"回忆，众缪斯之母，回过头来思必然思的东西，这是诗的根源"。同时，"这就是为什么诗是各时代流回源头之水，是作为回过头来思的去思，是回忆"②——这句话表明了"回忆"与思的本质关系，同时也揭示了"思与诗"的同源性。

从海德格尔的大量文艺论述中，不难看出"思"与"诗"之间是近邻概念，尤其是在海德格尔后期存在论哲学体系中占据着十分重要的地位，这也许是一种"返璞归真"的思想发展。海德格尔所说的"诗"，其根源不是诗人的个人生活，也不局限于关于诗的想象力。诗的本质在于对诗的吟诵、歌唱、传播中蕴含的唤醒真理的力量——诗是一把钥匙。

荷尔德林是海德格尔十分重视的一位诗人，在他对诗的本质探索过程中，做出了大量关于荷尔德林的演说。一些经典的诗作，包括《回忆》《日耳曼》《还乡》《面包与酒》等，海德格尔将其作品视为"来自远古的天籁"，视荷尔德林为穿越时空的"知音"。认为荷尔德林的诗歌语言方式，阐明了他所想要的东西。

如果我们深入了解一下荷尔德林这位诗人，不难发现他是一个

---

① ［德］海德格尔：《荷尔德林诗的阐释》，孙周兴译，商务印书馆2000年版，第74页。

② ［德］海德格尔：《演讲与论文集》，孙周兴等译，生活·读书·新知三联书店2005年版，第144页。

"典型的诗人"。马克思唯物史观中强调了经济基础对上层建筑包括文学艺术等意识形态，起着决定性的作用。我们从经济维度来分析诗，不难发现"穷苦之言易好"的规律。法国古典主义文艺评论家布瓦罗在《诗艺》中表示，不要以可悲的财利为创作目标——愤怒的诗人、贫苦的诗人、抑郁的诗人……预示着"诗"本身与现实之间的格格不入[①]。荷尔德林是德国浪漫派诗人，他患有精神病、抑郁症，疾病的困扰，将其封闭在自己的精神世界中，而由此形成的创作，也更为纯粹，更接近"精神极限"，也最能表现出诗的本真状态。

海德格尔不断探索诗及诗的本质，最终目的是实现哲学的丰富内涵。他认为在自身所处的时代中，"上帝缺席了"，神性之光辉不断地熄灭，世界黑夜来临从而将人推向深渊——明显的悲观主义色彩。面对终有一死的结局，人尤其是诗人，转向寻求诸神的踪迹，诗人的任务就是引领、摸索。恰如他在著作《诗人何为》中描述道："诗人庄严地吟唱着酒神，追踪者远逝的诸神的足迹，盘桓在诸神的踪迹那里，从而为其终有一死的同类寻找通达转向的道路。"[②] 诗，被他描述为纯粹的神明语言。

五　科学技术与心灵故乡

第二次世界大战期间，德国工业已经走在了世界的前列，希特勒领导的纳粹政府对于科学的痴迷，实现了宗教、超自然力量的结合，整体上形成了一种"神秘科学主义"的色彩。海德格尔作为一名哲学教授，对于科学技术的认知毕竟有限，但"科学"作为推动哲学发展的力量，海德格尔也提出了自己的见解，其中涉及美学研究内容的著作是《世界图像的时代》。在《世界图像的时代》中，海德格尔提出世界成为"图像"和人成为"主体"这两个进程是相

[①] 参见杨栋《论海德格尔思想道路中的马克思》，《现代哲学》2017 年第 3 期。
[②] [德]海德格尔著，孙周兴编：《海德格尔选集》，孙周兴等译，生活·读书·新知上海三联书店 1996 年版，第 410 页。

互作用的,这甚至决定了现代性的本质意义。

海德格尔的这一观点,不难看出是受到了18世纪以来西方"形而上学"的哲学历史发展的影响。在他看来,"世界"的构成中人、科技是一种并存状态,也包括发展过程中的同步性,但人是"意志"的主体,通过科技将自己的"意志"贯彻到自然中去①。海德格尔也试图表达一种思想,即通过技术改造力将世界变得井然有序,但很显然,这种努力是没有结果的。因为一旦进入实践,就会发现科技将所有秩序都变得"千篇一律",通往"存在"的道路反而被严重堵塞了。

海德格尔对于科学技术的"批判",指出"在众多的制造中,世界被带向站立并被带入站立位置。敞开着变成了对象,因此转到人的本质上去了"②。在科学技术的发展过程中,人将"世界"也作为一个对象,这就忽视了"存在"。在《技术的追问》中,海德格尔更加严厉地指出:"归根结底,这是要把生命的本质交付给技术制造去处理"③,科技发展的程度越高,对人的本质影响就越大,当技术"肆无忌惮"地在全球推行,人的生存的"天命"问题也就越来越失落,人们开始创造大量的文化、知识、艺术,而逐渐忽略了作为"人"本身的存在。也就是说,科学技术将人们的注意力吸引到了外部对象,对自身命运、内在的归宿的"心灵故乡"却越来越远。也正是这种逻辑,这种对于科学技术产生强大力量的崇拜,导致"存在"被忘却了,"人"成为无家可归的自然生物。

海德格尔并不是一个"反科学者",他对于科学发展观所产生的担忧,源于对那些没有灵魂、只有消费行为的反感。他曾表示:"对

---

① 参见李蒙、吴玉平《科学的逻辑与解释学的逻辑——评海德格尔逻辑思想》,《自然辩证法研究》2016年第8期。
② [德]海德格尔:《演讲与论文集》,孙周兴译,生活·读书·新知三联书店2005年版,第18页。
③ [德]海德格尔:《演讲与论文集》,孙周兴译,生活·读书·新知三联书店2005年版,第24页。

于我们的祖父母而言，一所房子、一口井……几乎每一个事物，都还是他们在其中发现人性的东西和加紧人性的东西的容器。现在到处蜂拥而来的美国货，空乏而无味，是似是而非的东西，是生命的冒牌货……"[①] 科技发展下物质文明的丰富，"形而下"的人类社会发展趋势，大量商品充斥在人类的生活领域，"心灵故乡"也深切地感受到"物之本质切近的震颤"。物质丰富与精神贫乏正是对"无家可归"人类状态的写照。

海德格尔的"心灵故乡"正是他所描述的"诗意地栖居"，在那里，仰望之际即可直达天穹，人类获得神性的恩泽，与"天、地、神"一起达到原初的统一。在这种状态下，人类虽然没有科学技术带来的便利，甚至是贫乏、贫穷的，但却是人性光辉最丰富的，与自然最融洽的。

[①] [德] 海德格尔著，孙周兴编：《海德格尔选集》，孙周兴等译，生活·读书·新知上海三联书店1996年版，第431页。

第 三 章

存在要义：海德格尔存在论之三维

海德格尔的贡献在于唤醒了被传统形而上学遗忘的"存在"，我们不禁要问为什么"存在"是哲学必然要思考的问题，它为什么被遗忘？遗忘之前又是什么状态？以及，我们认定海德格尔唤醒"存在之思"的根据又是什么？从海德格尔存在论的思维方式、伦理思考以及中西对话三个维度，能够找到一些答案。

第一节　思维维度

一　被遗忘的"存在"

前文已经提到，海德格尔在《存在与时间》中引用了柏拉图的名言——当你们用到"是"或者"存在"这样的词语，显然你们早已经很熟悉这些词的意思，虽然我们也曾以为自己是懂得的，现在却感到困惑不安。由此看来，从柏拉图所处的时代，对于"是"和"存在"的疑惑就已经存在了。德语中"存在"（sein）被翻译为英文为"Being"，但在汉语中，sein 并不意味着"存在"，而是包括了"是""有""存在"三重内涵。从这一点上来说，在德国传统形而上学的发展过程中，对于最基本的"存在"问题，也是存在很多混淆之处的。也正因为这样，倡导"存在者"（Das seiende）的身份来追问"存在"，这导致"存在"成为一种不主要的内容，西方哲学就此步入歧途。

"存在是什么?"是一个双主语陈述问句,"存在"和"是"的并行状态下,将哲学推向一个自我矛盾的境地。但事实上,这一问题来源于"这是什么?""格物致知"的道理告诉人们,天下万物均可以被"格","这是什么?"的问题方式自然也就成立。海德格尔在《什么是哲学》的演讲中,还原了"存在"的古希腊发问方式:苏格拉底、柏拉图、亚里士多德所发展出来的问题形式,例如,他们问:这是什么——美?这是什么——知识?在这一系列的问题形式中,隐藏着一个非常独特的逻辑方式,即"表象性思维",有了具体的形象才能够发问,否则,"形而上学并不思存在本身",只是以"存在者"为基础将表象表达出来。"存在"是一种主观的思维,表象(Vorstellen)的德语含义是"把……摆在面前",如果没有一个"东西"摆在面前,何谓"存在"?

"表象性思维"的成立,要求一个实体的存在,能够把一个存在者充当对象而"表象"出来。当然,这里所谓的"实体"不是一个物体——一支笔、一张纸、一棵树,这是"实体"的表象,实体意味着一个有着固定的本质属性可以被认为是"东西"的现成存在,精神的、物质的都包括在内。[①]但是,"存在"不是任何实体,也无法通过实体进行表象,存在是客观的、不以人的意志转移的,因此,当西方哲学中"表象性思维"成为形而上学的"垄断性思维"之后,"存在"的本质也就被遗忘了。

二 现象学

海德格尔对于西方哲学整个体系做出的"存在"之思,无疑是一个巨大的贡献,但这一辉煌成绩的取得,也源自他站在了"巨人的肩膀"之上。胡塞尔的现象学为他敞开了一个全新的学术研究

[①] 参见陈嘉映《海德格尔哲学概论》,商务印书馆2014年版,第145页。

"大门",为海德格尔提供了看待问题"非现成化"的全新角度。

"现象学"是胡塞尔创立的一门学说,它的最大特点在于"边缘性"的意向性构成理论。当然,现象学在彼时并不是一个非常完美的理论系统,至今也有很多的瑕疵。比如该理论强调"任何意识都是对于事物的意识",对于某一种事物的意识并不等于"被意识的事物"而是"意识到事物的活动",等等。在这里不过多探讨现象学的理论知识,海德格尔从其中获取的启发,主要是现象学的"构成观",比较符合哲学研究以"存在者"为中心的意识活动规律。即现象学的构成观认为,只有意象构成的"主动构造"才有价值,并且任何意义上的意识体验,都是整体的、系统的、连贯的,一种意识(包括意识活动)必然存在一个焦点、一个辐射范围。实际存在的事物、潜伏存在的事物并存,在"意识活动"方面构成了一个整体系统。如书桌上放着一支笔,则它周围空间中的稿纸、墨水、书籍等,共同构成了一个"意识活动区域"。以此为基础展开探讨,我们看到的笔只是一个"焦点",至于它是什么笔——铅笔、画笔、钢笔,则是显示焦点的一个侧面。以一个钢笔的形态出现,在意识"知觉"到钢笔的每一瞬间,都只能是从某一个特定角度的"观看",真正"看到"的实际上只是那支钢笔的一个特殊的侧面。这就意味着,真正的显现焦点——"实显物"不是完整的钢笔,而仅是它的一个特殊的侧面,这一侧面之外的钢笔的其他侧面,都属于"边缘域"之列。但胡塞尔认为,事实上我们"意识"到的绝非钢笔的一个特殊的侧面,而是一支完整的钢笔。因为我们不是将钢笔作为一个个感觉印象或感觉印象的组合来"意识"的,而是将钢笔作为一个连续、完整的对象来"意识"的。在"意识"形成的过程中,不仅显现焦点——"实显物"被"知觉"到了,而且"边缘域"也在潜在意义上被"知觉"到了。

胡塞尔的意向性构成理论,以其"构造观"在一定程度上突破了传统的"实体性思维方式"的"现成观"。意识不再是个别的、点线式的、被动的感觉印象,而成了整体的、"流程"式的、主动的"意识活动",这就意味着,意识不再是传统上所认为的"现成"的"实体",而成了具有"建构"色彩的构造的活动过程,这就提供了一种指向"生成"的全新思路,在西方哲学史上具有革命的意义。

现象学的这一特殊"构成观"为海德格尔的研究提供了新思路,瓦解了"实体性思维方式"之后,"去中心"的研究格局逐渐明显,原本被轻视的边缘,重新被重视起来,被认为是"构造"的主体部分。同时,"边缘域"本身也已不同于传统的"实体",而具有了非确定的、动态的"生成的"特性。这极大地启发了处于思想形成期的海德格尔。但是,海德格尔也是富有质疑精神的,他并没有原封不动地接受"现象学"。对于胡塞尔的一些观点,分析了它的不科学性、不完整性,即在认可"意识活动"的构成模式的同时也提出批判。胡塞尔强调了"意识活动"的构成由意识主体、意识客体两个部分构成,意识主体的关注对象在哪里,意识的"焦点"也就在哪里,本质上是"实体性思维方式"中主、客对立模式的"投影"。由此可以认为,胡塞尔虽然打破了"实体性思维方式"的坚硬外壳,但却没能从这一思维方式中走出来,而是在关键之处退了回去。海德格尔则沿着胡塞尔打开的裂缝,继续向前,将"非现成化"的"构成观"推到极致,最终突破了"实体性思维方式"的禁锢,形成了自己"生成论"的思维方式。

三 海德格尔的"生成论"思维

需要说明的是,海德格尔本人并没有明确对"生成论"进行过研究,甚至他并没有直接展开对"生成论"思维方式的探讨,尤其在后期"存在论"的研究过程中,其思维方式是"潜在"的。后世研究中,则将海德格尔所采用的思维方式进行了详细的阐述,这是基于研究过程的阐明而展开的,这一思维模式被命名为"生成论",

贯穿了海德格尔思想始终。① 通过与"实体性思维方式"的对比，这一思维方式呈现出以下特色。

（一）以动态"生成的"取代静态"现成的"

所谓"实体性思维"，一个前提条件在于所探讨的哲学问题都是"现成的"（vorhanden）。哲学思维运转过程中将其视为一个静态的存在，逻辑层面认为它"已经完成"，而并非现实时空下约束的"已经完成"。例如，一块铁暴露在自然环境下，必然会生锈，无论锈迹是否显示出来，它"生锈的结果"在逻辑上是必然的，从而不必等待时间上的完成。进一步深入，实体性思维认为任何事物都存在它的"恒定本质"，在活动没有启动之前，结果已经是必然的。如同人的生长，从幼年、青年到老年，不存在可逆状态。基于此，在海德格尔的"生成论思维"下，一切都是"生成的"，其区别不过是"已经完成"和"尚未完成"两种存在方式而已，而"尚未完成"的存在，需要在一定环境、条件下发生并自我实现，这种形态下是不存在固定不变的本质的。

（二）以发展"过程的"取代终结"结果的"

实体性思维模式下对于意识活动的呈现，表示一切都是"结果的"。存在就必然是已经完成（恒定不变的本质），否则就不存在"实体"。这也是西方哲学长期以来主张"事物都是为结果而存在"的观点。西方哲学的方法论中将其表现为"以果求因"的逆转过程方式。但是，海德格尔的生成论思维中，从源头改变了这一认知，提出一切都是"过程的"，即意识活动都处于一种"未完成状态"。过程与结果之间的界限被模糊化了，所有"存在"都需要在发展的过程中实现自身。同时，这种实现是生生不息、循环不止的，不会出现一刻的暂停，由此以"过程"代替"结果"而存在是成立的，

---

① 参见张兴娟《海德格尔：哲学作为生命对历史的倾听》，《广西师范大学学报》（哲学社会科学版）2017年第4期。

西方哲学中主导的通过结果反推原因的研究方法，也就失去了存在地位。

（三）以整体"一域的"取代分化"二元的"

实体性思维中存在着二元分化的典型认知，包括胡塞尔的"现象学"研究，也没有跳出这一拘囿，主张通过思想者、思想对象，或者主体、客体的对立方式来思维。而基于关系的存在而分析"现成"，从这一角度说，静态的结果是必然需求的，否则二元关系中的不稳定状态，就失去了被研究的价值。海德格尔在生成论思维中，提出了"一域"的概念，德文中"horizont"是"区域"的意思，而"一域"就是指一个整体，事物在一个特定的区域内完成整体运动，并且，这其中的"一个区域"不是"现成的"，而是"生成的"，探讨一域的特征必须要置于哲学范畴之内。

（四）以"不出场的"取代现成"出场的"

很显然，实体性思维中一切事物都处于"现成"状态，且都必然出场，并以此为中心展开意识活动。在生成论思维中，一切事物都是动态变化的，这就否定了绝对"中心"的成立，相对的"中心"必然是"不在场"的边缘构成的，在生生不息的运动过程中，"不出场"的边缘才是主体，任何的"不出场"都是"出场"的可能性。

第二节　伦理维度

现代学科意义上的伦理学，从某种意义上来讲，是海德格尔有意规避的论域。阅遍《海德格尔文集》中的书籍和文章，我们都很难看到海德格尔有关伦理学的论断，更不必说伦理学方面的专门文章或著作。即使偶有谈及伦理学，海德格尔也是将其作为批判的对象来对待。可以说，海德格尔不愿将伦理问题以一种学科的形式框定起来。他更愿意直接切近伦理问题，直观伦理问题的本质。实际上，有关伦理问题的思忖在海德格尔整体思想当中占据着相当重要的地位。①

可以说，海德格尔关于"筑·居·思"的思想，代表了其关于伦理问题的本真探索，构成了海德格尔思想的"伦理境域"。

一 伦理与沉思的存在境域

海德格尔的思想是以存在为根基的存在论，伦理学对他来说，并不是一门孤立的学科，而是应当融入存在论之中，对伦理的本真问题进行探索与思考。在海德格尔的思想中，包含着对传统伦理学的批判与反思，并且以其存在论作为根基对伦理问题进行思索。

（一）海德格尔对传统伦理学的批判性反思

西方哲学体系中的传统伦理学，起源于古希腊时代。亚里士多德在对柏拉图的"善"之理念进行解读过程中，他发现不能将真与善混为一谈，更不能只顾谈及一般共性的善之理念，而需要以人为中心，对"何为善"的问题进行深入研究。亚里士多德认为，关于人的行为规范，需要通过约定俗成的习俗来进行规范，而事物运动与变化则是依赖于事物自身的发展变化规律，二者之间存在着明显的差异。而亚里士多德的这种划分观念，对后世的学科研究产生了巨大的影响，并逐渐将善之理念分成事物存在之本体论与人类道德之伦理论两个方面，逐渐成为哲学体系的两个截然不同的分支系统。然而，在海德格尔的存在论理念中，这种划分方式及其带来的哲学分支体系是不应该出现的，不符合伦理学的真实内涵。

海德格尔在《关于人道主义的书信》中，阐述了他对于传统伦理学的观点和立场。他认为，伦理学与物理学、逻辑学等学科一样，是将思想演变成为哲学理论，然后又将哲学发展成为科学的研究。

---

① 参见［德］海德格尔《海德格尔谈诗意地栖居》，丹明子译，工人出版社2011年版，第76—77页。

这种思想经由哲学演变为科学的过程，既是现代科学的诞生与发展，也是思想的消逝。海德格尔对这种诞生与消逝持有批判的态度，他认为这是思想的一种倒退。人们的逻辑与道德是一种与生俱来的属性，与逻辑学、伦理学这些哲学与科学学科的产生并没有必然的联系。对于学科进行分化看似方便了相关知识的传授与归类，但实际上遮蔽了事物的本源，使思想进入了倒退的状态。自从逻辑与道德以学科的形式呈现在世人面前后，它们就再也无法达到原有的广度和深度，也无法在这样的广度和深度范围内进行沉思。因此，我们可以看出，海德格尔并没有反对伦理本身的存在，而且他对于伦理有着自己的独特观念，其反对的是将本源性的伦理进行科学的划分，通过学科分类的形式导致伦理本质的被掩盖。

（二）本源伦理与基础存在学说

海德格尔对于伦理一词的理解，是指居住或者居留的住处，他认为伦理学的本质在于沉思人的居留，是那种"把存在之真理思为一个绽出地生存着的人的原初要素的思想，本身就已经是本源的伦理学了"①。在海德格尔的思想体系中，存在的真理始终是人的最本源的要素，而追寻并坚持这种本源就是此在的存在方式。在《筑·居·思》一文中，海德格尔指出，"栖居乃是终有一死的人在大地上存在的方式"。从这句话我们不难感受到，海德格尔所述说的栖居，实际上就是作为此在的人的存在方式。而本源的伦理学与基础的存在论具有有机统一的关系，它们都直接指向此在的存在方式，是深思存在的真理。② 如果从这个角度来思考伦理的意义，我们会看到，海德格尔在《存在与时间》一书中，并不仅仅是对传统伦理学进行批判与反思，更重要的是对基础存在论进行阐释，而这个基础存在论又是实质上的一种无言的伦理学，是海德格尔思想中最为本源的

---

① ［德］海德格尔：《路标》，孙周兴译，商务印书馆2001年版，第420页。
② 参见［德］海德格尔《依于本源而居——海德格尔艺术现象学文选》，孙周兴译，中国美术学院出版社2010年版，第106页。

伦理之思。

(三) 伦理学的批判性反思

通过对海德格尔基础存在论的深层分析，我们已经基本可以理清存在与伦理之间的本源关系，而借由二者统一关系的理解，我们不难发现，传统伦理学从表面上看是由西方哲学所分化而来，形成伦理学与存在论这两个基本的哲学分支，但实际上却隐含了一个重要的内因，也就是此在的分裂。由于哲学分化所展现出来的此在的分裂，实际上就是将此在与本源的统一关系加以割裂，并且转而由此在与世界之间的主客体关系所取代。这种主客体关系的认定，使得此在与世界成为两个分裂的个体，将世界看作是此在的一个客体，这就意味着本源的此在发生了裂变，其本质被掩盖在这种分裂的影子之中。海德格尔在《存在与时间》中谈道，"当人们从一个无世界的我'出发'，以便达到为这个我创造出一个客体及一种无存在论根据的与这种客体的关系之际，人们为此在的存在论'预先设定'的不是太多了，而是太少了。……当人们'首先'局限于'理论主体'，过后再补上一部'伦理学'，'按其实践的方面'来补全这个主体，课题的对象就被人为地教条地割裂了"①。通过这段论述，我们可以看到海德格尔并不接受主客体关系这种划分方法。他认为相比较此在在世界之中存在的本源性关系，这种主客体关系的思想明显更加苍白而单调，无法表达出此在的本质与真谛。然而，哲学分支下的传统伦理学理论，却偏偏是以这种单调的主客体关系为理论基础的，因而使人们关于伦理的思想受到了严重的局限，并且在这种局限的束缚之下形成了所谓伦理学的学科，又结合实践中发现的问题和研究来对这个主客体关系不断地进行补充和完善。但实质的情形是，这种补充和完善无疑进一步割裂了此在与世界的本源

---

① [德] 海德格尔：《存在与时间》，陈嘉映、王庆节合译，熊伟校，陈嘉映修订，生活·读书·新知三联书店 2006 年版，第 360 页。

性关系。

通过这一点，我们不难发现，海德格尔对传统伦理学的批判不同于一般意义上的学科间争议，而是对以理性主义为主导的二分法思维模式进行根本的批判。海德格尔不屑于对伦理学理论中的概念、命题或者逻辑推理进行逐一驳斥，而是直接指向西方哲学体系中形成的主体主义思想。其目的在于突破主客体二分法这种理性思维模式，以及其所带来的伦理学等学科分化现象，从而将思想恢复到古希腊前苏格拉底时期的本源，也就是恢复此在在本源意义上的存在方式。此在的存在方式，就是在世界之中存在，而不是与世界保持彼此独立的分裂状态，海德格尔认为这才是伦理的根源问题。因此，海德格尔的伦理学理念，与传统的伦理学观点存在着本质上的差别，它从不考虑主体观念中的问题，而是着眼于人或者说此在的存在，关注人在生活世界中的问题。伦理的根源与主客体关系无关，与人类的理性主体地位无关，而是此在的生存，也就是在世界中的存在。海德格尔的伦理思想，实际上是在存在论的根基之上，对此在的存在方式进行思考和理解，是对此在生存现象的观察与感悟。

二 存在论良知的分析

从海德格尔对于伦理的认识和其对于传统伦理学的态度，我们可以发现他的伦理思想是建立在存在论的根基之上，将伦理作为此在的一种生存现象来进行研究的。而在海德格尔关于伦理思想的阐释当中，有一种非常重要的伦理现象，那就是"良知"。传统伦理学认为，所谓良知，就是人的一种天赋的道德观念。在中国古代，许多思想家或者文人志士都对"良知"有过类似的阐述。如孟子所说的"不虑而知"，王阳明所说的"不假外求"，是生而知之，而且是"被圣灵充满"的优良之知。如"人皆有之""非由外铄"的恻隐之心、羞恶之心、辞让之心、是非之心，即"仁义礼智"，等等。而在西方哲学中，良知往往与自知等同起来，主要意味着一种与本己行为活动有关的知识，与孟子所讨论的"良心"有着共通之处。在苏格拉底的《申辩篇》和《克里同》中可以看出，苏格拉底对内心声音的诉诸与他对外在评判标准的拒斥是一致的。他并不认为包括审判官、元老、议员在内的大众意见能够代表真理或智慧，而是高呼："雅典人啊，我敬爱你们，可是我要服从神过于服从你们。"① 然而，在海德格尔的思想当中，他对良知的考察角度完全不同于东西方的哲学思想，而是直接避开了良知解释这一传统路径，直接从本源或者说生存论的基础之中，探寻和追溯良知，使它作为此在的现象而明显可见。这是完全区别于传统的哲学、伦理学乃至神学对良知的解释的，是以海德格尔存在论思想与理论的基础，因而被称为"存在论良知分析"。

（一）传统良知的阐释路径

在理性主义思想主导下的传统学科中，无论是哲学、伦理学还是相关的心理学、生理学、神学等，都分别从各自的视角对良知的概念和内容进行了一定的论述。通过对这些学科论述进行分类归总，基本可以总结出两条主要的良知阐释路径。一种是向外发展的阐释路径，以神学、人类学、社会学等学科为主，将良知与约束着人类思想与行为的外在神秘力量进行结合，以上帝、诸神或者公序良俗等作为良知的产生根源进行阐释；另一种则是向内深入的阐释路径，以心理学、生理学等学科为主，将良知与人类所固有的某种生理或者心理结构进行连接，如中国先秦时期孟子的性善论、荀子的性恶论等，以及现代心理学、生理学对人类遗传、基因或者激素等方面的研究，并以心理要素或者人性本能来阐释良知的问题。

这些传统的良知阐释路径，几乎完全涵盖了关于伦理或者良知方面的主流概念或者思想，但对海德格尔来说却完全回避了良知现象，没有置于存在论根基之上的良知研究和分析是没有意义的，是

---

① ［古希腊］柏拉图：《苏格拉底的申辩》，严群译，商务印书馆2003年版，第68页。

一种肤浅而表面的论述。海德格尔指出，这些理性主义主导下的传统学科对于良知的解释，实际上是将良知作为一种已经完成或者实现了的事物，无论是上帝、诸神、风俗、人性，抑或是别的什么东西，从存在论的角度来说都是业已存在并且具有完成意义的事物。通过这些已经存在的事物，借助神学或者生理等手段来对良知进行解释，实质上是对良知现象的一种倒置。特别是传统学科努力对良知的存在予以证明，不断地来阐释良知的合法性并要求人们予以遵守，这本身就违背了良知现象的本真。海德格尔认为，良知实际上是不可证明的存在，它是一种生存现象，而不是与此在或者世界一样的客观事物。良知只应当存在于此在的存在方式当中，而任何通过已经完成的事物或者可以观察到的东西来阐释的良知，都偏离了良知的本源。

(二) 存在论良知的呈现

海德格尔在《存在与时间》一书中写道："如果'我'的意义是本己的自己，那么'我'并不首先存在，首先存在的是以常人方式出现的他人。我首先是从常人方面而且是作为这个常人而'被给予'我'自己'的。此在首先是常人而且通常一直是常人。"[①] 他认为，良知并不是可以观察或者感知的客观现象，也不是人们所感觉或者领悟的内心感受，更不是神、佛、上帝所赐予的已有之物，而是应当作为此在的现象，直接追溯到生存论的基础与结构当中，这才是良知的入口之所在。在海德格尔的思想体系中，普通的人类往往处于游离于自身以外的状态，而如果要从这个混沌沉沦的世俗上回归到自身之中，就必须要通过良知的呼唤。所谓良知的呼唤，并不是良知与呼唤这两个不同概念的结合，而是"一而二，二而一"的有机整体，也就是说，良知就是呼唤，呼唤就是良知。所谓良

---

① [德] 海德格尔：《存在与时间》，陈嘉映、王庆节合译，熊伟校，陈嘉映修订，生活·读书·新知三联书店 2006 年版，第 150 页。

知的呼唤并不是对于良知的一种形象的描述,更不是对于呼唤的一种形容或者修饰,而是为了方便表述和理解而拟定的一个专用的词语。

在人类的现实生活中,不可避免地被各种各样的生活困境烦扰,使一个普通人沉沦在世上,被世俗气息沾染。而当他们面对一些特殊的情境时,良知的呼唤可能会突然出现、不期而至,甚至可能违背了当事人的意愿。而这样的良知的呼唤,并不是以人类自身意志为转移的,也不是依赖外在力量的推动或者影响的,而是人即将回归自身、回归自己的本源之处的一种重要体现。海德格尔指出,良知的呼唤是在沉默的形式中进行言谈,它并不依靠音乐或者其他声响予以显现,甚至都不付诸人类的语言进行述说,而是直击人类的心灵深处,在缄默中唤起人对于自身的回归。①

这种无声的表达,正是良知的呼唤之根本。在现实当中,人类良知的呼唤从表象上仍然离不开外在力量的推动,例如犯了错误的人得到了被害人的谅解,陷入困境的人得到了他人的帮助,但这些谅解或者帮助的言语或行为本不能直接转化为良知的呼唤,而是人的良知本身借助这一系列的言行举止,对生存的可能性予以展示,将人的此在带回到其自身的本源之处。在这里,良知的呼唤是借助言语或者声音所表现出来的一种生存方式,实质上是被人看作"供人领会"。

(三)良知的召唤与被召唤

在呼唤的良知中,存在着最为基本的两个元素。其一是被召唤者,也就是此在;其二是召唤者,同样也是此在本身。海德格尔在《存在与时间》中论述到,呼唤并不是来自某一个或者某一种与"我"共同存在的其他人或者事物,而是来自此在,回归到此在,同

---

① 参见王光耀《意志与让予的交错——论海德格尔式"泰然让之"的内在结构及其伦理缺失》,《道德与文明》2019年第1期。

时又超越此在。这种同一性的关系,正反映出呼唤的良知向往的是此在的本真,是此在的本源之所在。在海德格尔的思想中,呼唤的良知并不是现实生活中从左口袋移入右口袋这种自我的转移和互动,而是一种同一性的存在,是非常特殊的存在。也就是说,呼唤的良知中此在并不是某种理论上的现实存在,并没有任何符合客观现实存在的所谓本质或者属性,这时候的此在,实际上就是它自身的存在过程。海德格尔在他的著作中,阐释了此在的本质即可能性。他认为,此在的构成其实就是一种可能性,只有可能性才能构成此在的存在,而也就是如此,才使呼唤的良知在自我往返和超越中成为一种可能。他表示,"因为此在本质上总是它的可能性,所以这个存在者可以在他的存在中'选择'自己本身、获得自己本身。他也可能失去自身,或者说绝非获得自身而只是'貌似'获得自身。只有当它就其本质而言可能是本真的存在者时,也就是说,可能是拥有本己的存在者时,它才可能已经领会自身,它才可能获得自身"①。

海德格尔的这一段论述,实际上表达了关于此在的可能性的两个含义:一是指明了此在作为可能性存在的两种可能,即作为本真或者非本真的自我而存在;二是反证了上述这两种可能性之间的关系。此在之所以有可能失去自我,成为非本真的存在,就是因为此在具有拥有自我本真的可能性,这种"失"的可能性存在,反过来证明了"得"的存在。在得与失之间,这种可能性确保了二者皆有可能。当然,在此在的实际生存当中,往往展现出"失"的可能性。这就是我们所谓的现实生活,此在通常都会迷失在世俗世界当中,成为非本真的自己,逐渐"失去"自己,从而忘却了"得"的可能性。但在海德格尔看来,即使常人都处于这种迷失的状态,也不能完全否定其回归存在、回归本真的可能性,这个此在并不等同于客

---

① [德]海德格尔:《存在与时间》,陈嘉映、王庆节合译,熊伟校,陈嘉映修订,生活·读书·新知三联书店 2006 年版,第 50 页。

观存在的事物,而仍然是一种可能性的存在。正是由于这种可能性的存在,此在虽然沉沦于世俗中,被社会现实不断地侵蚀,但并没有失去回归本真的可能性,它潜藏着随时被呼唤的能力。当呼唤的良知出现时,此在就能够成功地从沉沦的社会现实中摆脱出来,回归自己的本真存在。

(四) 良知呼唤了什么

通常来说,呼唤是一种行为,既涉及呼唤者,也就是呼唤的主体,也涉及被呼唤者,也就是呼唤的客体,同时还涉及呼唤的内容。海德格尔虽然不接受主客体的二分法,但其并没有直接否认呼唤的内容之存在。所谓呼唤的良知,究竟是呼唤了什么才使存在发生了本真的回归?海德格尔提出了一个观点,即"良知的'声音'这样那样,无非在说罪责"。海德格尔的"罪责",不同于理性主义所解释的有罪者之存在,不是身负债务、恩情或者犯罪等罪责,也不是有责于某事,即对某种事件承担某种责任,或者是某事的缘由所在。① 这些将罪责理解成为某种现实性的欠缺,无论这种欠缺所代指的是物,抑或是责、权、利等说法,都是流于世俗的解读,都不能真正反映出呼唤的良知之本真。海德格尔认为,罪责的本真,并不存在具有现成存在者这种日常的罪责基础,而是一种存在,这种本质性的有罪责存在也同样源始的是"道德上的"善恶之所以可能的生存论条件。换句话说,只有当此在的生存本身源始的就是有罪责的,他才会有日常的罪责存在。而所谓"源始的有罪责",是海德格尔在前期存在论中所提出的一个观点,即这是由"不"规定的存在者之根据性存在,由此将罪责之问转化成为"不"之现象的理解。海德格尔把"不"之现象看作一种生存论现象,并对"不"进行阐释:从此在出发,把"不"当作此在的一种存在方式予以存在论阐释。在海德格尔看来,此在作为一种可能性存在,生存于各种可能

---

① 参见邓刚《寻找真正的时间:海德格尔对柏格森的批评》,《学海》2018 年第 5 期。

性之中，这就决定了其必然面对各种选择，在选择一种可能性的同时，必然意味着对其他可能性说"不"。

通过对源始的罪责进行阐述，我们可以更加清晰地认识和了解良知的内涵。呼唤的良知，就是此在倾听呼唤、倾听罪责的过程，并且此在在这一过程当中不断地寻找着自己的本真，领会自己存在的可能性，从而逐渐地从沉沦当中摆脱出来，回归到最源始的存在。这既是良知的生存论意义，也是海德格尔对于良知思考的终结点所在。可以说，在良知理论和善恶思想等伦理学研究中，海德格尔的良知之思是无法逾越的存在，它使人们真切地感知到良知的本真，完全摆脱了世俗观念对良知的束缚和干扰，引领人们回归此在的本真，从而理解和领悟良知。这种回归使良知现象逐渐得到深化和升华，并且开启了伦理思想的全新局面，为伦理赋予了更加深刻的意义。

三 由生向死之存在

斯多葛派的先哲们说：人一出生就步向死亡。如何理解死亡，直接关系到人们对于生存乃至生命的理解，这对于人类存在的研究有着十分重要的意义。千百年来，人类从未间断对于死亡的思考，并且逐渐形成了不同的死亡观。在中国古代，杨朱提出"贵己""重生"，主张以保全个人的生命为人生理想，认为死亡是"吾生"价值的丧失。庄子视"悦生而恶死"为人生的一大桎梏，认为要获得人生"自由"，就必须超脱死生之变，并且提出"以死生为一条"的观点，否定生与死的界限，甚至把死亡作为人生自由、幸福的最终实现。而现代科学特别是生理学对于死亡的观念，则更加具有理性化的特征。然而，这各种各样的死亡观，在海德格尔看来都是错误的死亡解读，因为将死亡作为一个可以研究的对象性事件，实际上已经偏离了死亡现象本身，使研究误入歧途。在海德格尔的生存论中，他认为死亡不需要去建构某种具体的死亡概念、理论，也不需要对死亡抱有乐观、悲观或者是平静面对的态度，更不应当将死亡与人体器官、生命体征乃至细胞活动等进行连接，而只能通过深沉的死亡之思，让死亡自然地出现、自然地离去，泰然任之地面对死亡和死亡现象。

(一) 死亡的非事件性

在理性主义主导下的死亡思想与理论研究方面，死亡始终被解读成为一种事件，并且在这个基础之上建构起了不同类型的死亡观。有的理论将死亡看作是外在的事件，即死亡的缘由，如战争、饥饿、灾难、事故等；有的理论将死亡看作是内在的事件，即死亡的机理，如心跳停止、大脑机能不再运转；有的理论将死亡看作是精神的事件，如为信仰献身、因绝望或恐惧而求死等。在这些形形色色的事件中，死亡都是通过"对象性事件"这种可以感知并且客观描述的形式予以展现，从而形成相对应的死亡观。但是在海德格尔看来，死亡并不应该被作为一个事件来对待，而是应当作为一种现象来领会。对于这一观点，海德格尔做出了相应的论证，即一个对象性的事件必然是可能被经验的，然而死亡到达完全的同时，此在也就完全地失去了，因而任何此在都不可能对死亡进行经验后仍然保持存在，更不能将死亡作为一种经验的过渡来进行领会或者感知。因此，死亡没有到达此在时，此在是不可能对死亡进行经验，而死亡到达此在时，此在就此消失，也不会对死亡进行经验，更不能借助这种经验进行之后的存在。因此，死亡不能作为一个对象性事件来对待，而应当是一种现象。

有的人可能会提到，游走在死亡边缘的人，以及经历了"鬼门关"之后被挽救回来的人，可是真真切切地经验到了"死亡"，并以此来反驳海德格尔的观点。对此，海德格尔指出，这种经验并不是对死亡的经验，真正经验的是对生还的体验，是通过这种濒死的状态，让濒死者经验到了生。还有一种观点认为，人虽然不能够经验自己的死亡，但是可以通过观察别人的死亡，特别是看着其他人逐渐进入死亡状态的过程，或者在死者的送别仪式上感受死亡的体验，这也是对死亡的一种经验。然而，海德格尔却十分不满意这种变通的经验,他认为此在是独立的此在,不能借助其他的此在来代替现在的此在,更不能通过观察其他的此在来推断现有的此在。海德格尔提出,死亡"包含着一种对每一此在都全然不能代理的存在样式"①。这种特征决定了每一个人都应当自己去承担自己的死亡,接纳自己的死亡,这种全然不能代理意味着人既不可以代替他人去迎接死亡,也不可以通过别人的死亡来经验自己的死亡。那种认为通过观察别人死亡而体验死亡的经历,并不是真正意义上的死亡经验,而是对于死亡现象的一种旁观。

之所以理性主义下的死亡被解读出多种死亡观,是因为死是很多人都能够直接观察到的过程,正所谓"人终有一死"。常人通常是以这种常见的形式,来安慰自己并劝导他人去面对死亡。这种安慰的效果,不仅作用在濒死者身上,同时对于安慰者本人也有着一定的功效。人们正是通过这种自我安慰的方式,来回避对于死亡的接纳与感悟,通过自己所能够接受的死亡观来逃避死亡,进而将死亡现象深深地埋藏在意念深处,不再去进行回想。

(二) 死亡的非完结性

海德格尔对于死亡现象的解读,告诉我们死亡并不是表象所显现的人之生命的完结,而是将包括死亡在内的一切生存现象都看作是此在的存在方式。世界上的万事万物,实际上都存在着一个不变的命题,那就是从产生到消亡的过程。海德格尔认为,消亡是万物的属性,但死亡是人类的专属,并不是任何事物或者生命体都能够以"死亡"来表达它的完结。之所以死亡与消亡存在着如此的不统一性,就是因为死亡是此在的一种表现形式②。人类之所以会死亡,是因为只有此在意义上的人才能够存在于世界之中,也才能够经验死

---

① [德] 海德格尔:《存在与时间》,陈嘉映、王庆节合译,熊伟校,陈嘉映修订,生活·读书·新知三联书店 2006 年版,第 299 页。

② 王珏:《身体的位置:海德格尔空间思想演进的存在论解析》,《世界哲学》2018 年第 6 期。

亡，而动物、植物等其他生命，并没有真正的在世，因而死亡也就无从谈起。

说只有此在才能够死亡，才能够去世，其中隐含着一层至关重要的意思，即死亡乃是一种能力，一种此在所独具的能力。海德格尔在《物》一文中指出："终有一死者乃是人类。人类之所以被叫做终有一死者，是因为他们能赴死。赴死意味着：有能力承担作为死亡的死亡。我们把终有一死者称为终有一死者——并不是因为他们在尘世的生命会结束，而是因为他们有能力承担作为死亡的死亡。"①这里所述说的能力，与传统意义上的能量、力量、实力等并不相同，而是从"可能性"和"资格"这两个视角进行领悟，也就是说，只有此在以及此在意义上的人，才拥有死亡的"资格"。

（三）死亡的过程性

世间万物，有始即有终，此在也在此列。从某种意义上讲，死亡对于此在来说亦是一种终结，是一种结束。然而，这一结束并不同于常规意义上的结束，对于这一结束的理解，实际上是对于海德格尔死亡之思进行深入理解的核心所在。通常情况下，结束意指某一事项的完成，或者某一事物的消失，比如说比赛完成了、风停了、跑到终点了、任务做完了等。然而，在海德格尔的眼中，"结束的这些样式中没有一种可以恰当地标画作为此在之终结的死亡"②。"死所意指的结束意味着的不是此在的存在到头，而是这一存在者的一种向终结存在。"③这段话显得十分的晦涩难懂，但究其深意，即是指死亡并不是此在的一种完全的终结，而是此在向终结的存在。此在的死亡，是一种去存在的表现，通过死亡的方式，此在摆脱了存

---

① ［德］海德格尔著，孙周兴选编：《海德格尔选集》，孙周兴等译，生活·读书·新知上海三联书店1996年版，第385页。
② ［德］海德格尔：《存在与时间》，陈嘉映合译，熊伟校，陈嘉映修订，生活·读书·新知三联书店2006年版，第282页。
③ ［德］海德格尔：《存在与时间》，陈嘉映合译，熊伟校，陈嘉映修订，生活·读书·新知三联书店2006年版，第282页。

在这一外在的显现，逐步走向更深层次的终结。从这个意义上讲，此在的"生"与"死"实际上是一个同一的过程，此在生的过程，实际上也是死的过程。

关于时间和死亡的探讨，早在古希腊时代就已经得到了许多思想家的反复探索。然而这些思想家或者哲学家对于时间的探讨，往往都停留在经验层面，他们的时间是无限的，既不存在时间的开端，也不存在时间的结束。而海德格尔在《存在与时间》一书中，将时间的格局提升到了经验层面之上，时间由无限的变成了有限的，由无始无终变成了有始有终。海德格尔对流行死亡观的反驳，实际上是他在时间理念上的创新与发展，揭示了此在的深层意义。在所置身的世界中，此在的时间是有限的，此在最为基本的规定是"会死的"。因此，时间并不是一种无限的存在，而是有限的。

第三节 对话维度

海德格尔与道家哲学和禅宗哲学的关系历来是中国海德格尔研究领域的一项重大论题，海德格尔与东亚思想的关联也是国际海德格尔研究中的一项重要内容。史料方面，张祥龙在《海德格尔传》中披露了海德格尔1930年《论真理的本质》手稿和1958年《思想的基本原则》中引用《老子》第28章的情况，并提到海德格尔《全集》中对《老子》第11章的征引。[①] 马琳在论文《圣人不远游？——海德格尔对〈道德经〉的征引》中，收集了迄今为止所发现的海德格尔7次在其著述中征引《道德经》五个篇章的资料，其中有些资料尚是首次披露。[②] 奥特·波格勒在《东西方对话：海德格尔与老子》中，披露了海德格尔1930年在不莱梅作《论真理的本

---

① 参见张祥龙《海德格尔传》，北京大学出版社2007年版。
② 参见马琳《圣人不远游？——海德格尔对〈道德经〉的征引》，载冯俊主编《哲学家2008》，人民出版社2009年版。

质》演讲时,大声诵读《庄子·秋水》中庄、惠"濠梁论鱼"的情景。王为理在《人之问——思与禅的一种诠释与对话》中提供了几则海德格尔与禅宗关系的相关史料。① 研究方面,张祥龙的《海德格尔思想与中国天道——终极视域的开启与交融》一书在全面分析海德格尔前、后期思想与中国古代思想的基础上,富有创见地比较了海德格尔思想与中国天道观的异同。钟华在《从逍遥游到林中路:海德格尔庄子诗学比较》中,通过文本细读,从"价值现象学"的立场,运用"跨文化对话"的方法,对海德格尔诗学与庄子诗学思想之间的事实联系和学理联系、一致性和差异性进行了系统的厘清和深入的比较。王为理在《人之问——思与禅的一种诠释与对话》中以海德格尔和禅宗对人的非形而上学式的理解为关节点,系统阐明了思与禅对话的学理依据。

就海德格尔与老庄思想和禅宗佛学的关系来说,中国学者似乎比较偏重于借助对海德格尔思想中东方色调的阐发来指出中国古代思想的现代效力。但是就海德格尔本人来说,关注东方思想,考量东亚思维中的非形而上学特征,可能在于老子哲学中质朴的辩证思想、庄子哲学中谦卑的自然态度、禅宗哲学中人和世界非二元存在的观念与其一贯反形而上学的哲学追求有相契之处。

在探讨海德格尔的存在论与中国哲学的关系之前,我们先看看中西哲学的差异以及两者在何种层面上具有对话的可能。在哲学问题的探讨上,中西哲学存在很多差异,有些问题分歧严重。我国著名哲学家冯友兰在其著作《中国哲学简史》中明确地指出了"海洋国家和大陆国家"在哲学思维上的不同,地理决定论也有助于阐释这种区别。其中,西方人的哲学源于古希腊,那是一个典型的海洋国家,人们的生存依赖于商业模式,人与人的交往取决于交换,由此形成的账目、数字、计算等,直接提高了西方人的理性思维能力和

---

① 参见王为理《人之问——思与禅的一种诠释与对话》,上海三联书店2001年版。

抽象逻辑能力。并且,商业是一个不断开拓的过程,正所谓"奇货可居",地理上的阻隔造就商品的价值,人们通过商业活动总能接触到新鲜事物,除了商品之外,也包括不同的文字、民俗、历史……这让西方人更习惯于新的变化。同时,一个非常重要的社会模式,是希腊城邦,甚至可以说西方社会发展至今,所谓的"国家概念"都是笼统的,他们更热衷于以"城"的利益为共同利益,以多数人的自由为最大的民主。

对应而言,中国的哲学产生环境完全不同,正如费孝通先生所说,中国社会最根本的特性是"乡土的"。华夏文明,上下五千年的漫长历史中,农耕构建了社会的基本结构。客观上说,中国社会中最牢固的单位是家庭,由于农业耕种是建立在固定的土地上的,家庭为单位的生产力决定了自身的社会地位、经济地位,由此而形成的小农经济体系,不需要频繁的交换,即可实现"自给自足"的局面。因此,中国人的理想境界是小国寡民。农民所要解决的主要矛盾都和土地相关。由此所演变出来的中国哲学,并不需要复杂的演变。农业种植行为中,一切都是可以直接领悟的,春种、夏忙、秋收、冬藏,这些规律性的东西是构建农耕文化的基础。所以中国哲学所使用的语言变化性很小,和西方相比,明显缺乏"逻各斯中心主义"的特征。同时,中国哲学语言还具有含混性、蕴藉性,表现出"玄而又玄",甚至是只可意会而不可言传的特点。它基本不存在演绎推理的概念,但又富有极其强烈的暗示性。以社会制度作为中西哲学的反映层次,不难看出,中国古代社会的社会制度具有相当的保守性,历代以来对于"祖宗法度"的重视,都不允许轻易地进行改变。这与西方式的民主是截然不同的,因为中国社会的农耕生产形式,确定了一个家庭几代人都要稳定地在一个地方生存,随着人口的增加、家族的扩展,实际上发挥制约作用的制度并不是"国法",而是"家规"。在传统社会中的主要关系形式,分别是君臣、父子、兄弟、夫妻、朋友。不难看出,有三种都是基于家庭概念形成的，伦理纲常直接决定了制度的制约性。而西方社会（希腊）的民主制度，则是大多数人形成的"直接性"的制度，本质上是一种利益分配机制，多数人必然战胜少数人，因此也可以看作是一种阶级对另一种阶级的民主。①

虽然中西方在哲学起源、发展、表现方面存在极大的差异，但是否就此可以说中西哲学泾渭分明、毫无关联呢？哲学实际上可以划分为两个层次，一种是人类的哲学，一种是社会的哲学。长期以来中西哲学的纷争实际上主要集中于社会哲学领域。正如黑格尔怀疑中国哲学的合法性一样，往往流于偏狭。中西方哲学在历史发展中，各自建立起独特的体系，但无论哪一个社会中的"人"，对于人生意义和宇宙奥秘的追寻，都是高度一致的，这就实现了人类哲学的共同性。由此，中国及西方哲学体系之间，越向高层次发展，就越可能获取平等的对话契机。海德格尔哲学实现了东西方对话，他本身既具有深厚的西方哲学功底，又广泛地接受中国哲学的思想，由此在他的哲学思想中，存在很多中西融合的东西，尤其是中国道家思想的影响十分广泛。

单就西方哲学来说，海德格尔的存在论思想实际上促使西方传统哲学的"两希精神"得以均衡发展。其中希腊精神是理性传统的，希伯来精神是非理性传统的，甚至包括很大成分的"神秘主义"。以柏拉图为代表的理性主义哲学，长期以来占据着统治地位，强调以理性的方式研究存在、认识"人"，所以西方哲学指引下的科学发展才会不断地分解，从分子到原子，再到电子、质子……理性主义理解的存在，实际上造成了很多对立、分割。自然与超自然、现象与本质。包括人，也被分类为理性、灵魂（不理性）、肉体三部分。也正是一路沿袭这种理性至上的哲学观点，才会形成理性优于灵魂、

---

① 参见王宏健《伦理之隐匿——海德格尔的伦理学问题探析》，《道德与文明》2017年第5期。

肉体的认识，才会出现笛卡尔"我思故我在"的极端。后期的康德虽然认识到了理性主义哲学的缺陷，但他并未真正突破"我思"的模式，甚至也陷入了一种新的偏执。康德在《道德形而上学探本》中写道："人自身实在有个使他与万物有别，并且与他所受外物影响哪方面的自我有别的能力，而这个能力就是理性。"① 这种言论，实际上是强调了人的本质就是理性。发展到黑格尔，不仅是人，整个宇宙都是一种理性秩序，西方哲学强调理性主义的后果，就是将人的理性完全化、独立化、绝对化，人只有理性而没有"人性"。中国学者宋志明所著《薪尽火传——宋志明中国古代哲学讲稿》中谈及"哲学精神"时，较为系统地分析了西方哲学发展过程中的两个特征：其一，现实世界与理念世界的分割状态明显，对于形而上的本体有着强烈的追求；其二，哲学认识上强调主体、客体的对立，哲学研究的目标在于，寻求促使主体适应客体的方法。进一步研究，不难发现，这两种特征与西方哲学体系中重视表象思维的方式密切相关，存在者的存在总是将自身显示为根据，或者原因，毫不保留自身显示为在场性的需要。"存在"被实体化，主体、客体都是以实体形式展示。但是，人作为特殊"主体"，是一个相对主导型的主体，其他存在者都可以视为客体，主客体之间的对立也由此出现。在主客二元对立的思维框架下，"表象——计算性思维"在西方哲学中占据了统治地位，它充分满足了人的自我优越性，将一切东西视为"可计算"的范畴②。当然，这种思维也造就了西方科技文明的发达，但同时，"形而上学"对感性世界的不屑一顾，以及对于理性主义的过度推崇，造就了西方社会严重的人文弊端。正如《圣经·路加福音》中所述："人若赚得全世界，却丧失了他的灵魂，这有什么价值呢？"

海德格尔的哲学"觉醒"，在这一背景下显得意义非凡，他敏锐

---

① ［德］康德：《道德形而上学探本》，唐钺译，商务印书馆1959年版，第65页。
② 参见沈广明、左勇华《〈存在与时间〉"常人"观视域下的机器人、经济人与超人——基于海德格尔的现代性批判语境》，《江西师范大学学报》（哲学社会科学版）2019年第1期。

地感觉到西方哲学长久以来陷入了一种拘囿而不自知的境地。同时，对于海德格尔自身来说，"存在"的意义的丧失是无法接受的。他一度将这种丧失归结为科学理性观的发展，甚至产生了哲学终结的担忧。这种担忧不是没有道理的，科学技术的飞速发展，实现了学科系统的重构，哲学究竟算不算一门科学的疑问由此产生，人们会将"哲学不是一门科学"等同于哲学的"非科学性"，事实上，这种误解长期存在。整个西方"形而上学"的发展历程，都在不断地抛弃存在。这种形而上学不是"思"，它不能解释人类必然回归存在的真理，走向存在的澄明。后期海德格尔在"克服形而上学"的目标导向下，将目光转向了中国哲学领域。

中西哲学对话的必然性，冯友兰先生说得非常透彻，他从东方哲学自身的特色进行分析，指出"东方哲学"本身重视的是生命形式，而不是对宇宙的无穷尽探索、冥思。人的心灵境界以及人生意义，远超过一切有关于"人"的理性的学说。海德格尔在《追问思的事情的天命》中亦提出了一个"中西结合"的想法。他写道，"通过对澄明的思和恰当的描述，我们跨入了一个使转变欧洲思维与东亚思想进行富有成果的联姻成为可能的领域"①。而这一"联姻"，有助于"此在的解放"。进而，在学术交流方面，海德格尔与中国学者萧师毅有过密切交流。萧先生曾经写过一个条幅送给海德格尔，内容是《老子》中的两句话："孰能浊以止静之徐清，孰能安以久动之徐生。"书信来往中也表明海德格尔对中国道家哲学（老庄）的兴趣。以下进行更为系统的阐述。

一 中西对话中"哲学旨趣"对比
（一）形而上学与本真之道

研究西方哲学是不可能逾越"形而上学"的，它构成了西方

---

① C. Macann（ed.）, *Martin Heidegger: Critical Assessments*, Vol. Ⅳ, London, 1992, p. 399.

传统哲学的基本理论框架。起源于柏拉图时期的"形而上学"虽然存在明显的理论漏洞，但它仍然贯穿于古典哲学的整个发展过程，能够清晰地指出"现象""实在"的区别。所谓"现象"，就是世界万物赋予人类主观层面的体验，所谓"实在"则是本源，是隐匿在现象之后，作为被呈现的东西，也可以称为"本真"。前者认为"现实不实"而后者认为"实而不现"。而这种争执，最终可以归结为现象与本质。亚里士多德根据柏拉图的观点，把"存在"的本身从"存在者"身上剥离，由此形成了经验和超验，确立了"形而上学"的理论，由此现象、实在之间的分歧也就越来越大。

"现象"与"实在"之间存在难以逾越的鸿沟，由此所引发的西方哲学"二律背反"现象日益严重。意识与存在、个体与社会、人间与天堂……西方哲学开始在未知论中自我怀疑。形成这种困顿的根源，在于西方哲学家意识的偏执，他们认可经验现象，但对于隐匿身后的"本真"实在，却简单地归纳到了意识领域。所以，漫长的发展历程中，"可知论"和"未知论"的博弈，实证主义、神秘主义结伴而行，最终凝结为一种漂泊无根的状态。海德格尔批驳了这种"无根本体论"，并指出症结所在——传统哲学中采取由浅入深、由表及里、由个别到普遍的研究方式，压根就是混淆了"存在"和"存在者"的区别，更多的情况下是用"存在者"取代了"存在"。

海德格尔在《回到形而上学的基础》中提到："形而上学不断地以各种极其不同的方式说出存在。形而上学造成了并使人相信一种假象，似乎它探究并且回答了存在的问题。"

"其实，形而上学从来没有解答过存在的真理问题，因为它从来没有追究过这个问题，之所以如此，是因为它思考存在时，只是把存在作为存在者来想象，它指的是作为整体的存在者，谈的却是存在。它提到存在，所指的却是作为存在物的存在者。形而上学从开端到其完结，它的各种命题都一向是令人奇怪地把存在者与存在相互混淆了。"①

这并不是海德格尔对"形而上学"最严厉的批判。他进而指出，西方的传统形而上学根基不管是先验本体论还是实体本体论，必须要经过批判。海德格尔认为应该重新构建一个非传统意义上的"本体论"，消除一种错误认识，"科学思维的精确性不能取代哲学思维的严格性"，不是所有的"概念"都应该作为有意义的存在。那么，如何实现这一目标，海德格尔提出了一个思考维度：如果人们在未来能够思在的真理，那么他就是从生存出发来思的。

这种对于"存在"的观点，很明显是基于胡塞尔现象学形成的。这是一个了不起的突破，海德格尔打破了传统哲学中"现象""实在"的分割状态，将二元化归为一，实现了"存在"和"现象"的密切结合。这一观点的核心是，关于真理的本质早已经在我们的意识之中，但它被一些东西遮蔽着，我们需要通过本质还原去揭开遮蔽的东西，这样才能回归本真。

基于此，可以认为中国哲学从自性出发来审视宇宙万物的做法，与海德格尔提出的跨越形而上学观点有强烈共鸣。以"儒释道"中的禅宗为例，指出"悟法者纵横自在，无非是法"，求心见性本身就是生活的基本存在形式，而不需要独特的仪式感。佛法中也有很多归于生活的实例，正所谓"一花一世界"，就是强调佛性体验并不需要外部诉求。在中国佛教禅宗史书《五灯会元》中就记录了这样一个"自性见佛"的故事：越州大云寺慧海参见马祖，以求佛法，马祖告诉他，"本来无一物"，又责备他自己的"宝藏"不顾，非要来求。慧海反问自己何来宝藏，马祖告诉他，"你自己就是宝藏"。故事的本意旨在说明，"自性见佛"为每一个人都必有的条件，并没有任何欠缺，"我"的此生此在的生活状态下即可领悟、把握，不需要

---

① ［德］海德格尔：《回到形而上学的基础》，转引自考夫曼编《存在主义》，1975年英文版，第268—269页。

去外求。又如同《坛经》中所说:"菩提只向心觅,何劳向外求玄。"存在是一个关乎人根本的、生活的意义,不需要向外去求得证明。

海德格尔对庄子的哲学思想十分推崇。其特点在于不向静态、抽象的理念世界思,而研究动态的、具体的生命历程。① 尽管"唯心"是对庄子哲学的基本评价,但实际上,庄子哲学著作中并没有过于玄冥的言论,而恰恰更多的是普通生活记录。如《庄子·知北游》中记录的一个故事:东郭子询问庄子"道"在什么地方,庄子回答是无处不在。而东郭子穷追不舍,一定要明确道在什么地方——给出一个明确的界限——庄子的一系列回答中,包括蝼蚁、稗草、砖瓦、屎尿,这与"形而上"的故作高深截然相反。事实上,庄子的哲学本质上就是"经验事物之于道"。换言之,在广义上的中国哲学观点中,"道"是万物,并非神圣的特有,形而上、形而下本身就是一体,形而上者为道,形而下者为器,"道与器"的结合是世间万物,这对于海德格尔来说,无异于打开了哲学的新大门。

(二) 理性主义与心灵自由

鉴于历史背景、社会制度、文化体系等差异,西方哲学体系的构建一直都将"理性主义"视为存在根本,更是一种思维的"高级形式",包括整个西方世界文明延续的历程中,"理性至上"的地位是牢不可动的。古希腊作为西方哲学体系的起源,理性被强加于人性之上,并被称为"爱智慧",这也是西方古典哲学的根基。亚里士多德所崇尚的科学思想,进一步将知识进行了分类,形成了多种多样的学科领域,这种影响不仅涉及西方哲学,目前来说,更是一种世界范围内的科学思维模式。其中,他将哲学定义为"寻求最高原因的基本原理"的学科,也就是说,哲学建立在所有学科之上,随着科学整体性的进步而发展。这其中就存在一个很明显的悖论,在

---

① 参见周铭哲《庄子"齐物"与海德格尔"常人"之比较研究》,《牡丹江大学学报》2018年第8期。

理性主义下实现的学科划分，必然存在发展不同步的现象，由此如何去判断科学的整体性？但是，这种悖论又被人为地消除了，发展到近代史范围，理性成为人类社会的旗帜，以至于人类社会一切存在都要经历理性的判断、衡量，甚至成为界定"宗教""迷信"的标准。以理性主义去界定思想领域，虽然谈不上荒诞，但很明显是欠缺理论依据的，它所崇尚的自然科学原理，无非解释了现象而非实在。

崇尚理性主义为西方近代科学发展提供了动力，工业文明的快速构建，进一步强化了"理性"的主题。但哲学所探究的存在本质，并不以理性主义为范本，这几乎是一种"不自觉"行为。因为理性主义所谓的"思维方式"，本质上是一种井然有序的符号系统，一种人为的抽象设计。通过概念、框架去解释经验世界，由此实现"科学世界"的构建。哲学意义上，这是一种"自娱自乐"的表现，尽管科学为代表的"理性"在自然领域取得了一个又一个"征服"，但它归根结底只能解释、分解、转变，而不能进行从无到有的创生。

中国学者在反驳西方哲学界对"中国哲学"合法性质疑的同时，也毫不客气地指出了西方哲学（希腊哲学）的缺陷。在理性主义指引下，西方哲学力图将世界构造成一个具有严明规律，可以规划、掌握、改造甚至颠覆的世界，并鼓吹在这种社会构造下，人类才能真正获得自由。① 但事实上，西方式的民主已经暴露了这个命题的虚伪性，因为人们一方面希望通过客观的方法来主导世界，但却在实际行动中希望客观世界与主体的主观保持一致。这表明，理智虽然能够帮助人们去观察事物的外形、关系，但无法对人的思想做出解释、发挥作用。强制性地去消除人性、树立理性，相当于把人的思想按照数学几何公式定律一样，这根本是行不通的。主张理性至上的思想，强调科学万能的主张，实行逻辑方法的模式，这必然将鲜

---

① 参见刘晶《庄子与海德格尔的生死观及其当代意义》，《学理论》2018 年第 7 期。

活生动的人类世界演变为不食人间烟火的"天堂",将五彩缤纷的世界变成对立分明的黑白两色世界。

海德格尔从中西对话层面出发,指出从希腊时期开始的一切人本主义"旨趣",都是将人作为最一般的本质(即理性)来建构实践前提的。但是人们忽略一个问题,就是人性自身的"不理智"。对于"我思故我在"的贪婪,导致更加渴望知识的解释,将人生引向一个思想无法企及的境界。哲学的洞察力远远不及好奇心的驱使,自我意识不断膨胀、狂妄,进而导致理性被蒙蔽,从而出现一种自我杜撰知识、理智的现象。学科的广泛性出现就是证据。海德格尔的批评是很客观的,他并没有否定人的本质(理性)作为实践前提的观点,而是强调在形而上学的范围里,人往往会忽略人的本质存在,由于"存在"还没有澄明,所以"理性"作为人的本质是没有来源的,是不存在意义的。

当然,人所谓的"崇尚理性",一个很大的原因是作为"万物灵长"的优越感。理性是人类特有的属性,也只有理性的存在,人才能够和动物、禽兽、山石等一切有机物和无机物区分开。但对比"存在",理性的优越感明显是不恰当的。海德格尔认为,人通过存在来界定,其内涵比"理性"作为界定依据更加丰富,但同时又比主体性的主人"更少一些"。"人不是存在者的主人,人是存在的看护者",这是海德格尔的最终论断。在他看来,人在其存在的历史的本质中就是这样一个存在者,他居住于在的近处,是在的邻居。因此,海德格尔坚决反对笛卡尔式的那种把人类自身和自我意识、理性置于中心地位的理性主义。人绝不是存在的评判者,对于存在来说,人虽然具有自我意识、有理性的存在,但他也不过是一种具有优先地位的倾听者和反应者。从这个意义上讲,人作为此在是一个历史性的有限者,但在本真的意义上却可以试图倾听存在的永恒的声音。

在中西方哲学存在的差异中,最明显的是哲学旨趣的差异。西方传统哲学重视理性，表现为对自然孜孜不倦的探索。而中国哲学已经摆脱了这种热衷于知识论、方法论的拘囿，直接从人本身入手，注重心灵意境和生存本身的关系，强调"天人合一"状态下的情感互动。不是穷理性，而是更好地致良知。熊十力先生对中国哲学的特色，有过非常经典的描述，他认为："哲学家谈本体者，大抵把本体当作离我的心而外在的事物，因凭理智作用，向外界去寻求。由此之故，哲学家各用思考去构画一种境界，而建立本体，纷纷不一其说。不论唯心唯物，非心非物，种种之论，要皆以向外找寻的态度来猜度，各自虚妄安立一种本体。这个固然错误，更有否认本体而专讲知识论者。这种主张，可谓脱离了哲学的立场。因为哲学所以站得住脚者，只以本体论是科学所夺不去的。"① 熊十力先生的这一观点，指出了将"本体"看作是脱离自身的事物，这是一种错误的做法，放弃"自我"去追求知识、探索奥秘，这是违背哲学立场的。不能脱离对人的生存的研究，而本体亦不离人的自心而存在。那种将哲学研究简化为知识研究的思想方式是完全错误的，正所谓"道在迩而求诸远，事在易而求诸难"。

以道家哲学思想为例，在很多生动的解释中都将"人生境界"作为主体，完全不涉及知识论，其代表人物无疑是庄子。他的相关著作中都表现出对心灵自由的追求。如《庄子·逍遥游》中描述"神"："不食五谷，吸风饮露，乘云气、御飞龙，而游乎四海之外。"这样洒脱的"神"，也有着卓然不凡的相貌："肌肤若冰雪，绰约若处子。"如果我们从理性角度去判断，人的提问绝对不可能下降到冰点，人也无法摆脱地心引力飞翔，这种毫不理性的思维，庄子却认为"神人"已经达到了"真人"的境界。反之，庄子抒发了对理性文明导致的人性沉沦的批判。他批评道："处三代以下者，天下莫不以物易其性矣。小人则以身殉利，士则以身殉名，大夫以身

---

① 熊十力：《新唯识论》，中华书局1985年版，第250页。

殉家，圣人则以身殉天下。故此数子者，事业不同，名声异号，其于伤性以身为殉，一也。"

当然，本书在这一部分引用了庄子的哲学思想，不免也存在另一个"反理性"的极端，老庄所代表的道家哲学对现代人而言，同样也是存在局限性的。中西哲学对话是站在完全不同的角度展开的，对庄子哲学而言，其问题在于过度追求反省内求的体悟、感悟，强调"心"而非"脑"。"存在"是以自身为中心的一个圈际，生存对于主体而言，是内心世界在他物上的折射，主体可以随意尽心改造而达到"心灵快乐"，这种极端否定理性的做法，也等同于否定了客观，容易被视为神秘主义而变得无所作为。①

二 哲学观点的比较

(一) "存在""道"与"真如"

中西方哲学观点的对比，依据海德格尔"存在"的内涵，分别对应了道家的"道"和佛教禅宗的"真如"，三者之间有高度的相似性。

首先，海德格尔哲学体系中"存在""存在者"构成了其基本的理论框架。两者的分别对待，也实现了对西方传统哲学观点的跨越。从柏拉图、亚里士多德到黑格尔等人，围绕着"本体论"展开的研究，实际的研究对象都是"存在者"，而不是"存在"。从逻辑关系上分析，"存在"必然是先于"存在者"出现的，否则"存在"就没有意义，就成了一个理性主义设立的概念。进一步，海德格尔依据现象学做出的研究，表明"存在"必然通过存在物加以区分。存在物的显示、在场，并不意味着"存在物"必然是一个实体物质，也可以存在于观念之中，而"存在者"必然是现成已有的存在物，

---

① 参见甄苗苗《庄子与海德格尔的人生艺术化倾向研究》，《美与时代（下）》2017年第7期。

这其中就包括一切已经显示的、存在的现存物,以及存在于观念之中的现象、规律和事物。因此,"存在"是比"存在者"更根本、更本质的。"存在"确保了一切存在者成立(提供了基础与先决条件),但是存在本身并不是静态的。这与柏拉图、亚里士多德等主张的"存在者"的静态、固定性是不同的。在海德格尔哲学思想中,"存在"的方式是动态的、变化的。

其次,中国传统道家哲学中的"道",同样具有抽象性,正所谓"形而上者为道"。道被视为一种规律、一种本质,它存在于天地万物之中,只有"格物致知"才能"通达天下"。这也表明"道"本身需要以其他事物作为依据,但它本身没有具体的形态(不需要依托)。换一种说法,"守仁格竹"的案例很好证明了中国哲学穷于对真理的思考。"道"可以成为万物的形象但却不能够生成自身,它是一种超越所有具象的"终极存在"。"道"作为本体没有任何具体的特征,但不能否认它的存在,所以这就促使"道"存在于无数种存在者。道,不是绝对的虚无,而是存在无限的可能。这种生生不息、连绵不绝的运动变化,已经无法彻底区分"道"和"天地"的关系,道生万物而又存在于万物之中,这是一种高超的逻辑辩证。在"存在者"的层面,反映出不同的"存在"形式,正所谓"月印万川"。中国人常说"圣贤之道""君臣之道""人子之道"等,这都是顺应自己的"道"的表现。

再次,中国禅宗佛学中的"真如",或者进一步将"存在"解释为"内盘""法力""佛性"等,都具有一定适恰性。佛教作为一种宗教,以禅宗的哲学维度得以发扬光大,它强调众生都有着共同的"真性",即所谓的"存在者",也可以理解为"真实的自性"或"真实的性情"。来自先天,清静无为,没有任何杂质,也不会被消灭,永久的存在。"真如"反映出人世间一切(包括人世)事情的本源,因为真如,所以"人人皆可成佛"。但是,一旦受到外部的诱惑,人就会产生分歧和迷途,这种因为外物干扰而产生的"妄念",

就会遮蔽人的真性，所以才要不断地扫除"心灵尘埃"，从而将真如反映出来。禅宗《坛经》中写道："世人性本自净，万法在自性。思量一切恶事，即行于恶；思量一切善事，使修于善行。如是一切法尽在自性。自性常清净，日月常明，只为云覆盖，上明下暗，不能了见日月星辰，忽遇惠风吹散卷尽云雾，万象森罗，一切皆现。"禅宗中的这一段经文，阐述到人的"自性"都在心中，如果要成佛，就必须去除妄念。通过与海德格尔的"存在论"做对比，我们不难发现禅宗中提出的佛性、自性、真如等，其实都代表了"存在"，而要去除的妄念，又与海德格尔强调的去除形而上学的缺陷如出一辙。

（二）此在在世与天人合一

海德格尔认为，要询问"存在的意义"，需要通过一个特殊的存在者"此在"来展开。而"此在"的最本质特征就是此在在世，也可以理解为"此在在世界中"，而"在世界之中"的内涵不意味着"此在"现成地存在于全部的"存在者"之中，也不表明世界把它们作为其组成部分被包括。

事实上，"存在于世界中"是一种生存论状态。作为生存论状态，"此在"并不是以笛卡尔式的主体方式，首先孤立地存在，以便继而与作为世界的某种事物联系起来，而是"一下子就与它自身的世界互相联系"。因此"此在"与世界是浑融未分的统一现象。就是说，没有一个孤立的主体，也没有一个孤立的世界，世界应该被理解为"此在"作为"此在"实际生活在其中的那个东西。说"此在在世界中"意味着"居住""逗留""停驻""在家"，"此在在世界中"就是在自己的家，人与世界是不可分的整体。世界并不是独立于人之外的认识客体，也不是人类改造、征服的对象，而是人类诗意的栖居地。然而，对"此在"生存的优先地位的强调，潜隐着在更深处重估主体的危险，故此海德格尔在后来重新阐述了他的世界观，说世界就是人栖息于其中的天、地、人、神的四重统一体。由此也就不难发现，为什么晚年海德格尔十分推崇荷尔德林的"人，诗意地栖居"，认为它道出了人类生存的本质。

在中国道家哲学中，强调的是"天人合一"，又以庄子哲学为典型。完全没有对象化的思维方式，所以在他的哲学中不存在主、客体分离之说，人与世界的统一性表现得十分明显。庄子认为宇宙万物本来就是"浑沌"而融于一体的，千变万化的世界总是一大整体。庄子说："人之生，气之聚也；聚则为生，散则为死。"（《庄子·知北游》）认为事物都源于气，人的生死也不过是气的聚合与离散而已。"通天下一气"，人与万物都是自然界生生循环中的一部分。"大块载我以形，劳我以生"（《庄子·大宗师》），人与自然是一体的，即"天地与我并生，而万物与我为一"（《庄子·齐物论》）。人生活在世界上，要顺应自然，安时处顺，参天化地，与物具同，做到"处物而不伤物"（《庄子·知北游》）。精神四达并流，无所不及，从而游于自由自在、无拘无束的境域，彻底与自然融为一体，把自然当作生我、养我、息我的滋生万物而具有慈祥性的"母性自然"（mother nature）。"庄生晓梦迷蝴蝶"，是真实的梦赋予有限性的人的无限性，人蝶可以互幻互化，不分彼此，人生的意义不在于向世界索取什么，而在于"原天地之美而达万物之理"（《庄子·知北游》），在对大自然的沉思默察中体验其无言之美。

（三）"沉沦"与"失性于物，丧己于俗"

海德格尔认为"此在"不是孤立的，而是处于与他人的"共在"之中，"烦神"构成了人们之间相互共在的基本形式。所谓"烦神"是指人们"相互关心、相互反对、互不相照、望望然去之，彼此无涉"的"冷漠而残缺的模式"，这就是"此在"的"沉沦"。进而，海德格尔描写了一种个人与社会的对立状态，人一旦获得社会性的存在，他就与自身分裂，失去自己的人格与自由。人在社会中，不是为了自己而生活，而是为了外界而生活。我们不在思想而在讲话，我们不在动作而在被外界动作。在庄子哲学中也存在着这种"沉沦",他将其描述为"与物相刃相靡……终身役役而不见其功,徒然疲役而不知其所归"(《庄子·齐物论》),也可以说是"丧己于物,失性于俗"。

面对这种情景,海德格尔认为,人不外采取两种态度:一是"获得自己本身",一是"丧失自己本身"。前者是不甘从俗,不甘沉沦;后者是自甘从俗,自甘沉沦。用庄子的哲学语言来说,前者叫作"为己",后者叫作"为人"。海德格尔认为,人生的真正价值在于"为己",而不是"丧己"。因此,他主张通过"此在"对"死亡"的运思和领悟发现独立的"我自己",经由良知的呼唤、罪责的召唤和决断状态,确证和实现"此在"的"本真状态"。通过"面向死亡的存在",使消融在常人中的"此在"意识到常人生活的虚假、微不足道,进而从日常存在者诸如地位、名、利中抽身,跳出沉沦的苦海,从迷失的常人重返独立的"我自己",进入"本真状态"的澄明之境。

与海德格尔"面向死亡而存在"的方式不同,庄子主张通过"心斋"与"坐忘"的方法,来达到他的理想境界——真人境界。① 所谓"心斋",是指一种空明、虚静的精神状态,在心灵极度的空虚状态下,直观宇宙之道。所谓"坐忘",是指"堕肢体,黜聪明,离形去智,同于大通",遗忘自己的躯体,抛开自己的聪明,丢掉自己的知识,达到与大道的统一。庄子认为,唯有通过"心斋"与"坐忘"才能忘记物我的界限、是非的差别,才能泯灭自我,消除自我意识,无欲无求,才能达到"乘云气,御飞龙,而游乎四海之外"的自由境地。显然,庄子的自由观所追求的不是外在的超越,不是对自然、社会的超越,而是一种内在的超越,一种心理上的超越。行动的自由完全被消融于精神的自由中,人在现实面前无能为力,

---

① 参见夏可君《一个等待与无用的民族:庄子与海德格尔的第二次转向》,北京大学出版社2017年版,第41页。

一切听从命运的安排，随顺万物的变化，安于环境，听从天命。

"非本真状态"和"丧己于物"都是日常生活中个体独立人格的丧失，是人的自我异化的形式。海德格尔和庄子对人性异化的现象的观察体会以及他们所提出的克服异化的方式和途径，对现代人来说具有很大的启发性。但无论是庄子还是海德格尔，都没有意识到人性异化现象是人类社会发展过程中一种可以被克服而且最终必将被克服的历史现象，都有在不同程度上把它加以夸大或绝对化的倾向。他们所着力研究的不是客观的科学领域，而是纯主观性，把个人的感受、情绪和体验当作哲学研究的中心主题，海德格尔甚至把这种在特定历史阶段出现的异化现象当成一种超历史、超社会的先验人格状态。这种离开社会去谈论孤立的个人及其绝对自由的思想，潜含着一种对个人（本己的此在、"真人"）与社会（常人状态）的对立无法消除的绝望感，在逻辑上必然会陷入历史悲观主义。

（四）"人类的无家可归"与"五色令人目盲"

科学技术是第一生产力，这是人类经历工业革命之后的共同认识。哲学领域对于技术的研究，却明确认为技术有两面性。海德格尔和庄子对各自时代的技术发展状况都有着深刻的观察和思考，并对技术发展给人类社会生活带来的副作用，持有较为清醒的批判意识。

庄子的著作大多为寓言，其中一个描述了子贡周游时发生的事情。子贡见到一个老汉取水浇地，却放着水车不用，于是说："有械于此，一日浸百畦，用力甚寡而见功多，夫子不欲乎？"谁知老汉非但不领情，反而"忿然作色"讥笑子贡曰："吾闻之吾师，有机械者必有机事，有机事者必有机心。机心存于胸中，则纯白不备；纯白不备，则神生不定；神生不定者，道之所不载也。吾非不知，羞而不为也。"（《庄子·天地》）

子贡原本是一番好意，但是老农却表现得不以为然，认为"有机械者必有机事"，这是一种心机不纯的行为，不应该是圣人所表现的。当然，庄子所阐述的社会现象，不是对技术好坏的争论，而是对过分依赖技术所造成的人的内心灵性的失落的反思。技术确实可以让生产力提高，但是也造成了人的"存在"的削弱，使人丧失了自己的价值。庄子哲学中，道不仅仅是指宇宙的本体，也指一种价值的至高境界。人处于宇宙的大化流行中，应与万物相观而自得，保持一种自然和谐的状态。

如果说早期技术还受到人类自然潜能，即直接由人的肉体给予的力量和能力限制的话，那么现代技术则突飞猛进，经历了把早期技术那种"未分化的和静止的"变成"高度分化和能动的"状态。在现代技术中，世界被物质化、齐一化和功能化了。由于技术的意志，一切东西都不可阻挡地变成了生产物质。事物原本所享有的独特的意义和作用都被否决，变成了毫无个性的单纯的加工对象。自然也被功能化为能量提供者。不仅如此，在技术社会，人也被功能化为征服自然、统治地球的主体性的人。海德格尔的一句名言将帮助我们达到对现代技术的本质的认识："现代技术的本质表现在我们称为座架的那个东西中。"①

面对人类因技术滥用所致的种种危机，海德格尔在寻求拯救的良方。海德格尔认为，以往的人们对技术的流行观念可称作工具性的和人类学的规定，这种规定把大自然视为加工制作的材料和被动的从属者，以期对其进行开发利用。通过技术，人与自然形成了主、客体的分化。人作为主体，是他周围世界存在物存在方式的尺度。如此就造成了人与世界的剥离，破坏了人与世界的原初统一。虽然人类征服的空间越来越大，但人们心灵的天地却越来越小，技术渐渐堵塞了人通向存在的澄明之途。海德格尔反对这种对技术的工具

---

① [德]海德格尔：《演讲与论文集》，孙周兴译，生活·读书·新知三联书店2005年版，第32页。

性的和人类学的规定，而认为"技术不仅仅是手段。技术是天道的一种展现的方式"。如果这样理解技术，那么在人与自然、人与世界的关系方面就发生了一个彻底的变化，人与自然、人与世界不再是彼此分裂的。人对世界的关系就是保护、爱抚、保藏与照料，而不是盘剥、利用、奴役和掠夺。

只有把人归属到天道的领域，成为听从天道的人而不只是被强迫去服从，人才是真正自由的。这种自由反映在人的生存样态上就是人的诗意地生存，人投身于与自然的和谐中。大地哺育着人类，大地是人类的母亲，人类保护着大地，人类是大地的看护者。唯有在这种诗意的生存中，人才能摆脱工具性的人类学的技术观念，才能真正在运用技术的过程中体验到存在（即天道）的真理性，才能在劳动实践中获得美的享受。

如果以"六经注我"的逻辑，庄子的"庖丁解牛"故事可谓是海德格尔这一思想的绝妙注解。"庖丁为文惠君解牛，手之所触，肩之所倚，足之所履，膝之所踦，砉然向然，奏刀騞然，莫不中音。合于《桑林》之舞，乃中《经首》之会。"文惠君认为这是绝妙的"技"艺，庖丁却说出一番道理："臣之所好者，道也，进乎技矣。"（《庄子·养生主》）庖丁正是在解牛的过程中体会到了道，由"技"而入"道"，方达到了"以神通而不以目视"，而游刃有余的至境。庖丁的伟大不在于他解牛的熟练，而在于他从解牛的过程中体会到了道。在于他使解牛之技变成了一个合于"《桑林》之舞""《经首》之会"的艺术享受，在与自然天道合一的自由中，实现了美的享受，从而达到了一种自由的、创造的境界。

综上，我们从五个方面对海德格尔与庄子哲学的具体观点进行了比较研究，得出以下几点结论。（1）"存在"与"道"分别作为海德格尔与庄子哲学的中心范畴，都具有超越性、本源性和创生性，其重要价值就在于从动态的角度来理解世界的本原问题。（2）在人与世界的关系上，海德格尔与庄子都主张人与自然的和谐相处，但庄子"天地与我并生"的思想是主客二分观念产生之前的观念，具有很大程度的幻想性和原始性；海德格尔的"世界"观念却是对主客二分思想充分发展后的对西方传统观念的一种反思。(3) 关于人的异化是人类社会发展过程中一种可以克服而且最终必将被克服的历史现象，从而避免陷入历史悲观主义。(4) 海德格尔与庄子的生死观是海德格尔与庄子哲学中最引人入胜的地方，在这一点上二人的观点有着十分相似之处。(5) 海德格尔、庄子都对技术问题深感兴趣，他们都在对技术本质的思考中关注人类的历史命运，寻求一条由技术统治通向审美解放的道路，在这一点上，二者具有很强的共鸣。

三　思维方式的比较

（一）由"实有"转向"生成"的哲学思维

哲学之思，总是在对宇宙及自我的无穷追问中展示自身。然而，就提问形式而言，却存在着"是什么"（what）与"怎么样"（how）这两种不同的思维方式。这两种不同的思维方式构成了人类认知的两个不同领域。

西方哲学从泰勒斯提出"本源"概念开始，就一直为所谓的"本体"之谜的求索而殚精竭虑：从研究感性实体到寻求"永恒不动实体"，并用不同的形式断定有一个"永恒不动实体"的存在。唯物主义者把这种本体视为一种终极的物质实体，唯心主义者则把这种本体视为一种终极的精神实体。但是，实际上，无论西方的唯物主义者的解释，抑或西方唯心主义者的解释都不能回避这样一个问题：既然本体的存在与具体的存在是相异的两种东西，那么二者之间又如何能在相异中求得统一？另外，即使我们宣称自己已经找到了所谓终极的本体，那么如何保证这种终极的本体就是终极的东西，如何保证这种本体背后没有一个更深入的"本体的本体"？人们终于发现，所谓的终极的本体到头来是一个人类可望而又永远不可即的东西。

（二）"主客二分"与"阴阳对等"

海德格尔认为，存在地地道道是一种"超越"（transzendenz），它高于一切存在者，任何用以规定存在者的现成的方式都不适用于存在。① 因此，对于能对存在有所领悟的"此在"也不能是现成的、事先被规定好的存在者，它只能是能够这样"去在"或那样"去在"的可能性。它的"本质"，"在于它的在起来这回事中"。这就是说，此在没有任何现成的本质，它不被任何东西事先所规定或限定，它是在自己"存在"过程中才获得规定、获得本质的，是生活在诸种可能性之中的。在海德格尔看来，最高的、最有成效的样态原理不是现实性，而是可能性。

因此，对存在的理解就不能执着于对存在到底是什么的苦思冥想，而应该把存在与此在在世界中的"种种可能性"联系在一起。如此一来，所理解的就不仅仅是显现出来的单一的东西，而是其隐藏于其中的世界整体。每一事物都埋藏于或淹没于无穷无尽的可能性中。在这里，海德格尔提示了一个关于事物的"明暗层次"的统一思路。谈到事物总要涉及所暗含的大视野。这实际上意味着感受性直观中出场（"明"）的事物，都是出现于由其他许多未出场（"暗"）的事物所构成的视域中。时间也一样，每一瞬间都既负载着和沉淀着过去，又孕育着和蕴含着未来。古和今、过去和未来都是相通互融的。每一个事物都不是现成给予的，每一个事物都埋藏于无穷尽性中。这就要求我们放弃传统的追问存在"是什么"的思维方式，而转为追问存在"怎么样"。

可以说，海德格尔的思维模式是一种"澄明（显）—遮蔽（隐）"的思维模式。显，是指那些出场的、显现的东西；隐，是指那些未

---

① 参见杨虎《从无生性原在到有死性此在——重读海德格尔的"存在论区分"》，《河北学刊》2015年第4期。

出场的、隐藏着的东西；显是"有"，隐是"无"。但是，隐的是那些蔽于当前事物背后的不在场的，然而又是现实的事物。按照这个思路，海德格尔展开了他的真理、语言、艺术、技术、思与诗的一系列哲学探讨。这些探讨使他的哲学充满了独特的魅力。如在《艺术作品的本源》中，他探讨一座希腊神殿的存在，认为展现在我们面前的虽是一座"宁静地立于山谷里，屹立在山岩间"的石头建筑，但它却把"诞生与死亡，灾难与祝福，凯旋与耻辱，坚韧与崩溃"的命运形态展现在人类面前，这些都是"显"后面的"隐"。

　　道家的思维方式是一种太极因式的思维方式。在这里，阴与阳、动与静相生相克，相互流转，"一阴一阳之谓道"。这种太极图式的思维方式，就是在人们看到阳面即"有"的同时，提示人们阴面"无"的存在，阴阳正反各有其特性、地位和作用，阴阳互为其根。正如庄子在《齐物论》中所说："物无非彼，物无非是。自彼则不见，自知则知之。故曰：彼出于是，是变因彼。彼是，方生之悦也。虽然，方生方死，方死方生；方可方不可，方不可方可；因是因非，因非因是。"在道家哲学看来，一切事物都是由阴阳正反两面构成，阴阳正反各有其特性、作用和地位。阳面是事物之呈现于当前的方面，阴面是阳面之能如此呈现的背景和根源。事物对立的两方面是相互并存、相互依赖的，同时又是动态旋转的，刚刚产生随即便死亡，刚刚死亡随即便会复生；刚刚肯定随即就是否定，刚刚否定随即又予以肯定，这是十分深刻的辩证法。

第 四 章

美学初构：海德格尔的生存论美学

作为西方哲学思想的一部分，美学长期处于哲学的阴影之下，每一次的理论与思想转变也都是以哲学理论与思想的转变为指导，美学的独立性仍有待开拓。美学的这种局限性并不被海德格尔认可。① 他认为，紧跟哲学而转向的西方美学，并不是对美学之本源的深入思考，而是单纯地追求美学概念的新颖性，使其能够与哲学保持一致。这种对美学思想过于求新求异，旨在追逐与众不同的美学概念的思考，并不是美学在真正意义上的演变和进化，而只是浮于表面的吸收与演变。海德格尔认为，在哲学体系之下的美学思想，不仅限制了美学的普适化发展，甚至还干扰了超越国界情况下对于美学思想的理解与接纳。他表示，美学的发源和内涵都离不开欧洲的哲学思想，且与其他地区、民族特别是亚洲东方思想具有显著的差异，甚至在许多方面都是格格不入的。这一点，海德格尔在1958年弗莱堡的"艺术与思想"论坛上，与日本学者久松真一有过深入的交流，并且将相关的思想和观点发表在《关于语言的对话——在一个探问者和一个日本人之间》一文中。

海德格尔对于美学的理解，必须要突破时空的限制和命题的陷阱，将生存作为美学研究与发展的根基，不断地对美学进行追问，

---

① 参见白刚《形而上学的历险：从康德到海德格尔》，《社会科学辑刊》2018年第6期。

从而开辟一片美学思想的新天地。在海德格尔的眼中，以西方哲学为基础的西方美学思想虽然有着各种各样的定义和内涵，但都没有真正脱离哲学思想的约束与局限，未能击中美学问题的核心所在。比如说，柏拉图作为古希腊最伟大的哲学家，其关于美学的"理念说"偏于空泛和玄奥，将美学的具体存在降低为摹本，使美学完全沉沦于哲学的阴影之下，使人对美学丧失了信心。黑格尔的哲学与美学思想，具有一种承上启下的意义，其在《美学》中对德国古典美学进行了深入的阐释，蕴含了丰富多样的艺术理论及美学思想。然而，黑格尔并没有将美学与哲学分离开来，而是将美学落实在艺术上，主张美学就是精神哲学的一个阶段，认为美学的正当名字就是"美的艺术的哲学"。被称为"美学之父"的鲍姆嘉登，其在《美学》一书中尝试使美学挣脱哲学理性的约束，将其拉回感性领域，这一点虽然与海德格尔的"生存论"有一定的契合，但并没有完全摆脱理性思维的束缚。鲍姆嘉登的美学思想，是以感性的完善与不完善作为美丑的划分基准，并没有摆脱哲学思维的影响。康德美学，在本质上是一种关于美的思辨知识，它与"陶冶和培养趣味"无关，但康德意图解决美的普遍性与特殊性、无目的和有目的的紧张关系，也总是太过执着。这种调解员的形象，在海德格尔看来勇气可嘉，但是由于他被笛卡尔的"我思"的阴影笼罩，"耽搁了一件本质性的大事：耽搁了此在的存在"，因而"生存"对康德来说还有待深入。相比之下，尼采的美学充满了反抗的声音，在日神的光芒和酒神的迷醉中，尼采认为人生就是在不断超越中成就的。在尼采这里，力的狂妄宣泄成为美学家的经典运动形式，美学由此诞生。从海德格尔的著作中可以看出，他似乎对尼采有所肯许，其思想中本真存在的自我超越曾趋近尼采的超人，但是又隐含着某种微词，因为他把尼采看作"西方最后一个形而上学家"。

第一节　生存论美学的确立

一　前理解的辨析

海德格尔生存论美学中有一个非常重要并且十分基本的概念，就是"前理解"。所谓前理解，并不是表面含义上的在理解之前，因为这种理解依然存在浓厚的形而上学的意味，不符合海德格尔的美学思想。这里的"前"，指的是一种既带有亲近但同时又存在着些许陌生的关系。海德格尔在与久松真一的交谈中就提到过"前"的意义，就是"进入那个最切近的东西之中，我们不断地向它急促地行进，而当我们看到它时，它又总是与我们相疏远"①。前理解，就是以这种跃跃欲试的绽出真真切切地回归到美学形态中来建构我们的生存，从而把世界的境域显现出来。这种生存论美学主张，与一劳永逸的品德高尚、人格健全毫无关系。因为在生存的不断定位中，我们也可能变得一无所有，存在的一片空白也可能是生存的美学表达。"绽出之生存植根于作为自由的真理，乃是那种进入存在者本身的被解蔽状态之中的展开。"② 这种生存论美学的表达，实际上也就是以"无我之境"来生存。这种出离自身，恰恰是人之可能存在的一个极端形式，表明了前理解以出离的方式来达到"在世界之中存在"。因此，前理解的理解视野范围不仅仅包括对生存的现行定位，更是指向了生存的过去和未来，使生存在时间和空间上得到了最大程度的统一。在前理解中，生存往往是将自我推出，托付给整个世界，但与此同时又不断地进行收回，在理解中回到我之可能性。在这种不断反复的推出和收回中，存在逐渐获得了它最为本真的意义。

---

① 马琳：《海德格尔论集置与东西方对话》，《世界哲学》2009年第6期。
② [德]海德格尔著，孙周兴编：《海德格尔选集》，孙周兴等译，生活·读书·新知上海三联书店1996年版，第226页。

与之相反的是科学技术，他们意图对事物进行理性的划分与解析，并且自认为已经对事物理解得十分透彻与清晰。但在生存论美学看来，这种理性的科学技术没有前理解的亲近，也不存在陌生的协调，既没有对真理进行遮蔽以及解蔽，更没有对真理进行自我展开，因而并没有真正深入事物的核心与本质。科学只是在对事物进行盲目的解剖，只看到了事物的表象，哪怕是解剖之后内部肌理的表象，而没有关注到事物的根本。只是在某种意义上的逻辑思辨，生存并没有被理解和尊重。海德格尔认为，整体并不是个体的简单相加，陌生存在者的整体敞开状态也不同于人们所熟知的存在者的总和，存在者的整体中不为人知的部分，更加体现了该存在者的整体运行状态和本质属性，这是单一存在者所无法反映出来的。从社会现实和科学研究的情况来看，人们所熟知或者有条件熟知的事物，往往只受到技术的限制。一旦科学技术层面得到了重大冲破，往往会涌现出大量存在者。而这些存在者只是存在者整体的一部分，存在者完全敞开的状态鲜有人能够发现或者发觉。在一些理论中，存在者的敞开状态甚至被称为表面的虚无。这种观点实际上是将人类看作了无所不知的主体，将科学技术与理性研究作为唯一的看待事物的手段，而不承认前理解等感性理论的正确性。这种观点虽然可以促进理性思考和客观研究，但其缺乏对未知领域探索的勇气，使得人类的绽出式生存之路被完全堵塞，本己的可能性存在也就戛然而止了，因此也就不可能趋近真理。实际上，就是在前理解的本己可能性中，通过对事物的不断趋近，又出于维护神秘本身的目的而不断地退却，由此形成循环往复的状态，从而形成这种此在式的生存。

海德格尔不愿意使用"人"这一概念，而是专门寻找了一个新的概念，也就是"此在"。在海德格尔看来，这种生存式的此在，只是一种生存，并不能通过什么方式加以界定或者列举，是通过感性来感受和感悟的存在。所谓此在，海德格尔将其表述为"生存上的领会"①，也就是说，此在需要结合自身的各种可能性，不断地去理解自身，并且在这些可能性的理解过程中不断建立出此在的生存样式。需要注意的是，海德格尔的这种生存论建构与分析，并不等同于生存上的理解。生存论的建构与分析，实际上还是属于一般存在论，而没有直接指出通往生存的明确方向。对于存在的理解，在很多学科中都可以列入专题科学范畴，当然，每一个学科都是以其自身的存在作为结构基础，并将其他事物作为研究对象。这种具体的存在论研究，都是源于对此在的生存论的分析，因而作为生存上的可能性的前理解乃是生存论分析的根基，同时也是此在得以展开的基础。

在这种生存可能性研究上，此在可以得到最为优先的地位。这一优先地位可以分为三个方面：一是客观存在，因为这种存在者是凭借着自身的生存这一客观实际，而得到了存在的优先地位；二是存在论优先，也就是说此在包含了一切非此在式的存在，以及对于此在的理解，从而形成生存理解的可能性；三是此在是一切存在论在存在者层次及存在论上得以可能的条件。借助以上三个方面的论述，我们能够清醒地认识到，此在的可能性，也就是说前理解"是先于其他一切存在者而从存在论上首须问及的东西"②。在这样的可能性之上，海德格尔得到了此在的生存理论的根基。

在海德格尔的思想中，前理解之于此在具有三种形态，包括现身、领会和话语。这三种形态并不是某种可见事物的表现或者展示，而是生存论上的一种存在方式。因此，生存论美学的建立，就是要紧紧围绕这三种前理解的形态，从生存论的视角进行分析，理顺并廓清其源始现象，从而展现出生存的本真。

---

① ［德］海德格尔：《存在与时间》，陈嘉映、王庆节合译，熊伟校，陈嘉映修订，生活·读书·新知三联书店2006年版，第15页。
② ［德］海德格尔：《存在与时间》，陈嘉映、王庆节合译，熊伟校，陈嘉映修订，生活·读书·新知三联书店2006年版，第16页。

二 前理解的现身形态

在前理解的形态中,现身是其现身的一种表现,是此时此地的一种现实的状态。在海德格尔看来,现身实际上相当于人们平时所表述的"情绪",当然这种情绪与心理学上的情绪情感并没有必然联系,而是一种生存状态。在生存论中,现身既不同于某种理论或者定理,因为这些不仅难以表达出现身的实际属性,反而会对现身造成负面的影响,但同时也不宜采取生命、情感、意志等理性科学的概念加以表述,使现身形态浮现为具象。因为在生存论方面,前理解的现身形态是一种存在的方式,而不能单纯地以某种人们可视或者可感知的事物进行替代认识,也不可以借助人们已经熟知的理论认知来加以衡量。这种对于现身的具体明晰的表达,虽然会使更多人能够理解现身之具象,但却有损于现身的真实明晰。容易将现身推入理性思维的陷阱,从而对现身形态产生误解。而另一种对现身形态的误解,则趋向于另一个极端,也就是将现身形态推向非理性事物的范畴,盲目地对理性主义进行对抗,而罔顾生存论的客观存在。海德格尔认为,不管是理性主义还是非理性主义,它们对现身的理解,实际上都是前理解以后的现身,而对前理解中的现身并没有真正的认知,因而在生存论上两者都没有具备美学的意义与价值,与美学的本源相隔甚远。

在前理解的现身当中,我们不可否认的是必然有着情绪的存在,但这并不等同于理性主义或者非理性主义所认知的情绪。因为他们都是以认识和意志作为情绪的主导,这种情绪认知是非此在式的。此在的现身情状被称为此在的"被抛"境况。这一境况以一种不断背离的方式被昭示出来。例如,我们在处于哀伤的情绪状态时,对于周边的环境往往处于一种无视的情形,周围世界对于我们来说是一种非显性的存在。在这样一种茫然无助中,我们面对着自己,观察着自己,从表象上看这是一种无所适从的状态,但实际上正是我们对世界本真的感受。这种情绪将我们与其他事物相背离,使我们完全地融入世界本身之中。

在生存论看来,情绪状态下任何人为的主观反思都会对这个本真世界的整体造成破坏,从而使情绪再次入世,通过起伏升落来表达出理性主义或者非理性主义的认知。可以说,作为生存论的基本方式之一,现身是"将世界的共同此在进行原始的表现与表达,并与生存在一起予以展开"①。这种展开实际上就是生存论上所谓的在世现象,同时也是前理解的现身形态,这一形态与传统的美学或者哲学理论不同,既不具备理论上的高度概括性,也不存在概念上的唯一性,而是一种原始的、本源的存在。这种在世的现象,由于不具备概括性和唯一性,也不符合理性主义的绝对性和精确性,因而没有一种固定的说法或者认识。经常会产生各种各样的错觉或者误差,可以说是世界的不恒定性的一种体现。然而,在生存论思想上,这种错觉或误差不仅不可以丢弃,甚至还是生存论上的一种重要的性质展现。世界并不是一成不变的静态,而是无时无刻不在变化的动态,而这种不断变化且显现出本身的情绪,才正符合这种生存论所独具的世界性特征。

三 前理解的领会形态

前理解的领会形态,是前理解的一种显示方式,是此在能够领会、胜任或者能够从事某件事情的能在。海德格尔提出,正是由于前理解具有领会功能,才使得此在能够如此地与存在发生交涉。而此在无论以何种形式与那个存在进行交涉,都可以称为生存。在此在的生存过程中,它不断地领会着自己,从此在的无限可能性中来领会自身,而不论对象是自身或者不是自身。而这一点,也正是此在与其他存在者所不同的特殊所在。在这样的能在中,此在通过展

---

① 王晓升:《阿多诺对海德格尔存在论的内在批判》,《学术月刊》2017年第7期。

开出生存的形式，自由自在地表达出此在的能在之处，从而向人们展现出世界的美学效应。这种能在是在此在中体现，并且存在于世界的本真之中，进而形成了世界的整体建构。在世界的各种存在者，不仅仅具有各种各样的可能性，同时也具备着多种多样的能在性。而正是这些存在者的能在性的开放，使得事物之间的联系与连接逐渐绽出，进而形成各式各样的事物统一。最终，这些通过能在所展现出的此在统一在一起，形成本真的自然。举例来说，我们使用锤子这种工具进行锤打，锤得越发用力和用劲，锤打者反而对于锤子本身越发无心。在这样的无心状态中，并不是说锤子已经不存在了。恰恰相反，正是因为锤子一直处于锤打状态中，才更加清晰地体现出锤子与世界之间的联系。锤子之所以被称为锤子，并不是说这个事物的本源是锤子。实际上来看，静态下的锤子只是一根木棍与一个铁块的组合，并不是原始存在的"锤子"。而正是因为锤子的"能在"，在这种领会的动态之下，才能够发挥"锤"的作用与目的，也才因此被称为锤子。作为领会可能性的筹划也是如此，"只要此在存在，它就筹划着"。此种筹划让领会的可能性作为可能性显现出来，就好像自我认识一样，如同笛卡尔那种沉浸在"我思"中的情形。因此，真正的自我认识，无须借助感知察觉和静观一个自我点来实现，而是从渗透着在世所有本质的环节中来领会并掌握在世的整个展开状态。

海德格尔思想中的此在，或者说是我们日常所说的人，并不是一个个孤立存在的主体，而是沉浸在世界当中，沉浸在他人的此在当中，通过能在的方式与世界以及他人进行交涉，并借此实现生存当中的自我展示。这种此在的展示，实际上是筹划中的我的可能性的不断到场。而前理解就是通过这样的方式，对此在进行动态的观察，或给此在以喜乐，或给此在以忧愁。作为前理解的生存现象的领会，它不会从已经事先给出的生活模式上去成就生存，而是从能在的生存意义上领会存在。由此可以看出，生存论美学并不是某种或者某类的生存美学，而仅仅是为了生存而展开。所谓的生存论美学，实际上是在不断变化着的生存可能性中，通过能在的形式表现出来。对生存论美学进行概括、分类和遴选，通过道德、人格甚至理性等认知内容来表述美学，实际上严重限制了美学的广阔性和展开性。与生存美学相比，生存论美学具有更加宽广的内涵和感性的认知，而且更加符合生存以及此在的本真。

四 前理解的话语形态

在前理解的三种形态中，话语形态虽然更加难以理解，但却是非常重要的组成部分。人们不管是高谈阔论，还是沉默寡言，都无法真正脱离语言而孤立存在。在海德格尔的眼中，话语与可理解性之间具有十分紧密的联系，甚至可以说话语就是可理解性的显性存在。语言并不是天然存在的事物，而是在生存当中成就自身的，是世界面向在世的一种特殊的礼物。可以说，没有生存的话语形态，是完全不可能的。而前理解的现身，往往需要通过话语形态，才能真正表现和公布出来，使世界以及其他的此在能够获知或者感受。在这样的公布中，此在通过话语中的音调、音色、节奏等进行表述，使此在的表达更加具有动感的特征，进而展现出了美学的最生动形态。在生存论美学中，话语形态也是以这样充满抒情色彩的格调和韵律，将自身托付给世界。海德格尔认为，在前理解的话语形态中，其生存可能性不仅包含着说，也同样包含着听。其能在既表现为能说，也表现着能听，二者的结合才真正体现出在世的生存。[①] 如果语言只能进行说而不能进行听，就如同生理和心理学方面的生物拟声感知，只是停留在对于声响的展示与接受，而不能真正转化为话语。在前理解的话语形态中，语言不仅仅是一种纯粹的响声，更是一种

---

① 参见宋晓杰《斯宾诺莎与海德格尔：奈格里与阿甘本政治理论的不同基调》，《江西社会科学》2018年第11期。

事物的显现与理解，是此在在世的一种表现，从而使声响更加具有可理解性。而生存论的美学思想，就是对话语或者声响的聆听与理解，而这一聆听与理解，就是出自于前理解的领会形态，从而形成前理解三种形态的相互融合。

对话语来说，除了声响之外，还存在着另一种本质形态，其可能性表现为沉默的形式。沉默是其生存论基础，从在世的角度出发，我们可以发现沉默必须也只能存在于话语之中，只有话语的存在才能真正体现出沉默的价值。为了实现沉默的目的，必须要在话语中拥有一定的内容，才能使话语具有更加丰富的内涵，开展前理解的本真。当然，即使是沉默，也并不完全意味着就是一言不发，而是前理解的真实本源。从某种意义上来说，言语颇多、口若悬河的人们，虽然表面上看拥有丰富的话语，但他们只是将话语作为工具使用，并没有真正领会到话语的本质所在。特别是对随心所欲的清谈，更是将话语的工具性发挥到了极致，而完全没有顾及话语的本真，表现出相互攀比和炫耀的空虚。而在生存论美学之中，前理解的话语形态必须要坚守事物的在世，只有生存中的在世，才能够真正表达出话语的本真。对话语的工具化使用，以及单纯的缄默不语，没有将融入在世的前理解作为生存加以认知和领会，因而偏离了事物的本源，都不是生存论美学可能性之建构。

通过上述论述，我们可以发现，前理解的现身、领会和话语，这三种形态在生存论美学中都具有本源生存的特性。此在的在世体现，都是通过现身、领会和话语展示出来的。这种本真的存在，既不是一种固态的、僵化的生存现象，也不是空虚泛泛的无趣空谈，而是在不断的审美超越中实现自己的审美追求的。正如同高宣扬先生所提出的审美生存目标，是通过现身、领会和话语，使此在逐渐完成其自身的不断追求，也体现出了此在的诗意与美感。现身、领会和话语这三种生存论上的本源展开方式，不仅是生存论美学思想与理论的重要根基，还在海德格尔后期的思想中得到了进一步的深化和发展。在语言的道说中,话语是展开的源泉。在艺术真理的发掘中,现身是艺术历史的构成,是天地神人艺术意境的出场,是遮蔽与解蔽的显现游戏,在这些在世的状态中,现身无不是积极的参与者。在荷尔德林、里尔克的诗歌中,领会则是海德格尔得以在他们的诗歌中发现真理的路途。三种前理解之展开状态,业已成为海德格尔进行艺术沉思、语言之藻真、诗化生存的领路人。这三种原始的展开方式,与其说是先导,还不如说是生存的展开本身,也只有在在世的氛围中,世界才真正向我们走来,此在也才真正地沉浸在世界中,此在与世界的阻隔逐渐融化,从而相互融合成为一体。因此,生存论美学的建构,必须要在这样的本源统一中来追问生存的如何与向度,如此,生存才可能是自我展开和自我显现的。

第二节 生存论美学的基础

"存在"是海德格尔哲学思想的起点。通过对存在被遮蔽的批判,海德格尔摆脱了苏格拉底式的哲学思想,避免在哲学思辨的过程中陷入迷途。这一点,既是海德格尔哲学思想的独特所在,也是海德格尔关于存在论思想的重要展开动力。在海德格尔的生存论美学研究当中,对存在问题的研究和探索,占据了美学思想的重要位置,是无法绕开的重要方面。可以说,海德格尔的生存论美学如果不讨论存在,就会造成生存论美学中的核心论点,也就是审美超越的问题难以被深入剖析,生存论美学的思想与理论根基也就不复存在。因此,对于生存论美学的研究基础,就必须要放在存在问题的研究与剖析上。

一 "存在"的研究价值

在现代科学产生之前,哲学与科学其实在相当一段时期内,是不可分割的整体。人们所熟知的古希腊时代,是古典哲学快速崛起的重要时期,而此时的科学思想与理念就包含在许多哲学理论当中。① 在这个世界上,一切可以激发人们兴趣的事物或者现象,都能够被古希腊的哲学家们纳入探讨和想象的范围,他们以一种自由奔放的心理状态,想象着这些有趣的事物。他们根据事物的表象,结合自身的理解或者认知,对这些事物与现象阐述着自己的看法与观点。由于古希腊对哲学没有任何限制,更不会有专门的机构或者宗教进行审查或迫害,因而这种哲学或科学的想象没有受到任何条条框框的束缚。在这样的自由无限制的学术氛围下,古希腊哲学得以兴旺发展,形成百花齐放、百家争鸣的哲学环境。而受到当时社会技术的制约,许多科学方面的现象也往往通过哲学论辩或者逻辑推理的方式加以解释。由此,古希腊文化逐渐成为西方文明的起源,并且在相当程度上促进了西方哲学及其他学术思想的发展与改进。古希腊的哲学家柏拉图、亚里士多德等,通过在古希腊文明中不断地学习和成长,最终成就了《理想图》《形而上学》等巨著,奠定了西方哲学等诸多学科的思想与理论根基。德国古典哲学家康德虽然对纯粹理性、实践理性和判断力提出了三大批判,构建了自成一派的哲学思想体系,但也对古希腊文明充满了敬仰。而西方古典哲学的集大成者黑格尔,虽然已经在哲学上与古希腊哲学有了较大的差异,但在《哲学史讲演录》中,他仍然表达出了自己对希腊文明和古希腊哲学的盛赞。同样,对西方哲学危机发出感叹的海德格尔仍然借着"希腊"这个珍贵的渊源,对形而上学、认识论的主客二分以及对象化的思维模式给予了持久的批判,并断定正是它们把哲学引进了歧途。因此,在海德格尔的哲学体系中,他尝试着将哲学拉回到古希腊哲学的发源之处,也就是从苏格拉底的哲学思想中探寻演绎的动力,从而恢复存在的本真。

海德格尔关于存在的思想论述有许多,作品包括《艺术作品的

---

① 参见史现明《海德格尔空间观念的多重意蕴》,《江汉论坛》2018年第8期。

本源》《存在论：实际性的解释学》《此在与真在》等，但其中海德格尔存在论思想的真正奠基作品，是其在1927年发表于胡塞尔主编的《哲学和现象学研究年鉴》第八期的著作《存在与时间》。这部著作与之前的著作或者论述相比，具有更加成熟的观点和独到的看法，充分反映出海德格尔对存在的定位，得到了海德格尔的追随者以及批判者的广泛关注，成为海德格尔的代表作之一，并且逐渐成为海德格尔思想的重要发源地。在《存在与时间》中，海德格尔对存在进行了全面的阐述和追问，向读者提出了存在的问题，引出人们的思考与判断。海德格尔对古希腊哲学十分地推崇，他认为在古希腊的哲学当中，存在的本真意义其实早已被认识到，并且在苏格拉底时代的哲学家与思想家的许多对话与争论中，都可以看到存在的影子。而到了柏拉图和他的弟子亚里士多德的时代，这种关于存在的讨论仍然在持续，并且在哲学家们的著作中得到了进一步地关注和发展，是哲人们对于世界进行深思的重要议题。然而，由于柏拉图、亚里士多德等在存在的论题上耗尽心力却少有所获，他们逐渐偏离了苏格拉底的思想方向，对存在的探讨迅速减少，以至于进入后苏格拉底时代后就鲜有人再谈及存在或相关的话题。这一局面的产生，使得存在在相当一段时间内被人们遗忘，沉没于哲学思想的海洋深处，直到在黑格尔的逻辑学中再次被提及。

然而，黑格尔及其以后的哲学家，虽然将存在纳入自身的哲学体系，但在海德格尔看来却只是一种表象。虽然在许多哲学著作中都提到了存在的概念和意义，但海德格尔却认为这些都没有真正地深入存在的核心深处，没有真正接触到存在的本质。除了哲学思想的肤浅之外，由于跨语言文化的影响，存在由古希腊语言向罗曼语翻译的过程中，意义不断地被异化甚至扭曲，其本源意义被逐渐割离出去，从而失去了前苏格拉底时代关于存在的本真道说。随着宗教的不断盛行，基督教哲学逐渐被越来越多的人接纳，而存在也被作为基督教哲学中的一个重要理念和思想。然而，基督教哲学不仅没有领会到古希腊哲学中存在的本真性,反而把罗曼语的不当翻译当作了权威的解释,在其重要的影响下进一步背离了存在的本真,使存在的意义渐行渐远。在海德格尔的眼中,后苏格拉底时代对于存在的忽视,以及黑格尔之后西方哲学对存在本真意义的背离,导致了西方哲学中形而上学的长盛不衰,进而更加造成了哲学界对于存在的遗忘和遮蔽。西方哲学思想下的人们,执着于对形而上学进行追求,沉迷于对哲学核心、本质问题的反复追问与思索,反而忽略了对于存在的本真的认知,使世界赖以存在的基础逐渐干枯。哲学研究者和讨论者只是在盲目地对存在进行观察和处理,而不能真正地领会存在,只是将存在等同视为存在着的一切,或者将存在表述为一种有限主体的制作物,使得存在与存在者之间形成一种混乱的关系,并且难以脱离这种混乱。

海德格尔指出,这种脱离本真的存在,不仅将存在与存在者混淆在一起,更是将人们的关注点集中在可视的存在者上,而进一步忽视了存在。当前,世界各种学科体系通过院校和科系组织联系在一起,但从根本上看却都处于分崩离析的状态,相互之间都保持着实用的目的,而对于各种学科的根基却缺乏足够的重视和认知。许多学科甚至已经异化为实用型的学科,理论根基已经衰亡,使得学科的本源发展成为虚无。可以说,在西方的哲学思想体系中,形而上学的主客二分、对象化思维等理论,不断地加大对存在者的推崇力度,并且在和科学相互融合的情况下,将历史、自然、空间、生命、语言等事物加以领域性的界定和区分,相应地专题化为某些科学探索的对象。这种对事物领域的简单区分,虽然从实用程度上看更容易发挥某类学科的独有特性,而且能够使不同学科之间的关系和界限相对固定,有效降低了人们对科学的认知和哲学的理解。但是这种存在者无所不能的认识,导致世界万物以及现象都沦为了对象化的牺牲品,使人们对于存在缺乏深入的思考,破坏了存在的根基,从而造成存在本真的虚无化。在海德格尔看来,这种以形而上学为基础的哲学思想，是因为有光的发散才能够显现，而这个光的照射实际上就是存在论中的前理解。正是由于前理解的现身、领会以及话语，才使得形而上学所定义的存在者得以被人们感知。人们只认识到形而上学及其定义下的存在者，而没有发觉或者发现其本源的前理解或存在，就好像人们可以轻易地看到阳光下的事物和现象，但却对阳光本身视而不见一样。海德格尔写道："不论存在者是如何得到解释的，或被解释为唯灵论意义上的精神，或被解释为唯物论意义上的质料和力量，或被解释为变易和生命，或被解释为观念、意志、实体、主体、能力，或被解释为同一者的永恒轮回，无论何时，存在者之为存在者都是在存在之光中显现出来的。无论何处，当形而上学表象存在着时，存在都已经照亮自身了。"① 海德格尔在这里所提到的照亮、澄明，实际上也就是其在《存在与时间》中提到的，存在论只能在现象学的立场上加以理解。

根据海德格尔的存在论观点，现代许多实证科学的研究，只注重对于现象的分析和推理，而没有真正阐释其有关存在的意义，因而缺乏思想和理论的根基。例如理科当中的数学学科，其基本概念和理论表面上看十分的统一，但现代数学却陷入了形式主义和客观主义这两类观点的争论旋涡中；物理学在爱因斯坦相对论盛行的同时，也与物质问题产生了明显的冲突；生物学更是成为活动论与机械论之间的语言游戏。这些以实证为基础的学科，一边解决了一个又一个的问题，另一边又不断地产生新的问题，这就是抛弃存在这一本真的后果。即使是人文类的学科，也在现代科学思想的影响下逐渐发生异变，更加关注实证研究和文献考察，而很少深入本质进行研究和论述，更加没有对问题进行发问的动力和觉悟。即使是如同宗教、神学等信仰方面的领地，也受到了实证主义和形式主义的侵蚀，将注意力放在逻辑推理和实证分析上，使得存在的本真意义

---

① ［德］海德格尔：《路标》，孙周兴译，商务印书馆2001年版，第431页。

渐渐隐去。在后苏格拉底时代，存在并没有被完全无视，西方哲学仍然会时常对存在加以论述或者品评，但这些论述或品评已经脱离了存在的本真，追问基本是浮于表面，关系到存在的意义和本质的论述，在实证研究、逻辑推理、概念创设等系统建构中，逐渐失去了原有的意义。所以，海德格尔感慨地说，人们的思维方式已经被逻辑演绎和理论论证以及对象化的思维方式主宰。① 在研究存在者的存在时并没有对其本真进行深入的讨论，这样得出的存在论是非常的肤浅和幼稚的。

然而，从现代学科研究的情况看，人们往往把存在者的研究作为关注的重点，而不愿意向存在进行本质性的追问，导致学科之间相互割离、各自为政，难以寻找到各学科之间统一的根基。所以，阐明和理解存在的意义就应该成为存在论的本质要求，否则就谈不上真正的存在论。"任何存在论，如果它不曾首先充分澄清存在的意义并把澄清存在的意义理解为自己的基本任务，那么，无论它具有多么丰富、多么紧凑的范畴体系，归根到底它仍然是盲目的，并背离它原本已有的意图。"② 但是现今的我们却没完没了地被科学的讯息包围，存在的意义不断被侵蚀。"我们当前的生存乃是一种由科学来规定的生存。在沉思我们当前的生存之际，我们便陷于一种冲突间。"③

通过两者的比较我们可以较为清晰地看出，科学的价值在于对可感知的对象进行改造或者固定，而存在的意义是一种对本真的追问，是难以通过现代科学的思想或方法予以剖析或者解读的。这也正是人们在现代科学与海德格尔存在论之间感到较大迷惑的原因所

---

① 参见［德］海德格尔著，孙周兴编《海德格尔选集》，孙周兴等译，生活·读书·新知上海三联书店1996年版，第1308页。

② ［德］海德格尔：《存在与时间》，陈嘉映、王庆节合译，熊伟校，陈嘉映修订，生活·读书·新知三联书店2014年版，第13页。

③ ［德］海德格尔：《路标》，孙周兴译，商务印书馆2001年版，第123页。

在。这一点，海德格尔采用了历史考察的方式，对科学思维模式的产生与存在的机理进行了深入的探索。他发现，科学思维起源于德国哲学，正是因为德国的哲学思想对古希腊哲学思想的改造，将存在的基本特征定格在"意志"这一范围内，从而使存在的本真意义被掩蔽。其中，单子论的宣扬者莱布尼茨把存在看作是表象和意志的原始统一；谢林则把意志等同于原始存在；在黑格尔的精神现象学理论中，存在的本质被规定为知识，而知识却又与意志有着相同的本质；后来的叔本华更是把存在定义为"作为意志和表象的世界"；其继承者尼采则提出了强力意志的概念，即存在不仅是意志，而且是强力意志。以上这些德国的哲人及其继承者，奠定了现代西方哲学思想和理论的根基，同时也对"存在"的意义进行了重新定义，使其脱离了古希腊时代前苏格拉底时期的"存在"本真。这种将存在者与现实事物视为同等意义存在的观点，使现实性取代了可能性，使存在被固定化为"意志"，导致现代科学难以理解"存在"的本真。海德格尔指出，现代科学对于存在者的定义，虽然将其表述为存在或者相关的知识，但这实际上是对存在的曲解，违背了存在的本真及其真理法则。现代关于存在的真理，实质上是关于存在者的真理，其历史根源是西方哲学的形而上学思想。通过将存在者的存在状态进行概念赋予和理论阐述，形而上学解读了存在者的逻辑与概念，但同时也丧失了对存在真理的深入思考。因此，对形而上学来说，存在并不属于其思想与理论的一部分，仍然处于一个未知的领域。在形而上学理论体系中，关于存在或者存在者的论述非常多，然而，这些论述既没有真正切中存在本真的核心，也没有真正解决思想本源的根本性问题。如此这般的现代存在论，或者可以称为存在意志论，使人们距离存在之本真渐行渐远。

对于这一现象，海德格尔提出了一个突破这一困境的建议，就是不要执着于形而上学的思想与理论体系，而是回归于该理论的反面，回到泰然任之的思想状态中，以"无"的感悟来思索存在的本真。只有将现代科学拉回其现状的反面,将"无"引入科学研究的视野中,才能够对存在的意义进行真正的研究和体会。海德格尔认为,科学的根本目标,不是通过形而上学的方式对知识进行积累和重新整合,不能局限于对于自然和人文现象与问题的具体分析与处理,而要回归到其本源,对自然和人文的本真进行深入的探索,开拓真理的新区域。这样才能够真正到达存在的源头。当然,我们也必须清醒地认识到,目前西方哲学乃至各学科思想,甚至包括东方哲学,都被现代科学思维影响,通过现代科学理念进行严格规范的定义与研究。而存在之意义中也到处都充斥着现代科学的元素,使古典哲学成为科学思想的一种研究手段,而无法真正到达存在的真理。对此,海德格尔也有着清醒的认识。他发现人们将科学思维作为当前唯一的思维和思想,并将科学思维作为哲学思维的一种标尺,这是一件十分不幸的事情。海德格尔坚持认为,任何科学理论都不是凭空产生的,而是应当衍生于哲学思想,是在哲学思索中逐渐产生和固定的。哲学才是一切科学及科学的根基。哲学至上并不意味着一家独大,不是要排斥科学,而是应当确立哲学领先于科学的地位,科学应当在哲学思索的基础上产生,而不是哲学在科学研究的基础上显现。

从西方哲学思想的发展进程和历史演变过程,我们不难看出形而上学的强大影响力和生命力,它在不断地构建着人们的理想国,吸引着人们沉浸在乌托邦的梦想之中。但其却越来越远离存在的本源,失去了根基。[①] 如果说形而上学是哲学思想理论的一座大厦,那么这座大厦的高大宏伟,越发显现出根基的浅薄和渺小。而正是由于形而上学在哲学思想中逐渐表现出的肤浅与傲慢,失去了其存在的意义和本真,才使得海德格尔对它进行强烈的批判。海德格尔在

---

① 参见[德]海德格尔《在通向语言的途中》,孙周兴译,商务印书馆2004年版,第45页。

存在论的阐述中，提出哲学思想就像一棵参天大树，形而上学是这棵大树的一处树根，与其他哲学思想一起为树木的躯干及枝叶提供生存和生长所必需的营养。然而形而上学终究只是大树的一部分树根，而不是哲学之树的根基，更不是哲学之树的全部。哲学之树要想茁壮成长，离不开土壤的存在，而"存在"即为哲学思想的土壤，是哲学的真正根基所在。海德格尔指出，形而上学作为哲学的树根，却抛弃了自身的本源，总是将存在者作为哲学的核心，使得具有本源意义的存在被冷落。这样的思想偏见，不仅掩蔽了存在所应有的地位，更使得形而上学误判了自身的定位与价值，在高高在上的心态下逐渐走入误区。因此，海德格尔对形而上学进行不遗余力地批判，并不是否定形而上学这一哲学思想本身，而是要对哲学思想的本源进行重新定位，将存在拉回哲学思想体系中的应有位置，恢复其本真和意义。

二 "存在"的演变过程

亚里士多德曾在《形而上学》一书中写道："过去、现在以及永远提出的问题并且永远是困惑我们的主题，即存在是什么。"[①] 存在的问题之所以让哲学家们感到无比的困惑，并不是说这个问题枯燥乏味，而是因为存在承载了太多的内容和意义，使哲学家们难以理清其本质所在，容易在纷繁复杂的思考过程中迷失方向。而在存在的问题这条道路上，海德格尔可能是最为有力也最为坚持的追问者。他为了追问存在的本真，不断地研究和思考西方哲学的思想与理论，甚至不惜到古希腊前苏格拉底时代的哲学思想中，挖掘哲学家和思想家的只言片语，从中探寻存在的本真，使存在的本真意义回归到最源始的位置。海德格尔认为，西方哲学的发源地是古希腊，希腊

---

① ［古希腊］亚里士多德：《形而上学》，李真译，上海人民出版社2005年版，第190页。

人对于存在的思考和认知,关乎人类生存与发展,是唯一值得人类深入思考的东西。如果我们想要对存在这一问题进行思考和追问,就必须要返回古希腊时代,对西方哲学思想的起源与开端进行深入思考,找出现代哲学思想的本源,才能将哲学发展过程中出现的偏离进行纠正。

古希腊之后的西方哲学思想,虽然起源于古希腊哲学,但其方向却逐渐偏离了本源,特别是形而上学理论的提出使得存在渐渐被掩蔽,哲学世界发生了翻天覆地的变化。而正是由于古希腊哲学的存在,以及其思想的坚守,给予了海德格尔以批判的坚强助力,使他充分认识到现代西方哲学的偏见与傲慢,不断地反思哲学的本源。在海德格尔看来,"哲学是某种最初决定着希腊人的生存的东西"。①可以说,在历史的进程中,哲学与希腊是一种相辅相成的共生体,哲学通过希腊人得以发展和推广,而希腊人也是依赖着哲学的思想而成长并实现文化的传承。对希腊人来说,那种建基于事物本源的存在之思就比我们今天更加地贴近存在本身。但是,在之后的西方哲学思想中,特别是在德国古典哲学中,古希腊意义上的存在被逐渐曲解。哲人们不断论述着存在的意义,但却不知道他们的思想和论述已经完全偏离了存在的本真。可以说,古希腊哲学中关于存在论的探索,不仅没有得到后来西方哲学的思考和升华,反而因曲解而被扼杀在摇篮当中,其意义早已不是存在最本源的意义了。尤其是在欧洲的中世纪,经院哲学的盛行使得存在论出现了大幅度地扭曲,哲学家们将存在归于神的启示,使得存在的追问变成了无法追问的神论。而进入近现代,形而上学作为西方哲学的核心思想,其对存在赋予了过多的概念和范畴,使存在被存在者遮蔽,进一步阻碍了人们对于存在的追问。如此种种倾向,导致存在论发生了严重

---

① [德]海德格尔著,孙周兴编:《海德格尔选集》,孙周兴等译,生活·读书·新知上海三联书店1996年版,第590页。

的异化，存在的内涵被遗忘了。因此，海德格尔提出必须要回归存在的源头，从古希腊哲学特别是前苏格拉底时代重新思考存在，深入探索并追问何为存在。

海德格尔指出存在并不是什么具体的事物，更不是借助什么事物可以用来代替或者做出比较的。存在从来都不是一种可以直接反映在现实当中的东西，因此对于存在的守护，也不能简单地比拟为宝藏守卫那么具体。如果仍然将目光停留在现实存在或者可以感知的事物上，那就没有摆脱形而上学的思维桎梏，是不可能真正发掘出存在的本真的。在《存在与时间》一书中，海德格尔开篇就阐述了其独特的见解，对哲学史上关于存在的各种各样的观点进行了逐一的梳理和研究，使我们充分了解到西方哲学中对于存在的认识。然后，海德格尔没有直接对存在的意义进行解读，因为这样会使他同样坠入形而上学的思维陷阱当中，而是不断地通过各种方式进行暗示，引导读者进行自我感悟，逐渐领会存在的意义。只有这样，人们才能够真正领会到存在的本真，找出古希腊哲学对存在始源意义的理解。

三 "存在"与"真理"的关联性

在以形而上学为主导的西方哲学历史研究中，真理被逐渐地狭隘化，导致其本质遭到了一定程度的歪曲，因而海德格尔将真理作为存在的重要关联部分提出来，以深入探讨真理与存在的关系。在其后期存在论美学思想中，海德格尔关于艺术与真理、真理与诗的关系的论述，使我们对真理的理解越发深刻。可以说，海德格尔对于真理问题始终予以了充分尊重。他认为真理和存在，都是从"在"中发源而来，"真理是存在的真理"。并且他在《论真理的本质》的起始部分就明确地点出了真理的本质问题。海德格尔认为，在理性主义主导的西方哲学和科学中，关于真理的论述或者见解有许多，有的将其作为一种实际生活的经验提炼，有的将其作为经济或者数学计算的真理，有的将其作为一种科学技术层面的考量，有的将其作为一种艺术造型的约束或者规范，有的甚至将其作为深思或者信仰的内涵。但这些对于真理的认知，实际上都偏离了真理的本质所在，使真理的意义变得更加狭隘。在海德格尔看来，真理的本质应当抛开一切对真理进行定义或者限制的解读，而要直接进入真理之本质进行深入观察，从存在的本源之中观察到真理的实质。而理性主义主导下的哲学或者科学思想中的真理，都没有摆脱二元论的影响和干扰，这些将真理局限在某个或者某类学科或领域当中的做法，完全远离了存在之本源，远离了对真理根基的追寻。这种将真理现实化的方式，使存在落入了主体世界观的陷阱当中，只顾及清晰、正确并且实用地表达出表象，而将存在的真理予以掩盖，无法真正发现存在的本质。海德格尔指出，真理在根本性上是神秘的。如果人们固执地将自己作为一切的主体，将其他事物都作为客观存在来进行表象化的研究和分析，那么他实际上就会使真理的神秘渐行渐远，使人们在看似更加精明的表面之下显得越发的茫然。尤其是现代科学，不断地以真理的名义干扰着人们对于真理本源的靠近，使存在演变成为可以随意拆解或者组合的表象，进而导致真理不再显现。

在《存在与时间》一书中，海德格尔将真理与存在放在一个同等重要的位置上进行论述。他认为，真理和存在一样，在现代形而上学思想影响下已经被人们逐渐的遗忘，起源于古希腊的真理观已经被现代思想歪曲。因此，海德格尔借由提及真理与存在的同等价值，来警醒人们更加关注真理的本质问题。在西方传统的真理概念当中，一直根深蒂固地存在一种知识论的思维方式，即将真理看作是一种命题和判断，将真理和它所需要研究或者解释的对象进行结合。这种对于认识进行强力推进的科学研究，虽然在一定程度上对于自然和社会现象进行了解读，但真理并没有因此而出现，反而由于人们对于表象知识的过度解读而远离，留给人们的只有无尽的概念、表象、范畴等表象知识。在此，海德格尔认为，提到存在的问题，就不能忽视真理的问题，二者是相辅相成、相互统一的整体。

四 "存在"的实质

在海德格尔的存在论思想当中，其概念体系显得十分庞杂，许多概念在本质意义上是具有重叠的，同时也时常出现一些非常陌生的新概念或者新术语。之所以出现这种情况，是因为海德格尔在不断地尝试摆脱认识论思维对于存在论思想的束缚，通过改变术语的方式避免陷入概念钳制或者思维定式，从而更加接近存在的"无蔽之境"。在海德格尔的论述当中，仅存在的描述就有许多种术语，包括无蔽之境、开放领域、诗意家园、神秘等，这些意义重叠的术语不断地在海德格尔思想中涌现出来，实际上却都有着明确的指向。海德格尔希望自己的思想不被固定概念所束缚，对于包含存在在内的任何一个核心语词，都不希望成为一成不变的定格。当然，无论这些语词如何变化，在演变过程中能够走得有多远，都没有脱离存在的本质。

在《存在与时间》中，海德格尔指出"存在总意味着存在者的存在"[①]。这就意味着，只有通过存在者才能抵达存在。那么，在混沌繁杂的存在者当中，哪一种存在者才是海德格尔所认为的可以抵达存在的存在者呢？对此，海德格尔非常明确地表示，只有人才能对存在进行追问，并且在追问过程中不断地领会存在，因而这个可以抵达存在的存在者必然是人。当然，海德格尔也特别地强调，他所谓肩负着完成抵达存在重任的人，并不同于科学实践当中活动着的常人，也不是某个或者某群掌握着理性与历史材料的人，而只是人的存在。这实际上也就是海德格尔后来在《论真理的本质》中提

---

① [德]海德格尔：《存在与时间》，陈嘉映、王庆节合译，熊伟校，陈嘉映修订，生活·读书·新知三联书店2006年版，第8页。

到的"让存在",是对存在的一种遮蔽的解除,同时也是一种揭示。只有回归到人,存在才能够得以显现,并且为人们所知晓。海德格尔从现代哲学家、现象学创始人胡塞尔之处,引进了现象学的思考方法,并结合自己的存在论思想进行改进和调整,提出了自己的观点,那就是"现象学描述的方法论意义就是解释"①。海德格尔认为,此在的现象学具有一种诠释的性质。在诠释的过程中,存在的本真意义以及此在原初存在的基本结构就向居于此在本身的存在之领会宣告出来。通过这种诠释学的方法,此在可以几近达到本真的存在。

当然,海德格尔也在反复地强调一个问题,那就是存在与存在者完全不属于同一个层级,存在以及存在的意义早已超出了存在者本身,超越了一切存在者的可能规定性。本真存在与此种超越性紧密相关。正是由于最彻底的个体化的可能性与必然性就存在于此在存在的超越性之中,因而这种超越的展开也就向本真存在不断地靠拢。"正如从任何一个远远近近的东西来看,空间性的切近之敞开状态都超愈了任何远远近近的东西;同样地,存在根本上也比一切存在者更广阔,因为存在就是澄明本身。……唯从这样一个角度来看,存在才在一种超愈中显示自身,并且就自行显示为这种超愈。"② 现象学的真理,对于海德格尔来说也是存在的一种展开状态,从某种意义上讲可以看作是超越的真理。存在者在海德格尔的思想中,并不是某一种现实中可以观察或者体验到的存在者,也不是人们所能够感知到的现成的存在物,而是"如此存在"。因为真正需要回答的问题是存在者如何存在,而存在者身为何事或者何物并不重要。存在者如何存在,这个问题实际上想表达的就是对于此在要义之思考,也就是对本真的存在的意义追问。

---

① [德]海德格尔:《存在与时间》,陈嘉映、王庆节合译,熊伟校,陈嘉映修订,生活·读书·新知三联书店2006年版,第44页。

② [德]海德格尔:《路标》,孙周兴译,商务印书馆2000年版,第396—397页。

在现代的学术研究体系中，实证科学发展得十分迅速，并且已经成为理论与实践研究的重要方式，然而，这种实证研究的方式绝不能作为本真存在的研究基础，否则就会使存在变得现实主义化，失去了其本源的所在。存在论的思想，只能够间接地对实证科学进行观照，实际上研究方向与自然、社会科学等是处于一个相反的状态。自然、社会科学研究要求尽可能地做到清晰明确，需要建构相应的概念与理论体系，从而对研究对象的价值进行阐释，使其能够发挥社会化的功能作用。然而，存在论寻找的方向却并不事先给定，而是在不断地摧毁概念过程中追求存在的本源，以泰然任之的态度来看待一切，并不预设存在的价值或者作用。正如海德格尔对此在的诠释那样，"此在是这样一种存在者：它在其存在中有所领会地对这一存在者有所作为。这一点提示出了形式上的生存概念。此在生存着，另外此在又是我自己向来所是的那个存在者。生存着的此在包含有向我属性，那是本真状态与非本真状态之所可能的条件。此在向来生存在这种或那种样式中，或生存在这两种样式未经分化的状态中"①。海德格尔的这一番话，鲜明地指出了此在的存在特性，并且通过模糊状态和"未经分化"的解读，指明了抵达本真存在的诠释学方法。在海德格尔的后期存在论思想中，他先后对语言、诗歌以及艺术进行了深入的思考。这些思考与感悟，都离不开生存论的诠释学方法，通过这种特殊的诠释方式，存在问题的思考得以推向更深的层次。

海德格尔在其哲学思想中始终保持着一种鲜明的态度，那就是坚决反对将本真视为一种认识，绝不认可理性主义和形而上学思想对于本真的剖析与解读。他认为本真的实质是一种思，这种思可能会发生中断的情况，但丝毫不会妨碍对于本真的继续追问。虽然语

---

① ［德］海德格尔：《存在与时间》，陈嘉映、王庆节合译，熊伟校，陈嘉映修订，生活·读书·新知三联书店 2014 年版，第 62 页。

言和诗歌可能会出现沉默无言的现象,但此在的展开却是前行不止、永不停歇的。就像在森林中行进一般,普通人进入森林后很容易陷入迷境,即使存在着林间的小道,也只会增加常人的迷惑与茫然。而对于森林中的居民来说,林间的小道如同生命的指引,是居民行进的路标。而海德格尔所展开的思,就是对于智者来说的林间小道,通过这种明确的指引,哲人最终走入思之深处。这种前理解的存在,恰好就是对本真存在的最优诠释。这种诠释,使思真正的能够接近真理之所在,引领着存在不断地展开,但同时也坚定地掩蔽着存在,使此在始终保持一种开合有道的状态。

第三节 生存论美学的域限

在海德格尔的生存论美学思想中,世界概念具有先行的组建意义,此种世界奠定了人类生存展开的基础。与现代理性主义研究和分析不同,世界并非一个静态的空间,静待人类进行探索与研究,而是以一种动态形式予以呈现并且不断地演变着的生存环节。这种动态的意义呈现,海德格尔视为生存开展的力量之源。他认为,世界是以一种包容万物的形式,通过世界境域的形态,把生存的潜在可能性加以展现。当然,世界并不是各种静态事物毫无规律、杂乱无章的随机组合,而是以自己所独有的展开方式,形成一种特有的世界境域。这种展开方式,被海德格尔纳入其世界概念之中,并融入本体论之思考中,从而成为生存论美学的一个重要概念。

在海德格尔看来,世界的源始视野并不是现代人类所看到的由宇宙、星球、万物所组成的世界,而是从古希腊时代开始就有的世界的哲学起源处。在海德格尔的眼中,世界与我们对世界的认识是一个完全不同的概念,世界并不是此在所处的某一个容器,也不是由各种存在者集合而成的一个整体,而是一种状态。"世界并不是指这样那样蜂拥着和迫近着的存在者本身,也不是指这一切存在者的总和,而倒是意味着'状态',也即存在者整体于其中存在的如何。"① 海德格尔关于此在的空间性情态,就是对此在的自在性进行思考,认为在上手状态中此在的自在已经存在了。当然,这种自在的存在并不是显而易见的,而往往处于一种隐蔽的状态,并不为常人所认识或者感知。如果人们在使用某事物之前,没有足够的认知确信该事物可以被我们使用,并且足以应对当前所处的具体情况,那么人们就很难保证能够顺利使用该事物,也就无法形成相应的使用经验。那么,此在的自在这种上手状态之所以被我们轻松灵活地使用,也同样是因为我们对于这个上手事物拥有着可以使用的信赖。当然,这种信赖并不是上手事物自身所可以实现的,而是这个作为境域的世界为我们准备好的。为什么我们在使用工具进行制造的时候那么有底气,为什么我们在相互交流的时候能够那么顺利喜悦,为什么我们在学习研究的时候能够那么快捷明了,这些都是源于世界的馈赠,是世界给予了我们与事物进行自由交流的平台。

理性主义所认识的世界,是一个主体与客体相互依存的世界。而海德格尔所指出的世界,则是现象学意义上的世界,是世内存在者予以显现的世界。这种显现并不是对于存在者的客观描述,也不是通过存在论进行的某种解释,更不是局限在自然、历史和宇宙这些理性客观分析得出的事物范畴。世界是一个通达的存在,是一种指引着此在前行的视域,即使自然、历史和宇宙相互融会贯通,也不可能对世界进行穷尽。海德格尔曾经表示:"既不是指共同世界,也不是指主观的世界,而是指一般世界之为世界。"② "世界之为世界"是一种生存论环节。在海德格尔的生存论美学思想中,世界既是一种隐蔽而不轻易显露的存在,又时刻保持在此在的身边,充满了神秘与玄妙,如同一位在云雾中若隐若现的仙子,既存在,也不

---

① [德] 海德格尔:《路标》,孙周兴译,商务印书馆 2000 年版,第 165 页。
② [德] 海德格尔:《存在与时间》,陈嘉映、王庆节合译,熊伟校,陈嘉映修订,生活·读书·新知三联书店 2014 年版,第 75 页。

存在。世界是一种生存的，是此在作为此在生活在其中的东西，而不是存在者的总体集合，也不是自然、社会科学所研究的某个专题领域的研究对象。在《关于人道主义的书信》中，海德格尔对世界的情态进行了更加深入的阐释，即"世界乃是存在之澄明，人从其被抛的本质而来置身于这种澄明"①。世界不是一种静止的状态，不是保持一种一成不变的形式等待人们去发掘、去探索，而时刻处于一种超越和发展的动态之中，从来不会停下自己变化的脚步。因此，现实生活中任何客观事物的加和，都不可能真正构成这个世界，因为世界是生生不息、永不停歇的，是时刻保持变化的动态存在。

在胡塞尔的现象学理论中，"显现"一词指的是从境域中走向前来的事件的发生，是完全不可能出现中断这种情况的。所谓不间断的现象，实际上与海德格尔的世界之思有着异曲同工之妙。在历史上的理念与思想中，存在一些对情绪表示贬低和不屑的观点，认为情绪是一种相对比较低级的认识，这种思想对于世界来说完全没有共通之处。然而，另一种极端的做法，也就是对情绪进行深入的反思，也不可能将世界推上前台，因为情绪并不是一种固定不变的状态，而是时刻都在发生着变化与波动。在许多人的眼里，特别是理性主义主导下的现代科学研究中，世界被视为一种静止的存在，或者是一种有规律地发生小幅波动的容器，或者将世界看作是一切事物和发生的事件的总和，这些想法都是狭隘的。世界从来就不是一成不变的，而是一种始终处于变化状态的世界。在近现代的认识论哲学理论中，有着对于世界变化的不断反思，这种反思中存在着困惑，即使以亚里士多德为代表的哲学家以"我思"来制约世界的变化，但也没有真正触及世界之根本，只是一种隔靴搔痒的表面之举。因为，世界并不会因为"我思"而回答人们的需求，解决人们的问题，反而不喜欢"我思"这种过于执着的方式。在海德格尔看来，

---

① [德]海德格尔：《路标》，孙周兴译，商务印书馆2000年版，第412页。

世界实际上早就赋予了此在以动力,然而"我思"却没有领会或者没能承受这种赐予。沉浸在自我的自信感觉之中,最终将会远离世界。而以现代哲学和科学为主流的理性主义思想,其世界过于客观而实际,因而其内容十分狭隘和干瘪,科学演变为对世界中具体事物或者事情的探究,而将世界的境域排除在意识之外,使科学对世界境域的本真视若无睹,失去了对世界意义的领悟之机。

在世界境域的思考当中,虽然它并非科学研究中的某种专项课题,但这并不意味着它与科学是完全对立的状态。科学的规整和客观性,在某种程度上仍然可以适用在世界之上,而也正是因为如此,世界也被科学当成了研究的对象。就像语言被当成工具、艺术被等同于价值、诗歌被改变成为文学行业一般,"森林是一片林场,山是采石场,河流是水力,风是扬帆"①。上述这些做法,都将包括世界在内的一切以实用主义的形式加以阐释,在这种情况下,世界已经失去了世界化的本真,不再到场并引导人们的思想。上述以实用主义的方式对世界进行解读或者转化的方法,并没有真正接触到世界的本真,甚至远离了世界,失去了世界对我们的引导。在海德格尔的世界当中,语言应是赠予人的礼物,艺术则应该是真理的本源,而诗歌则应该是一种栖居。理性主义的思考方式将这些生存都予以剔除,只留下了对于万事万物的现实分析,使得世界变得无比乏味。在古希腊,森林、山、河流、风都不是表面上的自然,而是自己生长起来的"自然威力",既是在自然生长过程中所显示出的积聚能量,也是自然而然地展露出来的大自然状态。正如海德格尔所说:"植物学家的植物不是田畔花丛,地理学确定下来的河流'发源处'不是'幽谷源头'。"② 在他看来,世界之所以成为世界,是与操劳

---

① [德]海德格尔:《存在与时间》,陈嘉映、王庆节合译,熊伟校,陈嘉映修订,生活·读书·新知三联书店2014年版,第83页。
② [德]海德格尔:《存在与时间》,陈嘉映、王庆节合译,熊伟校,陈嘉映修订,生活·读书·新知三联书店2014年版,第83页。

的指引相互关联，其标志就是此在之为此在的因缘结构。在现象学中，用具的因缘整体性托举出世界世界化，在此在操劳之际，世界业已发生了。

世界催生的结果，主要体现在指引关联方面，而这种催促所关联的世界，不断地以异样的情态到场。所谓存在即万物，如此一来，美学就进入了更加本真的状态，保留了一种更加普遍的意义。那就是说，整个世界成为一件艺术的珍品，成为一种纯粹过程的自我确认游戏。在此在的操劳中，世界相伴出现，共同构成了人和存在者之间的各种相互关系，并促成了相关的可能性，从而形成了生存论美学中的世界。而在这种操劳之中，世界的结构逐渐得以显现，使人们看到了生存的本质。正是在这样的世界之中，人们才具有了生存的性质，世界也在以其整体不断地呈现在人们面前。当指引联络发生中断时，上手事物就此离开，使人们的视野变成空白无物之状，但世界并不是随之而消失无踪，更不是远离而去，反而是积极地呈现出自己的情态。当然，我们不能因为世界的积极涌现，就认为世界是由上手事物共同组建起来的一个联合体。事实上，世界是不可能通过什么上手事物或者其他的东西进行建构的，更不可能作为一个联合体而具有合并或者拆解的功能，而是以一种无处不在的状态存在于此在中，始终保持一种世界化的状态。"世界就是此在作为存在者向来已曾在其中的'何所在'，是此在无论转身而去，但纵到海角天涯也还不过是向之归来的'何所向'。"① 在海德格尔眼中，世界是一种不可言说也不可名状之存在，但它又是无处不在的存在，让人不易察觉地跟随着每一个此在。可以说，世界是所有此在的结构，而且同时也是其他存在者存在的可能性条件。对于世界与此在或者说人存在之本质的关系，张汝伦先生曾经有过一段相关的阐述：

---

① ［德］海德格尔：《存在与时间》，陈嘉映、王庆节合译，熊伟校，陈嘉映修订，生活·读书·新知三联书店2014年版，第89页。

"世界是人存在的本质的基本结构,属于人澄明的存在的基本状态,人的澄明是一种世界性结构。也就是说,人的存在必然关涉一切存在者的存在。世界不只是与存在者关系在一起,它更是它们在世界中显现的可能性之条件。"① 需要指出一点,那就是张汝伦所谓的可能性之条件,既不是主体对客体的一种主观认知,也不属于客体向主体的一种客观显现。海德格尔对于世界所需要表达出来的美学意义,同样也是不会认可主客体二元论的认知和分析方式,认为这种方式不符合世界之本真,只有通过寻视的方式才能够更加接近世界的本真。

海德格尔认为,世界之所以为世界,应当从上手事物上去追寻其源泉所在。而就是这种世界之为世界的理念指引出关联,从而形成一种因缘。锯子之所以被称为锯子,是因为与切割锯物有关,而锯物之过程,又与锋利有关,再由锋利之因,又与木料之整齐实用有缘。这种上手的何因何缘向来都是由因缘整体性先行描绘出来的,因缘整体性构成上到手头东西的上手状态,因此整体性先于单个用具。在这样一种因缘整体性的状态中,此在使自身成为审美的所在,从而领会自己的存在与可能存在。这种因缘整体性,被海德格尔称为"意蕴"。

存在者之所以能够被揭示,就是因为意蕴的存在,而存在者也正是通过这种意蕴,将自己呈报出来。从形式上来观察意蕴与世界之为世界的关联,人们可以看出,这种指引联络标示为一种关系系统。然而,如果仅仅是从形式入手来对世界进行观察和分析,就始终处于肤浅而表面的状态,难以真正到达意蕴之展开。因此,海德格尔告诫人们,绝对不能够将因缘整体或者指引关联视作是一种纯粹的逻辑关系,或者将其看作是数学推理类似的某种关联结构,否则就会对意蕴的本真造成不良的影响,妨碍到意蕴本体的呈现。就

---

① 张汝伦:《〈存在与时间〉为什么没有完成?》,《世界哲学》2011年第4期。

如同古诗"月落乌啼霜满天,江枫渔火对愁眠"当中,意蕴并不是由月、落、乌、啼、霜、天、江、枫、渔、火以及诗人本身等独立的个体或者若干的个体的组合来纯粹地展开,而是需要读者充分地体悟这句诗所表现的意境,以一种统一的整体来表达其意蕴,只有在这种情况下,世界才有可能出场。在海德格尔对语言、艺术、诗歌的沉思中,特别是后期所思索的诗意家园当中,充分展现了对这种世界意蕴的解读。

世界呈现的不断递增、不断给出,恰恰就是"在世界之中存在"。这种执拗的态度,正是此在强硬地将自身放置在生存当中的具体表现。而世界也就是通过这种强硬的放置,从而以自身有限的现实展露,对世界无限的开放性进行演绎。而正是这种无限的开放性特征,造就了世界的可能性,使其处于反复的推演和展示的循环往复当中,逐渐建构出解蔽与遮蔽、悠远与切近、紧张与和谐、疏异与亲熟的世界境域。因此,人们可以通过对世界的无限感悟觉知万物中皆有世界。寺庙的佛像中存在着寺庙的世界,居室的水杯中存在着水杯的世界,在纷繁的马路上存在着马路的世界,在锯子的切割过程中也存在着锯子的世界。但我们也要深刻地认识到,世界从来都不是一个固定不变的静态世界,而是始终处于一种常变常新的状态。在海德格尔对梵·高的画《农鞋》的解读中,虽然哲学界的研究者和思想者们都在反复地引用他的解读,但这些解读也并不能完全反映出这幅画的世界,至少它只能反映出海德格尔解读时的世界,而不是这幅画的永远的世界。可以说,《农鞋》这幅画实际上是画中农妇的世界,然而因为该农妇并不知道这幅画的存在,自然也就不会知道这个世界的存在。但也正是农妇的不知,使得这幅画得以在闭锁的状态当中不断地涌现出新意,而海德格尔的解读也只是这些新意中的一部分,并不是画的唯一世界。正如海德格尔所言:"世界之世界化既不能通过某个他者来说明,也不能根据某个它者来论证。之所以不能说明和论证,并不由于我们人类的思想无能于这样一种说明和论证。而不如说,世界之世界化之所以不可以说明和论证,是因为诸如原因和根据之类的东西是与世界之世界化格格不入的。一旦人类的认识在这里要求一种说明,它就没有趋近世界之本质,而是落到世界本质下面了。人类的说明愿望根本就达不到世界化之纯一性的质朴要素中。"①

海德格尔从生存的层面,将胡塞尔的现象学的视域概念发挥到了极致,显示了其解释学循环的功力。在海德格尔的著作当中,我们也可以明显地感觉到,海德格尔通过现象学的方式对生存论美学进行不断地深化,从而使他的存在论思想更加的饱满而鲜明。在海德格尔的前期思想中,其世界始终处于一种相对暗淡和隐蔽的状态,并没有真正地显现出来,使世界一直无法照亮万物。在这种毫不显眼中,世界逐渐将栖居的本质释放出来,通过泰然任之的处事方式,在恬淡静默中逐渐步入诗意的栖居之状态。在海德格尔的眼中,神庙的世界就是在涌现者的照面当中照亮人类的安居之态,使世间万物得以显现和庇护,同时也呈现出了诸神之神秘。正是在这种状态下,世界才会更加的丰富多彩,引领着人们通向神之所在。因此,海德格尔认为他在黑森林的乡下之栖居也是天地人神之馈赠,只有在这种馈赠之中生存,才是一种泰然任之、浑然天成的状态。海德格尔的世界,不是一种静默观望的状态,而是一种"我就在其中"的出离之状态,是此在融入世界之中的"在"。如果强行地将事物移至眼皮之下进行观察,只能看到这个事物的表面,而不可能感受到世界之显现。海德格尔的世界,正是在这样的一个层面,才能够达到世界与此在的统一,使世界能够不断地到场,最终使生存的真正意义得以展现。

在哈贝马斯看来,世界概念是海德格尔本体论的核心概念,世界构成了海德格尔生存意义的显现视界。此在之所以得以通达,就

---

① [美]大卫·库尔珀:《纯粹现代性批判——黑格尔、海德格尔及其以后》,臧佩洪译,商务印书馆2004年版,第209页。

是由于这种显现视界的存在。而也就是在这里,存在才能够得到显现的空间。如果没有世界,那么存在也是无法想象的。"世界总是先于通过认知和行为而与对象发生关系的主体。因为不是主体与世界中的事物建立联系,而是世界首先建立起了一种语境,为存在者提供了一种前理解。有了这种前本体论的存在理解,人从一开始就被放到世界关联当中,并优先于世界当中的一切存在者。"① 海德格尔认为,如果只是通过主体和客体的方式对世界进行构建,完全是一种偏离世界本真的做法。世界之呈现、世界之世界化,是海德格尔在生存论美学中深入探索的目标和孜孜以求的方向。对于海德格尔的生存论美学之思来说,世界具有指向标的重要价值。通过将存在的空间、时间以及显现视域的可能性不断进行融合,生存论美学视域的浑融统一的展开就有了一片专有的空间。这个空间拥有着无比的坚实性和强大的创造性,以至于世界总是在不同的层面来诠释生存的不同境界。在《语言的本质》一文中,他专门提到了时间与空间之关联,那就是"时间—游戏—空间"之同一。在这种同一化当中,因为时间化和空间设置而形成了相互面对的四个世界地带。这四个世界地带,就是大地与天空、神与人——世界游戏。因此,我们能够看到,海德格尔的世界并不仅仅局限于语言、艺术及诗歌之世界,而是包含了万事万物之世界,是一个包括一切的动态世界。当然,我们也只有通过海德格尔的思之途径,才能够更加深入透彻地观察到上述世界地带,从而最终到达世界的本源。

第四节　生存论美学的转向

一　存在之"思"

"思"具有隐性的存在论美学展开方式,海德格尔提供了一个

---

① [德] 于尔根·哈贝马斯:《现代性的哲学话语》,曹卫东译,译林出版社2004年版,第170页。

显性的表现途径,那就是"诗"。肯定了"思"与"诗"之间相得益彰的关系——两千多年前的中国圣贤孔子曾经评论《诗经》为"思无邪",由此可见在中西方文化底蕴中,"思"和"诗"都有着密切的联系。当然,诗与"诗作"的概念是不同的,诗是一种人类思想情感的流露,而不是一种狭义的文体(古体诗、现代诗等),因此在深入探究存在的"思"的过程中,要明确这样一个基本认知(概念),"诗"是一种人性最真实、纯净的表达。同时,对海德格尔的存在论思想来说,"思"不是代表着思考、思索、思量,而是一种情感的酝酿,它是要把人类对前景的展望,用一种人类最本源的境界体现出来,因此"存在之思"的命题是成立的,价值是存在的。

在此还要重申一下笛卡尔的"我思"与海德格尔的"思"之区别。笛卡尔是唯心主义者,但他的哲学思考(认识论哲学)可以归结为"我思故我在",却是一个典型的、纯粹的认识论内容,至少不能单纯地认为是唯心命题。笛卡尔的"我思"同样是在谈论存在问题,但"我思故我在"所回答的是生存如何展开、如何被推动,研究学者们认为这是笛卡尔对"怀疑论"的研究起源。即"我思"是"我在"的证据,这一条件下需要对人进行全面、系统的了解。而海德格尔的"思"则是提供了人存在于世界的一个证明,它的研究视域更加广阔,不局限于"我思自我"。"存在之思"(存在的"思")不需要对人提出清晰透彻的了解,也没有要求提出定量、定性的概括。

关于海德格尔存在的"思"的独特性,他利用已有的艺术、科学、哲学观点进行了阐释,分别以"绘画""诗歌""公式"进行比喻——画是具象的,人们可以在画的面前驻足欣赏,诗歌需要阅读、聆听等更复杂的感知方式,至于"公式",人们几乎没有什么欲望去获得恰当的理解,甚至不需要真正的理解。海德格尔的存在的"思",让人们感知到不同方面的扬弃与到场,但"思"本身与实用主义之间的关系并不大,人际交往的智慧、现实生活中的幸福感、不切实际的人生规划……这些都属于"思的展开"。在《面向思的事情》一书中,海德格尔写道:"这样的一种思,今天可能处在需要对它进行一种远离任何实用的生活智慧的沉思境地。"① 因此,需要一种"思",通过展开的形式获得一种"规定的"东西(绘画、诗歌、公式),由此人们就不得不放弃直接理解的要求,被动地、无法回避地倾听。很显然,这种东西在海德格尔的研究中,与"存在和时间"存在着密切关系,然而由此形成的一个困境在于,"时间""存在"都是不可接触的物质,又由于"思"本身也是虚无缥缈的,所以"思"是存在,但又不知道为何物。

在《面向思的事情》中,海德格尔进一步对"存在"作出阐释:"存在——一个事情,也许是思的根本事情。"② 这在一定程度上,意味着"存在和时间"是同一样东西,合二为一的状态之下构成了"时间释义学"。基于此,本书所探讨的海德格尔生存论美学,在"思"的存在领域的展开,也就获取了统一的阐释方式——思的展开,既可以看作是对"存在"的一种解释,也可以看作是"存在"的回应,在更广域的"生存"话题上进行了全新解读、展望。

特里·伊格尔顿(英国批评家)所著《审美意识形态》中提出:"人类思想中对于存在的所有思考,都是有存在本身引发的。思想只是对存在的一种默认,一种温和的放任,它追忆并且对存在致以敬意。"③ 应该说,将这一观点置于海德格尔存在的"思"的观点上,是非常中肯的。思的起源和存在的发展是密切相关的,这也奠定了海德格尔生存论美学的独特性。他将"存在"视为"生存"的出发点,淡化了"存在者"的身份,由此演变形成的"生存之思"会具有更加深刻的人性。在《路标》一书中,海德格尔注明了存在

---

① [德]海德格尔:《面向思的事情》,陈小文等译,商务印书馆1999年版,第1页。
② [德]海德格尔:《面向思的事情》,陈小文等译,商务印书馆1999年版,第3页。
③ [英]特里·伊格尔顿:《审美意识形态》,王杰等译,广西师范大学出版社2001年版,第302页。

的"思"的特点,即为"在存在者中找不到任何依据……这种思专心于存在的真理,而并非存在真理的辅助力"。海德格尔将思想的"远行"视为学会生存的根本,思想源自于思的本身,也只有正确地理解这一内涵,生存才有意义。反之,就会体现出哲学与科学的矛盾,人们越是希望基于生存获得解释,越是希望获得知识,就越不可能导向思的洞察(及洞察力形成)。

继续回到思的发展层面,海德格尔在《什么召唤思》这篇文章中列举了"兴趣"(interesse),认为"兴趣"与"思"之间的关系存在某种渊源。德语中"兴趣"这一词语的原意包括两部分,即"进入"(inter)和"存在"(esse)。"进入存在之中"就是兴趣,所以兴趣也是一种存在的"思"。兴趣在生存论美学的研究范畴中,意味着"陪伴",人或事物的存在伴随着兴趣,左右或中心的定位,意味着兴趣的强弱,海德格尔这一观点中的"存在",明显与近代哲学中"思"的观点不同,它意味着思不属于兴趣引发的东西,兴趣本身就是"思"。而现代人对于兴趣的理解是狭隘的,其驱动力是新鲜、猎奇的体验——海德格尔将这种"兴趣"描述为一种允许见异思迁和可以替代的行为。现实社会的人,往往表现为对一种事物的兴趣,以尊重、喜爱的情感表达,但这种东西一旦脱离了兴趣,就会变的一文不值。由此,海德格尔将"科学不思"解释为"科学是一种计算型思维"。这种思维下,人们不断地投机、不断地寻求便捷途径,最终导致"思"的沉沦,直到一种"无思"的境地(gedanken-los)。

这并非是一种危言耸听,存在的"思"陷入科学无思的境地,在人类社会中的表现是十分明显的。工业革命以来所衍生的科学系统,几乎都是处于"偶然"状态,人们不断地尝试获取各种可能性,而这种无思的状态下,"知识"并不是依据"思"的维度预期性的发展。同时"科学无思"状态与"知识"(狭义的)发展是同步的。例如,层出不穷的学术会议、科研实验室,人们都是"赶鸭子上架",被迫进行的。也因此,海德格尔发出这样的感叹:"纪念庆典变得越来越思想贫乏,纪念庆典和无思状态一起和睦相处。"①

面对这样一个现实,海德格尔关于存在的"思"的研究也更有意义,他积极地倡导着一种"沉思之思"(das besinnliche nachdenken),即"此思",作为存在的"思"的展开,探索运行在一切存在者之间的连接意义。海德格尔将这种"思"(沉思之思)视为人类本性的内容,它在人与万物之间的定位,既不是一种权衡也不是一种驱动,而是顺应自然、泰然处之的"思",也可以说,是一种顺理成章的"思"。存在的"思"的展开是需要经历一个认知过程的,任何急功近利都可能导致对"思"的扼杀,阻碍人们认识存在的意义。在海德格尔后期存在论的许多观点中,也都表现出这样一种情怀,开始更加倾向于艺术的表达形式,用以模拟"思"在现实中的发展轨迹。当然,这并不是说"沉思之思"必须依赖于一种具象存在,海德格尔并不反对对某些存在的神秘性的葆魅,但反对技术性思维总钟情于将一切神秘解开,变得赤裸裸的"真相大白"。如果人不能够对神秘怀着一种虚怀若谷的心胸,那么也就不可能获得人类生存的根本性基础——泰然任之。

海德格尔在《路标》一书中描述作诗、感恩、运思是三位一体的(dichten、danken、denken),这三个要素构成了"思"的出发根源,也是本源真理的呈现。

二 行动之思

中国两千多年前的儒家经典《论语·为政》中提出,"学而不思则罔,思而不学则殆",这不仅仅是对于学习态度、学习方法的辩证,同时也是一种哲学观点。海德格尔在《泰然任之》一文中也表达过同样的担忧,即如果人们一味地去沉思,是否会因此变得不务正业,

---

① [德]海德格尔著,孙周兴编:《海德格尔选集》,孙周兴等译,生活·读书·新知上海三联书店1996年版,第1232页。

荒废现实中的理想奋斗。因此，海德格尔必须去阐明"行动"与"沉思"之间的统一性，也可以理解为，沉思不是一味地胡思乱想。

基于海德格尔存在论的"沉思之思"本身是一种态度，一种对人类命运深远的思索。它要考虑的是如何重新定位人类在未来发展中的命运，确保人类能够得到更好的回报。从这个角度出发，"沉思"是必然的，也是最具有价值的行动。行动与沉思之间没有对立性，沉思转化为行动是一种使然，行动回归于沉思是一种必然，两者之间存在着高度的互通性，而非是线性的、单一方向的发展关系。从"存在"的角度考量，正因为思想在"运思"，思想也就必然转化为行动，而"行动"究竟会演变为何种程度，则与沉思、行动之间的"使然性"关联，一个人沉思了很久，或许只是拿笔记录一下，而一些人或许只是有一点理论方面的思考，却可以转化为巨大的生产力。这说明沉思、行动之间还存在其他影响因素，海德格尔将其称为"任务"——思想是通过存在而存在的任务，"沉思之思"仍然在人类生存语境之内。

人类需要进行沉思，这不是一个简单的学术命题，"沉思之思"更多地强调人类在自然领域的现状梳理。尤其是18世纪工业革命之后，人类的命运被科技主宰，这不是说人类命运越来越明朗，而是陷入更加阴暗不明的状态中，甚至一度被科技局限、戏弄。[①] 对此，海德格尔利用现象学的研究成果，对苏格拉底、亚里士多德的一些言论进行了批驳，他不认为思想和艺术是等同的，如果仅仅将思想停留在理论应用层面，那么"思"本身就是一种行为指南，一种只重视实践性的框架，这与思应该具有的深邃性是相悖的。如果"思"是一个理论、实践的综合体（事先要明确思是包含"行动"的），那么思想就不是"形而上"的，而是沦落为"形而下"的技术，与

---

① 参见沈广明《海德格尔的现代技术之思》，《苏州大学学报》（哲学社会科学版）2018年第5期。

伦理学、物理学、化学等如出一辙，这是现象学中所讨论的"方法"或"工具"，能够作用于研究但不能穷尽思的本源，也脱离了哲学的研究范围。恰恰如同另一个极端，热衷于哲学研究的希腊人是不存在美学的，或者说不存在广义上的科学，他们激情而富于雄辩，但在现实中却没有什么发展成就，这本身也不能称为完整的哲学。至于后世人对于科学系统的划分，并冠名为各种"学"的做法，似乎依据某一方面的科学对"思"的态度，就能够成为一门哲学，这也是狭隘的，物理、化学、医学必须置于一个生命环境当中才能够阐释哲学意义。海德格尔的一个比喻很说明问题："思想呆在岸上久而久之，已经太久了。"① 每一种学科都如同一条鱼，如果硬性地将其待在岸上的时间、能力作为标准，原本就是"不科学"的。如果思想脱离了必然的要素，思想也就完结了，所以后世中"思"被认为是一种冥想、玄学，这本身就是对哲学的片面认识。

胡塞尔的现象学为海德格尔研究"存在"提供了新的途径，在这一理论指引下，海德格尔更清楚地阐明了"沉思之思"的不良异变，人们将"思"转化为了现实中的技艺，以自身的实践独特性来表现出"思"的实用性。也可以认为，"思"是一种竞赛工具，人们通过技艺的转化，形成一种职业，进而与各种主义展开竞争，期望通过自己的"思"超越他人的"思"，获取更大的成就。例如，同样在医学领域的人员，采取同样的试验方法，以不同的原料、条件改变，获取不同的收获，这就是一种将"思"作为比较成果的方式。成功者会认为自己的"思"远超过他人，但事实上，海德格尔批评这种行为，恰恰是一种对于"思"的亵渎。"思"不是体育竞赛，不是任何有肢体运动能力的人都可以展开的，如果是，那么"思"就脱离了存在的意义，变成了对"成果"的思。

海德格尔提出关于"泰然任之"的慎思概念，正是对思向技艺

---

① [德] 海德格尔：《路标》，孙周兴译，商务印书馆2000年版，第368页。

转化的批判。思是完整的，它提供最大的行动力并赋予生存完整的回归路线，而并非"这样思"或"那样思"的拼凑。在《路标》中海德格尔这样描述道："思想是一种行为，但却是一种同时超越一切实践的行为。"① 我们可以为思想定性，但不可能定量，去探讨思想作为一种行动是可行的，探讨思想在哪个层面行动的问题则是愚蠢的，因为思想不直接作用于结果，而是作用于行动本身。基于此，关于"行动"与"思想"的辩证，海德格尔给出的结论是既不关乎理论，也不局限于实践，无论哪一种主义（实用主义、科学主义、理性主义等）都不能描述"沉思之思"。

基于此，本书结合后世学者的研究进行归纳，海德格尔所谓的"思"是一种未来之思、本源之思的综合体。"此思"的内涵，远超"形而上学""哲学"的根源性（一种看法是形而上学等同于哲学），它与存在之间的密切关系，也必然导致这种思想不会有太大的成就，只是质朴地对人类社会进行简单记录，事实上也是如此，行动之思的存在由来已久，但人们并未从中挖掘出丰功伟绩。

三 思与诗

在思的展开方面，没有任何一种形式可以与诗媲美，海德格尔更是指出，一切诗歌都来源于对思的虔诚。西方哲学史上，对于诗本身也是情有独钟的，但从没有人似海德格尔一样热衷，并且这种热衷并不是"泛滥"的，海德格尔更钟情于荷尔德林的诗作，由此衍生出对思的解读。这在《摩涅莫绪涅》这首诗中表现得淋漓尽致。

在古希腊神话中"摩涅莫绪涅"是诸神之主宙斯的新娘，是一名"记忆女神"，她对世人的贡献在于教会了世人记忆的方法，并赐予万物名字。摩涅莫绪涅在德语中的意思是"回忆""记忆"。但在

---

① ［德］海德格尔：《路标》，孙周兴译，商务印书馆2000年版，第426页。

海德格尔的存在论研究中,"摩涅莫绪涅"的理解并不局限于对"回忆""记忆"的认识。摩涅莫绪涅作为一名女神,并非只有记忆这样的神力,同时也创造了西方世界中泛指意义上的"戏曲""舞蹈""诗歌"。这些具有艺术表现力的内容,如果也融入"记忆"之中,也就意味着"记忆"本身就具有更宽泛的表象能力,它不仅是"存在过的",还是"存在着的",而存在者是关联过去与未来的关键载体。

荷尔德林在诗中描述道:"回忆再次是思想之聚集,这种思想聚集于那种由于始终要先于一切有待思虑的东西的思念。"① 回忆就是被聚集起来对有待思想的东西的思念,它是诗的"源泉",诗的本质就孕育在思想当中。如前文指出的那样,人类圣贤的观点总是惊人的相同的,"诗三百,一言以蔽之,曰:思无邪"的中国观点也是如此。海德格尔原本对"存在的思"和"行动的思"的阐释,也就站住了脚跟,不是任何一个人都可以思,"沉思之思"是建立在有待思的基础之上的,并赋予一种表现形式(诗),才能形成存在的"思"。

同时,思想必须达到一定的高度,思和诗之间的障碍才会消除,从这个角度说,大部分诗人是名不副实的,是为赋新词强说愁的。不具备思想能力,或达不到一定的思想积累,甚至接触不到诗的本源,何谈表达?荷尔德林描写道:"思想最深刻者热爱生机盎然,深谙世故者懂得青春,而智者往往喜欢美丽事物。"② 海德格尔将其解释为"思想"和"热爱"的结合,实现了诗的在场状态,也可以理解为回忆聚集。并非只有诗,任何一种艺术都基于这种回忆聚集而产生。反观人类社会的现实表现,由于广泛地被表象迷惑,人们对于自身能力的重视程度,远远超越了思想的关注:这就如同人们在

---

① [德]海德格尔:《演讲与论文集》,孙周兴译,生活·读书·新知三联书店2005年版,第144页。

② [德]海德格尔:《演讲与论文集》,孙周兴译,生活·读书·新知三联书店2005年版,第146页。

岸边夸夸其谈，争论着游泳的正确方法，但却未能真正跳下水去尝试。换而言之，只有"思"真正地跳下水，才能够明白"诗"是如何产生的。

哲学最让人头疼的是语言，诗又是对语言最高级的应用方式，如果我们跨越时空、历史或者单纯的语文体系，"思"在人类文明体系中是否具有通用价值，这是值得反思的问题。① 立足对"思之虔诚"的观点，海德格尔也提出了思的怀疑。西方哲学体系缘起于古希腊哲学，如果将古希腊的哲学箴言放到现代社会，是否能够确保古、今人在同一个层次上去"思"？如果不能够确保"本源之思"，那么由此所形成的哲学体系就只是一种语文翻译成果，存在极大的猜测和臆断，这与"思"和"诗"之间的原义（关系）相差甚远。

回归海德格尔的存在论美学，"诗""思"都是对存在的一种保护。它满足了人们深入理解哲学箴言的需要，而语言翻译或语文学考察，只能称得上是一种解剖，一种理解力的呈现或内涵转化，它往往会造成真正"思"的偏离。这是一种很普遍的现象，中文语境下我们将其描述为"断章取义"。海德格尔对其解释道："思想的箴言唯有在思想与箴言之所说的对话中才能得到翻译。"② "对话"就是思与诗的对话。因此，存在之思可以理解为作诗的原始方式，尽管它没有语言，或者说未能达到语言，也不可否定"诗"的存在。最早的诗，源于"口授"，游吟诗人通过记忆的存储与唱诗的行为，传播着思想，所以语言是一种诗的附庸。对于这一观点，或许海德格尔以外的哲学家认为荒谬，但存在之思是"诗"形成的原始方式，这一点是无可反驳的。思，是一种"原诗"，它的成型早于一切诗歌形式，人类思想的形成过程也同样如此，语言是在人的本质形成之

---

① 参见王立、胡平《论海德格尔〈存在与时间〉中的"天命共同体"》，《吉林大学社会科学学报》2018年第5期。

② ［德］海德格尔著，孙周兴编：《海德格尔选集》，孙周兴等译，生活·读书·新知上海三联书店1996年版，第1076页。

后才转化体系的。

我们将海德格尔存在论美学置于一个"极端"层面分析，运思、作诗两种行为是并立存在的，尤其在后期存在论美学层面，海德格尔将运思、作诗列为语言的"道说"层次，而语言的道说也进一步阐释了"存在"的展开。"一切伟大的诗的崇高作诗始终在一种思想中游动。"① 道说中的语言构成了实际运思所提供的经验，诗与思之间的高度关联，或者说合二为一，从侧面验证了语言道说的重要性。

当然，在海德格尔哲学体系中，"思"是一个研究对象，而不是一个认识论工具，诗也是如此，不能等同于语文观察结果或思想宣传文本，思和诗发挥的作用是"最底层的"。正如海德格尔所言，"思"是思想者在历史性对话中对存在之真理的作诗。海德格尔后期存在论中又把"运思"和"大道"进行了结合，表明与前期存在论中的"思"是一脉相承的，但是前期存在论中的"思"较之"大道"相比，存在真理的价值就被削减了。"大道"本身的存在更为统一，应当作为"思"展开的依据，也可以理解为"诗"的浓缩。关于这一观点，海德格尔在后期的许多著作中都有所提及，如《语言的本质》《技术的追问》等。进一步研究，不难发现海德格尔对于诗的偏执性——这种偏执或许也可以理解为，对于诗人荷尔德林的偏执。他经常引用荷尔德林的诗句"哪里有危险，哪里也生出拯救"②，这无疑是将"技术性"或者具象行为过度放大，思的"表象""理性""功能"等具象内容如果发挥到极致，那么"思"自然也就表达出来了。但事实表明这是行不通的，就如同没有人可以通过一对鸟类的翅膀飞翔，无论这对翅膀多么的精致、丰满、光鲜亮丽。所以，我们必须从历史唯物论角度审视海德格尔所说的"诗""思"之间的关系，其中虽然有可取之处（现象学的价值），但又存

---

① ［德］海德格尔：《在通向语言的途中》，孙周兴译，商务印书馆1999年版，第141页。

② ［德］海德格尔：《林中路》，孙周兴译，上海译文出版社2004年版，第310页。

在乌托邦式的空想主义。

对此，我们可以简单地提出一个疑问，哲学发展至今，"思"是否已经完善了？哲学之存在的认识是否已经全面？恐怕没有任何一个哲学家可以给出肯定的回答。相比而言，海德格尔在研究相对局限的时代中，能够提出一些"激进"的想法，已经是难能可贵了。海德格尔曾经说过："运思者越来越少，写诗人越来越寂寞。"[①] 诗与思的共存性，可以从诗的创作锐减看出端倪，诗人在这个时代已经寂寂无声，人们对于诗的认同感也在削弱，这恰恰反映出"思"的贫乏。

思与诗的关系，是海德格尔后期存在论美学研究的重点，本书后面还会涉及。笔者更愿意将海德格尔所谓的"作诗"视为其后期存在论美学开展的关键环节，这一关键环节连接着走向"思"的道路。

第五节　生存论美学的审美旨趣

在海德格尔的生存论思想中，此在存在于世界之中通过世界所提供的可能性境域，从而获得了生存的场所。因此，此在的概念并不是人类本身，而是意指面向整个世界的"此"，或者说是面向世界的开放场所。可以说，被抛式生存、本真与非本真的生存以及诗意生存等理论的提出，都反映出海德格尔关于此在在世界之中存在的思想。相比之下，现代哲学和科学体系均将生存从此在当中抽取出来作为单独的研究和分析对象，完全没有进入生存的根源之中，只是在生存的边缘甚至周围进行游荡，背离了此在的本真性。

在海德格尔看来，此在从来都不是某一方面的现实承诺，其在

[①] [德]海德格尔著，孙周兴编：《海德格尔选集》，孙周兴等译，生活·读书·新知上海三联书店1996年版，第1264页。

世界中存在，就是要实现不断超越的可能性。在这种可能性之中，此在是被抛到了这个世界并得以存在的，因而海德格尔用被抛状态来形容这种存在的展开状态。此在就如同海洋当中的波浪一般，以自己对自身、他人以及事物的可能性作为出发点，不断地重塑和构建生存的境域。在这个重塑和构建过程中，此在从来没有真正地停歇过，就如同波浪一般不断地被神秘的外在推力推向前方，永不静止。因为海德格尔认为，此在之所以不断地呈现出波浪式的生存状态，是由于它从未满足于当下的自我，始终向往着更新的状态。此在通过这种被抛的形式，将自身交给了世界，使世界与自己进行深入的交流，从而努力地向本真行进。当然，我们也要清醒地认识到一点，那就是这种被抛的方式对于此在来说也是一种逃避，这种逃避有可能将此在引导向非本真的状态。这一生存，海德格尔将其标示为"沉沦"。生存论美学中的沉沦与理性主义所谓的人性之堕落并没有相通之处，其并不代表任何的负面或者消极的评价。所谓的沉沦，就如同被抛一般，都是此在存在于这个世界的一种方式，只是沉沦的方式总是消散在共处之中，与立足于本己生存的本真状态不同，因而海德格尔称为非本真状态。正所谓人生在世，实际上指的就是沉沦在这个世界之中，存在于非本真的状态之下，而逐渐忘却了自己的本真状态，脱离了自身的本源。"只要此在作为其所是的东西存在，它就总处在被抛掷的状态中而被卷入常人的非本真状态的旋涡中。"① 对海德格尔来说，虽然他追寻的是此在的本真状态，但并不意味着非本真状态是不好的、一无是处的。海德格尔认为，非本真与本真的关系，跟理性主义的主体与客体的关系有着本质的区别，非本真状态也是此在在世的一种证明，而且比本真状态更加接近于常人实际生存的真实写照。

---

① ［德］海德格尔：《存在与时间》，陈嘉映、王庆节合译，熊伟校，陈嘉映修订，生活·读书·新知三联书店2006年版，第150页。

海德格尔认为，此在的生存过程中，其实非本真状态才是此在生存的一种常规状态，而本真状态实际上是此在存在的一种变式。非本真状态不仅具有一定的积极意义，更对本真状态有着极其重要的启发意义。人生在世，绝大多数人包括哲学家、思想家们都是处于一种沉沦的状态，人类是一种社会性的群居生命，无时无刻的都在与他人共处，这也就是为什么海德格尔说"在世总已沉沦"。这种沉沦实际上是常人的一种基本的生存方式。从海德格尔的角度来看，常人之所以始终处于一种沉沦的状态，是因为他们时常被他人或者社会公众的意见左右，每日为了与他人、他物共处而忙忙碌碌，从而使本真消散于常人之中，进入沉沦的非本真状态。当然，这种非本真的状态，也是一种特殊形式的在世，只是这一种在世失去了人的本真，在与他人共处之中逐渐被他人压制、被世界充满。"在沉沦中，主要的事情不是别的，正是为能在世，即使是非本真状态的方式亦然。"如此说来，非本真与本真生存之间并不是有你无我的敌对关系，也不是非此即彼的泾渭分明，而是共同构成了在世的源始结构。在这个结构当中，非本真生存是常态，而本真生存才是非本真的变式。所谓此在的存在，从来都不是绝对的黑白分明，而是在本真与非本真的相互融合中形成五彩的境域。

在此在的存在当中，被抛和沉沦实际始终处于一种共处的状态。一方面，被抛是可能性的生发；而另一方面，沉沦则进入他人当中。在这个共处的基础上，海德格尔以"常人"这个概念对该非本真状态下的此在进行阐释。这里所说的常人，并不是传统意义上的普通人类，也不是与特殊人群相区别的正常人群。常人就是非本真状态下的一种现象，不属于某个独立的个体或者个体的性质，而是现象学在生存论美学当中的阐述。在此在的存在当中，常人始终与他人共在，这种共在是一种沉沦的状态，使本己的存在遭到了遮掩而无法显现。这种共在状态下的所谓他人，也并不是具体地指某一个或者某一类人，而是指与常人共在的存在。事实上，这个他人并不是人本身，甚至不属于一切人的总和，而是一种无处不在的现象，但这个他人却能够对常人发号施令、施加影响，从而影响着常人的行为和选择。这种常人的原始结构，在共处同在中，人的最本己的自身存在被他人之存在消解掉了。因此，海德格尔指出这个被视为无物的他人之常人，虽然不可以与其进行接触，也无法对其展开观察，但是却始终存在于此在的周边，不断地对此在进行影响和限制。就如同海德格尔所说，"常人怎样享乐，我们怎样享乐；常人对文学艺术怎样阅读，怎样判断，我们就怎样阅读怎样判断；甚至常人怎样从'大众'抽身，我们也怎样抽身；常人对什么东西愤怒，我们就对什么东西'愤怒'"①。这个常人，看起来并不是某个确定的人，但却对我们的日常生活产生着无法摆脱的重要影响，因而其不仅没有消极意义，反而有着引导本真的积极意义。因为常人并不是一种特立独行的状态，而是在人类的一种平均状态之中保持着平庸的存在，通过这种状态发表出各种公众意见，然后将这种公众意见转达给每一个人，使每个人都能够按照一定的模式进行生存和行动。而本真状态正是在这种情况下，不断地汲取力量，最终成就了本己之存在。

在海德格尔看来，本真的存在是从非本真状态中的逃逸，但是又不存在某一个独立存在的本真状态，本真与非本真始终处于一种不可分离的胶着状态。也正是在这种相互胶着的两难境地当中，海德格尔引进了一个新的概念，那就是"畏"。"畏，作为此在存在的可能性之一，连同在畏中展开的此在本身一道，为鲜明地把握此在源始存在的整体性提供了现象基地。"②通过畏，海德格尔将本真与非本真的实质形态看得一清二楚，使二者之间的根源得以彰显。因

---

① ［德］海德格尔：《存在与时间》，陈嘉映、王庆节合译，熊伟校，陈嘉映修订，生活·读书·新知三联书店2006年版，第147页。
② ［德］海德格尔：《存在与时间》，陈嘉映、王庆节合译，熊伟校，陈嘉映修订，生活·读书·新知三联书店2006年版，第221页。

此，他认为本真与非本真状态下的生存源始现象，都需要在畏当中予以充分地显示，从畏当中来对生存的起源进行深入地探寻。在一定程度上，畏是对此在沉沦状态的背弃，正是因为畏趋向于可能性的整体存在而不是沉沦于常人和世界当中，从而使得此在个别化为最本己的在世存在。这里的畏，与通常意义上的害怕虽然存在着些许的相近之处，但从本质上来看具有根本的差别。怕是针对具体的人、物或者事，是害怕某一个实际存在的存在者，而畏则是一种无之启示，其畏的是在世本身，而不是某个固定的对象。海德格尔认为，畏实际上是在世的一种比较极端的表现，是一种游移不定的情态。畏并不关心存在者的具体情况，也无意于在世的现成事物。所谓的怕，既存在着威胁者，也存在着害怕者，是由怕之主客体各方共同形成的一种状态，而畏既不存在来源，也没有明确的去向，畏就是畏本身。当然，虽然我们提出畏不知畏者为何，但它并不是一种虚无，而是为人们开辟了一个世界，展开了一种状态。在这个世界之中，人们抛弃了一切人世间的纷扰，只是单单地去"畏"。因此，畏之无何有，并不是对于畏的否定，也不是说人在畏之中毫无意义，反而正是无所畏惧的展现。畏通过无所顾忌的方式，将世界的整体毫无保留地展现出来，使现象的基地得以确立。对这样一种情状，海德格尔以无聊为例，进行了生动的解读。当人们感觉到无聊的时候，并不是真正地去经历和感受无聊，而是通过拿出一本书进行阅读，打开电视进行观看，或者寻找一件玩具进行玩耍，通过这种消遣的方式来打发时间。这种打开时间的方式，实际上并没有真正地切入无聊的本真当中，反而是让人们迅速地从无聊的状态下解脱出来，进入有聊的状态。真正的无聊，实际上是某人莫名的感受到了无聊的情状并在这种深不见底的无聊状态中沉浸。如同寂静无声的迷雾弥漫于此在的无底深渊当中，将万事万物以及他人共同移入了这种冷漠无畏的状态。在畏之中，也同样弥漫着这样一种坚定的为世界世界化而牺牲的大无畏精神。畏是一种镇定自若的状态，其弥漫着一种无比的宁静，而完全不是惊慌失措的怕所能取代的。

海德格尔认为，畏与怕不一样，不是对于什么具体的东西或者存在者感到的害怕，也不是某一个具体的人在害怕，而是此在在"畏"。这里的畏，指的就是一种存在的状态。"万物和我们都沦于冷漠状态之中。但这不是在一种单纯的消极意义上讲的，不如说，它们在移开的同时就朝向我们。存在者整体的这种移开在畏中簇拥着我们，趋迫我们。没有留下任何支持。"① 从某种意义上讲，畏是对于无的一种启示，因而也使我们处于一种无言之中。这是因为，每当我们面临畏之时，存在者就会整体的滑落下去，使我们只能面向于无，任何可言之物都会变得沉默。而也只有在由畏启示出无的过程中，人们才能够继续停留在存在者之处，并且不断地深入存在者的核心位置，从而形成无之源始。畏之于无，就如同杯之于中空方可盛物，天地之于虚空方可由人立于其间。也正是因为如此，海德格尔才认为畏之无具有极其重要的意义，正是"畏"将无带到了前台，才会使存在之可能性得以启示。"无乃是一种可能性，它使存在者作为只有一个存在者得以为人的此在敞开出来。"② 这一点，在海德格尔解读荷尔德林的诗时，也充分地进行了阐述。在荷尔德林的诗词当中，没有什么具体的决断之处，而是通过随意的现象对世界进行开启，引领人们步入诗意家园的深处。正是因为诗中没有决断，也就没有"怕"。海德格尔写道："作诗是完全无害的。同时，作诗也是无作用的；因为它不过是一种道说和谈话而已。作诗压根儿不是那种径直参与现实并改变现实的活动。诗宛若一个梦，而不是任何现实，是一种词语游戏，而不是什么严肃行为。"③ 海德格尔反复地表达出诗之无害、无作用，就是在表示作诗与"畏"一般，只有

---

① ［德］海德格尔：《路标》，孙周兴译，商务印书馆2004年版，第129页。
② ［德］海德格尔：《路标》，孙周兴译，商务印书馆2004年版，第133页。
③ ［德］海德格尔：《荷尔德林诗的阐释》，孙周兴译，商务印书馆2002年版，第43页。

在诗之无中，人们才能真正地体会到此在作为整全的本己生存。

在海德格尔后期思想中，这种无之无化的思想逐渐转变成了一种新的理念，那就是"大道"。这里的大道，指的就是此在的一种隐而不显的情状。所谓的隐而不显，在海德格尔眼里并不是说它不存在，也不意味着其隐藏不露，而是指随着大道的抽身，我们也一并被抽去。这种抽身，往往是以一种无畏的境界，在悄然无声之中引领我们进入澄明之境。"自行隐匿的东西仍然在场，也即以抽吸我们的方式在场，无论我们是立即注意到它还是根本没有注意到它。"人之所以为人，就是因为大道的抽吸。非人则是孤身在外，在显示的事物之边际。在海德格尔看来，对于畏的展现，常人只能使畏隐藏不露，而他却能够成功地抛弃传统观念对于畏之陈见，从隐而不显的畏中寻找到源始的现象，从而使本真状态在源始意义中展开出来。这一点是生存论美学与理性主义、形而上学等西方哲学、科学的重要区别之处。

在这里，畏是此在存在的极端性表达，它毫不假托世内存在者，但是非本真的此在却要求助于世内存在者。因此，畏之存在，就好似在伸手不见五指的漆黑洞穴之中，照入了一束光明，使得洞穴迅速成为一种明亮与晦暗的结合状态。海德格尔的生存论中，本真与非本真之思想，在诗意化生存当中得到充分的论证和精华的浓缩。而畏与无之情态也在诗意化生存中得以展现，使得栖居成为人的本质所在。可以说，在天地人神的境域浑圆之中，既包含了人之畏、无之无化，也融入了本真与非本真的相互交替。在敞开的世界之中，既有出离自己逃避自己，趋向共处的非本真，也有回归本己可能性的本真。在非本真与本真的相互交织、相互影响过程中，世界得到了一种新的平衡。而当畏被引入世界之外，又使存在者之生存达到了极致的状态，在无我的有所畏中把神引入了世界的视野。这种神之入场，与古希腊对于诸神之存在的思想是相互共通的。正是在这种畏之无的情态下，神才能够将一切都恢复到原有的位置，使世界万物得以回归到自身的本源,而对人则不理不睬。就如海德格尔所言:"以一种相当神秘的方式,它通过自行隐匿而脱弃于人。"在神性面前,人类的意志无疑成为一种多余的陪衬,而诗意化的生存则在神性的光芒以及畏之无化中得到了充分的展现。

第 五 章

美学表达:后期海德格尔的语言之思

1902年,克罗齐在《作为表现科学和普通语言学的美学》中认为,美学与语言学之间有着一定的统一性。美学不仅能够被看成一种艺术科学,更加能够成为一种相对直观化的学科,而直观化则从某种程度中体现出艺术作品的特点。语言的本质属性即为表现,如果缺乏表现特性,则语言就不能称为"语言"。语言与美学在一定程度上是基于"表现"体验二者各自的独特审美。语言表述与艺术表现的本质属性相同,都是具备创造性的美学,也是人类精神的独特表现。在历史长河中不断探索以及追寻,发现语言对于社会而言仅仅是作为一种个体之间相互交流的载体工具,对语言的本性并没有真正接触。语言本性即是来自人们的幻想,重点在于借助质朴的语言表述模式彰显人类的本质。当然,这种质朴的语言对克罗齐来说便是诗的语言。克罗齐关于语言美学的思想从本质上让人们逐渐转变了"语言仅为工具"的理念。他通过对语言的表现性分析,对语言的感性特点出发,以不同层次强化了语言的审美特性,并让语言与美学之间构建联系,逐渐形成了语言美学的主体基础。克罗齐从主体基础出发,将语言问题的研究提升至对美学问题的研究。他说:"美学和语言学,当作真正的科学来看,并不是两事而是一事。世间并没有一门特别的语言学。"① 人们所研究的语言科学可

---

① [意]克罗齐:《美学原理》,朱光潜译,外国文学出版社1983年版,第153页。

转化为哲学的探究。无论何种类型的研究人员对普通语言学或者哲学语言学,都将是美学的问题研究。从另一种角度来说,美学问题的研究也可以理解为对语言的研究。① 克罗齐将语言和美学相互整合,为语言的表现性以及艺术性奠定了强有力的基础,进而为语言美学的进一步发展提供了新的方向。

海德格尔在对于语言学的研究过程中深受克罗齐的影响,即在语言学本质的基础上逐渐演变为语言存在论美学。正如周宪所言:"克罗齐对语言的表现性和海德格尔关于语言的诗意本质的看法,在某些方面是接近一致的。"② 然而,人们应当明确两者对于语言的阐释角度有着一定的差异。海德格尔认为存在论的语言应当从诗意的本质开始,让语言逐渐形成自己的道路。海德格尔认为:"语言的命运植根于一个民族对存在的无论何时的关联之中,所以,在我们看来,询问存在的问题与询问语言的问题在最中心处相互交织在一起。"③ 海德格尔通过全新的语言认知,促使语言的存在特质让人们得以发现,一定程度上影响了人们,使其不再仅仅重视自身对于语言来说的执行者、主宰者身份,而是逐渐转换为对语言的保护以及看护,成为语言的看护者。在海德格尔看来,语言是存在的最终场所。"语言乃是存在本身的澄明着—遮蔽着的到达。"④ 正如帕特里夏·奥坦伯德·约翰逊所言:"如果我们思语言,我们也许能够更为居有地理解我们自身与我们和存在的关系。"⑤ 海德格尔通过将语言、存在、生存之间建立关系,为语言观的存在论更新提供了有力支持。所以,为了更加深入的理解后期海德格尔的存在论语言美学理念,

---

① 参见 [德] 海德格尔《形而上学导论》,熊伟等译,商务印书馆1996年版,第79页。
② 周宪:《20世纪西方美学》,高等教育出版社2004年版,第173页。
③ [德] 海德格尔:《形而上学导论》,熊伟等译,商务印书馆1996年版,第51页。
④ [德] 海德格尔:《路标》,孙周兴译,商务印书馆2000年版,第383页。
⑤ [美] 帕特里夏·奥坦伯德·约翰逊:《海德格尔》,张祥龙等译,中华书局2002年版,第89页。

需要在理解海德格尔存在理论的基础上进一步探索其语言之思。

海德格尔在存在论美学研究的初始阶段，便加强了对语言的关注程度。例如，他在博士学位论文《邓·司各脱的范畴与意义学说》中，便将语言与存在的关系作为重要研究内容。但是，因其研究力度的不足，在文中对于语言与存在的关系也仅仅是一笔带过，尚未进行系统性的研究。而《存在与时间》则更多把语言放在此在的生存论分析中加以阐释。其中海德格尔不单是对语言本身研究，也不侧重对语言功能研究，而是从"话语"的角度不断思考语言的现象学特质。海德格尔认为"话语是此在展开状态的生存论建构，它对此在的生存具有组建作用"①。海德格尔通过将话语的特性进行展开，奠定了"把话语道说出来即成为语言"的现象学语言观。由于话语长期持续对世界的意义进行着影响，因此"话语在生存论上即是语言"②。

第一节 语言的工具化

假如将海德格尔对语言特性的研究体现为其探寻人类生存精神家园的努力，那么海德格尔对于语言功能性的批判，则是其促使语言走向存在论语言的方式。海德格尔利用技术性、大众性、主体性的角度让语言在不同层次展现，并对语言自身所隐含的功能性进行了系统性的批判。

基于大众专制的背景，为了进一步满足现代人的主体性，语言在演变过程中存在着被掏空的潜在风险。《存在与时间》中提出大众主要借助语言的无限塑造作为人们之间交往的中介，并实施交流者的对象化处理，让语言的存在成为对其他人教育、说服的工具。海

---

① ［德］海德格尔：《存在与时间》，陈嘉映、王庆节合译，熊伟校、陈嘉映修订，生活·读书·新知三联书店2006年版，第189页。

② ［德］海德格尔：《存在与时间》，陈嘉映、王庆节合译，熊伟校、陈嘉映修订，生活·读书·新知三联书店2006年版，第189页。

德格尔认为:"在现代主体性形而上学的统治之下,语言几乎不可遏制地脱落于它的要素了。"① 一旦语言运用过程中使得自身的各项要素逐渐丧失,则必将会使语言的存在真理脱离。通过对现代工作理性以及目的理性的理解,语言在使用过程中逐渐成为逻辑演绎以及因果推理的载体。因此,便得出"存在者本身显现为因果网络中的现实事物"②的结论。事实上,现实性事物已经不仅限于语言本身,而是更加侧重对现实事物的计算以及推理。海德格尔认为,如果仅仅将语言作为工具以实现对存在的全面把握,则不仅会使论证以及推理环节出现漏洞,同时也会在一定程度上让真理受到遮蔽。海德格尔写道:"思和言并不是理论的—自然科学的表象和陈述所能穷尽的。"③ 随着现代技术体系不断成熟,世界业已成了人的研究对象,成了研究、开发的质料,在此过程中语言的神秘以及诗意并不凸显。正如海德格尔所指出的那样:"控制论把语言转换为一种信息交流。"④

海德格尔通过现象学的直观方法将语言作为研究对象,进一步明确了现代社会,科技、文化对于人的控制,并描述了人对于自身本质的胁迫性。人一旦演变为社会的劳动资源,一旦被看作为某一个系统运行中的零件,人的存在的本质就事先被规定了。因此,在时代发展的过程中,人的本质会因事先规定而逐渐失去动态延展性,会逐渐成为科学技术的牺牲品。大多数思想家通常是从生命、精神、文化等角度对人类生存所遭受的困境进行分析、论述。海德格尔则是将语言作为载体,描绘出人类的生存状态。语言的根本性明确了人之本质,海德格尔认为:"到处而且迅速地蔓延着的语言之荒疏不

---

① [德]海德格尔:《路标》,孙周兴译,商务印书馆2000年版,第373页。
② [德]海德格尔:《路标》,孙周兴译,商务印书馆2000年版,第373页。
③ [德]海德格尔:《路标》,孙周兴译,商务印书馆2000年版,第81页。
④ [德]海德格尔著,孙周兴编:《海德格尔选集》,孙周兴等译,生活·读书·新知上海三联书店1996年版,第1245页。

仅耗尽了语言用法中的美学的和道德的责任,而且,这种语言之荒疏根本上来自一种对人之本质的损害。"① 海德格尔认为,语言的荒疏不仅会使时代精神有所牺牲,同时也会让人们的行为失去有序性。通过对语言的表面特征的对象化分析,语言作为原初的诗的本质逐渐被世人察觉。然而,海德格尔仍然心存忧虑,原因是,西方形而上学所形成的思维惯性借助科学技术正在逐渐敉平人的个别化和独立性。所以,技术性思维正在抹杀人的生存可能性,并对人之生存的时代性造成难以平复的创伤。海德格尔认为,只有作为本源性语言的诗才让人在生存过程中不断唤醒对当前境遇的深入反思,继而提醒人们运用不同的思维模式打破现有的局限性。只有人们将自身的思维模式打破,才能够将语言的技术性、功能性摆脱,确保语言的本质能够被人们所熟知、体察、掌握。

海德格尔写道:"在今天这个时代里存在并且增长着一种危险,就是科学—技术的思维方式伸展到生活的一切领域上。由此加强了一种错误的假象,仿佛一切思与言都是客观化的。"② 在海德格尔看来,在科学技术领域,将任何表象都作为能够操纵或者控制的对象,语言本身也在这一潮流中被不同程度地客观化处理了。语言仅仅被人们看成了单一的包含信息的计算工具。在使用过程中如各种类型的客体一样被同质化处理。

语言之道说并不是对一些客观性命题的深入表达。通常来说,语言是以一种多样化的方式让人们得到一定的启示,并向人们劝说一系列生活、人情事理。假如语言没有受到客观化的限制,便没有能够锁闭自身的因素。③ 海德格尔认为,只有在了解语言之道说的基础上,才能够反思语言的功能性和客观化。但是,海德格尔特别强调,客观化思考以及功能性语言尽管能够在某些方面派生,但却不

---

① [德] 海德格尔:《路标》,孙周兴译,商务印书馆2000年版,第372—373页。
② [德] 海德格尔:《路标》,孙周兴译,商务印书馆2000年版,第84页。
③ 参见王颖斌《海德格尔和语言的新形象》,人民出版社2015年版,第106页。

是科学证明的逻辑性演绎结果。它们更像是语言开展过程中的附属品，坚决杜绝人们将语言作为生存哲理性内容的家园加以膜拜。因此，海德格尔认为语言存在荒疏的原因，主要是人的本质出现了有害因素，即并没有明确语言的来源以及用途，使得生存并没有展现出预期的作用。

海德格尔以现代人的思维困境作为切入点，逐渐发现了生存偏离初始状态的影响因素。这就是利用机械化的语言加工模式，对语言的存在论本质进行掩盖或者遮蔽。"他去，我们会去，他们已经去过了，正去着，不去，这些形式都是同一个词按照不同的含义加以转化得来的。"① 海德格尔对上述这些语言形式展开研究。指出语言形式并不是在语言的诞生阶段就对语言的运用起着规范的作用。当然，语言诞生时所形成的语法形式，也并不是一成不变的，也是随着语言不断的使用而变得更加多样化。但是，正是越来越多的语言形式使得人们对世界，对生存的语法理解造成阻碍。基于希腊拉丁语衍生出来的语言语法有着较大的差异性，对语言的存在进行有目的的遮蔽，让人们逐渐丧失了在语言存在中展示话语的机会，仅仅剩下语言相对空洞的形式。海德格尔认为语言形式主要是引导人们机械的对语言剖析，并生成制定规章制度的一系列技术方式。事实上，人们在使用现有的语言进行语言交流之外，所留存的只是语法中相对机械化的死板模式。语言及其思考模式如今已成为僵死的循环。在现代教育中，语言语法中的形式在教师毫无思考的前提下对学生执行一系列的教授行为，儿童仅仅按照死记硬背的方法对其进行记忆以及运用，对于存在原理不加思考，最终导致语言成为呆板、僵死的模式。海德格尔认为此种做法有一些得不偿失，最终导致语言不再是存在的家园，仅仅成为存在的伪外在的形式，是缺乏核心内容的空壳。

海德格尔写道："本质的语言之言说，既不是从有声表达方面得

---

① [德]海德格尔：《路标》，孙周兴译，商务印书馆2000年版，第82页。

到规定的，也不是从意指方面得到规定的。"① 长时间以来，语言的主要特性主要表现为"表达"以及"指称"。但是，上述两种特性并不能就语言的主要功能提供规定内容。所以，对语言本源存在的褫夺，不仅包含对语言本源的遗忘，同时也涉及对功能性语言知识的建构。海德格尔认为，不管语言在人们技术思维的模式下遭受到何种损毁，不管对语言的语法体系进行何种知识性考察，都需要对现代技术的本源进行探索。即"集—置摆置人，亦即促使人去把一切在场者当作技术的持存物来订置，就此而言，集—置就是以大道之方式成其本质的，而且集—置同时也伪置大道，因为一切订置看来都被引入计算性思维之中了，从而说着集—置的语言。说话受到促逼，去响应任何一个方面的在场者的可订置性"②。语言本质在消失之后，便会转换为形式化的语言模式，而此种模式最为显著的特征便是"道说在计算上的可定制性"。

海德格尔将没有预先定制的语言称为"自然语言"。"它本身基于大道之中，而道说正是从大道而来才涌现运作。信息理论则把语言的自然因素理解为缺乏形式化了。"③ 由于现代技术在人们生活中的各个领域都有着一定的侵入，而存在论美学的思之开展也需要在此过程中不断融入。事实上，语言的功能性更加侧重对技术实质的凸显，并向外界传递出人类基础性生存缺失的现状。

从历史的角度来说，"语言乃是人的所有物"。人类通过掌握控制语言，并借助语言载体在人类个体之间传递经验、决策或者情绪。换句话说，语言是实现人与人之间交流的主要途径，也是各种资源的资源库，是不可或缺的社会财富。但是，语言的本质属性并不单

---

① [德] 海德格尔著，孙周兴编：《海德格尔选集》，孙周兴等译，生活·读书·新知上海三联书店1996年版，第1143页。
② [德] 海德格尔：《在通向语言的途中》，孙周兴译，商务印书馆1997年版，第264—265页。
③ [德] 海德格尔著，孙周兴编：《海德格尔选集》，孙周兴等译，生活·读书·新知上海三联书店1996年版，第1144页。

单只规定其为工具载体，这种规定实际上并没有挖掘出语言的真正本质，仅仅体现了语言的表面属性。语言不但是人类所使用的诸多工具中的一种，同时也为存在者敞开自身提供了适当的环境。只有语言存在的地方，世界才能够正常的运行，才能够支持人类的决断以及劳作，同时也对于活动以及责任进行辨识，进而衍生出专断、沉沦等。"只有存在语言，才会为世界保留运作的历史。"① 从更加原始的角度分析，语言即为财富。语言的存在为人类生活提供了担保，使得人们能够从历史当中探寻人性存在的可能性。语言不能仅仅作为一种能够支配的工具载体，而应当是通过语言载体，对所涉及的事件发生过程有着深入了解。海德格尔认为人们应将各种语言形式都作为需要进一步研究的样例或者亟须整理的资源。当然，此种行为实施过程中会产生一定的局限性，因此，海德格尔在《存在与时间》一书中，就历史历程中各种形式的语言进行了系统的分析以及考察，并得出了合理的结论，即加强对话语之道说的理解。海德格尔说："人们试图把握语言的本质，但他们总是依循上述环节中的某一个别环节来制定方向；'表达'、象征形式'、'命题'的传达、体验的'吐诉'、生命的'形态化'，诸如此类的观念都是人们赖以理解语言的指导线索。即使人们用调和的方法把这些五花八门的定义堆砌到一块儿，恐怕于获取一个十分充分的语言定义仍无所补益。决定性的事情始终是在此在的分析工作的基础上先把话语结构的存在论生存论整体清理出来。"②

鉴于此，为了能够达到语言的本质，应当在此在的现身中将情态作为语言道出的依据，进而才能够对语言的本源进行积极的探索。也只有通过此种形式，才能够深切地理解并掌握后期海德格尔的语言之思。

---

① 王颖斌：《海德格尔和科学运动观的交锋》，《科学技术哲学研究》2018 年第 4 期。
② [德] 海德格尔：《存在与时间》，陈嘉映、王庆节合译，熊伟校，陈嘉映修订，生活·读书·新知三联书店 2006 年版，第 190 页。

第二节　语言的表达

海德格尔将语言存在论意涵的展开过程看作一个事关人之命运的重大事件，认为语言是"大道"的开启之道。甚至，语言在本质上即与"大道"同义。基于对语言本质和"大道"关系的认识，后期海德格尔逐渐降低了谈论语言之存在本质的频率。之所以造成这种现象，是因为在海德格尔看来，如果某些词汇出现的频率过高，就会不同程度地对语言的本源产生影响，导致语言的本源出现偏差。

海德格尔在和一位日本学者就"语言"为主题展开讨论时，日本学者提到"语言"这一单词在日语中被称为"言叶"。言叶有着叶的含义，同时也代指花瓣，尤其特指樱花花瓣。在特定的语境中，"言叶"能够代表着一些喜悦的东西，同时以相对完美的状态得到显现。海德格尔曾提出语言为口的花朵。日本人对海德格尔的这一观点有着强烈的兴趣，并认为海德格尔直接切中了问题的关键。就整体情况而言，海德格尔不仅打破了对象化的思维模式，同时也为自身避免进入形而上的学科领域陷阱提供了条件，一定程度上将语言的僵局打破，并对审美特性进行创新性的阐释。海德格尔认为，语言从形而上学环境中逃脱之后，进而语言的道说本质便能全面的展示出来。因此，当道说对语言本质确定时，才能够将语言道说所涉及的东西进行明确。

海德格尔认为，逻辑语言的存在并不是言说或者道说的意义表达，逻辑语言具有较大程度的开放性，并且在语言结构中可以采集不同类型的语句元素。但是，值得注意的是，语句元素采集并不意味着随意性，需要对其中起着决定性作用的内容进行排序或者存储。正如"拾穗"便是在田野中对果实进行拾取，"采葡萄"便是在葡萄树上对葡萄进行采摘。在上述过程中所涉及的"采集"行为，并不单单指直接从树上摘取某种果实，同时也包含着对果实成熟过程的期许以及等待，还包含着成功获取果实的喜悦之情，以及对天地自然的感恩之情，最后则是对果实的精心保藏。所以，语言的言说以及道说的逻辑性并不就是"说"或者"谈"本身。海德格尔认为："置放惟一重视的事情是，让自发地一起呈放于眼前的东西作为呈放于眼前的东西进入它已经被纳入其中的那种保护当中。"① 当然，这里的"保护"便是对将人们眼前所呈放的东西使之进入无蔽性的状态。所以，无蔽状态有着一定的选择性，通过预先的甄别或者虔诚的行为使某物呈现于眼前。

海德格尔认为，富含采集以及存储行为的逻辑性语言，应当将言谈或者道说的本真属性融入这个东西，并根据上述的语言存在本质将最早及最丰富的裁决问题细致化处理。所以，就逻辑性语言的原始属性分析，采集便能够将语言之道说以及言谈进行分析，进而对事物完成相对完美的期待、呈现、保护等作用，最终使得其向着大道方向迈进。对海德格尔而言，大道便是在思之展开的过程中，对形而上学的一种克服方式，大道逐渐在本身的构建过程中慢慢形成了自己的控制领域。通过这个领域，人们能够获取语言中的生存契机，同时也会对语言的源头活水进行有效处理。如果人们没有预先将大道昭明，人的本质生存也会晦暗不明。海德格尔写道："大道乃是于自身中回荡着的领域，通过这一领域，人和存在丧失了形而上学曾经赋予它们的那些规定性，从而在它们的本质中相互通达，获得它们本质的东西。"② 从后期海德格尔有关大道和语言的一系列论述来看，大道之言实际上就是"诗"。

从古希腊思想者的言论中获取语言的本真定义一直是海德格尔思想展开的核心环节。与此同时，海德格尔也从中国思想家老子的

---

① ［德］海德格尔：《演讲与论文集》，孙周兴译，生活·读书·新知三联书店2005年版，第224页。
② ［德］海德格尔著，孙周兴编：《海德格尔选集》，孙周兴等译，生活·读书·新知上海三联书店1996年版，第656页。

第五章 美学表达:后期海德格尔的语言之思

思想言论中获取灵感。他认为老子的思想言论与古希腊的语言之道有着异曲同工之妙。海德格尔提出:"老子诗意运思的引导词语叫做'道',根本上就意味着道路。"① 海德格尔通过对老子思想的深入分析,通过将老子之道作为研究的出发点,将西方语言之道所涉及的内容与东方语言之道进行详细比较,最终揭示了语言之道的神秘性。海德格尔认为老子的道实质上是对思维展开的神秘性处理,与之对应的便是老子的学说"玄之又玄"。基于此种观察,海德格尔认为德语体系中的"运动"一词与老子的"道"存在着一些共性。

海德格尔认为人们产生倾听行为的作用便是对"道路"的孕育以及创建。然而,通常来说,人们对其的理解往往停留在事物本身或者事物的增加、减少,创建道路的作用并不凸显。海德格尔为了进行更加真实有效的分析,对德国某个地区的方言的古代用法实施了科学、系统的考察,最终得到结论,即创建一条新的道路。② 所以,海德格尔将"道路"这一单词进行了深层次的拓展,促使其代表的含义更加广泛。海德格尔认为,道之所道便是"相同源流"的直接体现,只有当道路开辟之后,才能够对语言进行理性、精神等领域的全面分析。

在海德格尔的语言美学体系中,道说在其中扮演着重要的角色。海德格尔认为,语言的最终本质便停留在道说层面。海德格尔认为语言的道说与老子的道之间有着一定的关联性,海德格尔经过一系列的考察认为,古代语言中表示"存在"的词语 sagan,原义是显示、显现的意思。因此,海德格尔提出:"既澄明着又遮蔽着之际开放亦即端呈出我们所谓的世界。澄明着掩蔽着之际把世界端呈出来,

---

① [德]海德格尔:《在通向语言的途中》,孙周兴译,商务印书馆2004年版,第191页。
② 参见邹小华《从操心范畴看海德格尔对科西克思想之影响》,《内蒙古社会科学》(汉文版)2019年第1期。

这乃是道说的本质存在。"① 值得注意的是，上述言论中所提出的"澄明"以及"掩蔽"最终体现在语言道说的方式之中。通常情况下，大道并不具备现代科学技术的促退特征，也不代表着高于一切的社会法则，当然也不会成为其调控作用的规定。与之相反的，道说的澄明以及遮蔽是顺其自然形成的，大道对于自然万物来说都属于自然的产物，并没有张扬的特性，也不会对任何事物产生独特的侧重性，对于任何事物也缺乏有目的性的追求。

海德格尔认为："大道是不显眼东西中最不显眼的，是质朴的东西中最质朴的，是切近的东西中最切近的，是遥远的东西中最遥远的，我们终有一死的人终身栖留于其中。"② 大道在世界运行阶段，时刻保持着固定的状态，不断引导人们向着语言之道进发。海德格尔提出："大道赋予我们人以一种泰然任之与虚怀倾听的态度，所以，使道说达乎说话的开辟道路的运动才向我们开启了那些小径——我们藉以沉思根本性的通向语言之路的小径。"③ 这条幽静的小路便是海德格尔所提出的语言之道，直接凸显出大道无言的世界状态。

通过对存在论美学之思的不断分析，可以看出，存在论美学以思作为展开的途径，揭示了大道的主要特征。事实上，不管是存在论美学之思，还是语言之道说，都过于沉静，有失灵动。所以，大道之思应当与语言道说一样，成为形成语言成道的有效方式。基于此，人们应当将自身的本质属性更加全面深入的交由语言并由语言进行看管，以促使人们得以在大道中栖息。海德格尔说："思作为大道的大道，这意味着：从事这一于自身中回荡的领域的建筑的建造工作。因为语言是在大道的动荡着的建筑中最温柔但也是最脆弱的

---

① ［德］海德格尔：《在通向语言的途中》，孙周兴译，商务印书馆2004年版，第193页。

② ［德］海德格尔著，孙周兴选编：《海德格尔选集》，孙周兴等译，生活·读书·新知上海三联书店1996年版，第1139页。

③ ［德］海德格尔：《在通向语言的途中》，孙周兴译，商务印书馆2004年版，第263页。

压抑一切的振荡。只要我们的本质归于语言，那么我们就居住在大道中。"语言以道说为前提将大道事件化。海德格尔说："大道居有人，使人进入为大道本身的用之中。如此这般居有着作为成其本身的显示之际，大道乃为道说达乎语言开辟道路。"①

正如花朵的绽放，其重点并非在于花的表象，而是花在此过程中将大道如期所是地展现出来一样，语言的本质在于将相对锁闭性的本质属性以道说的形式展现出来。正如海德格尔所说："大道乃作为那种道说而运作，而在此道说中语言向我们允诺它的本质。"② 海德格尔认为，上述允诺能够使语言变得更加具有亲和性。在此过程中，语言便能够成为大道的倾听者，为自身成为自我提供有力的保障。"人之为人，只是由于人接受语言之允诺，只是由于人为语言所用而去道说语言。"③ 通过上述分析可以发现，人们之所以能够符合道说，并不是因为人们能够掌握多少说话的技能，而是因为人们能够顺应道说的本质，促使人们在大道之前得以臣服。所以，语言向来被视为人们表达自身的交际工具，并且作为人类自身的一种能力，尽管此观点与语言之道所提倡的核心主旨有着一定的差异性。

海德格尔认为，大道之说并不仅仅代表了人们能够进行话语的交流，同时也需要借助大道之说将世界的多重结构合理地展现出来，明确世界游戏所代表的真正含义。在自由境界当中，语言能够通过多次"表现、维护"将其在世界中显示。在此过程中，人类作为必有一死的个体，其在多重世界中并没有相对凸显的地位，并且在四重世界里往往处在被动性的位置。在存在论美学语境下，人、大地、天空以及神之间存在着相互依存的联系，并且作用于世界当中。而

---

① ［德］海德格尔著，孙周兴编：《海德格尔选集》，孙周兴等译，生活·读书·新知上海三联书店1996年版，第1141页。
② ［德］海德格尔著，孙周兴编：《海德格尔选集》，孙周兴等译，生活·读书·新知上海三联书店1996年版，第1099页。
③ ［德］海德格尔著，孙周兴编：《海德格尔选集》，孙周兴等译，生活·读书·新知上海三联书店1996年版，第1099页。

此种表现在真实世界中最为直接的表现便是"作为世界四重整体的道说,语言关涉我们;而我们作为终有一死者就是这个四重整体之一部分,我们之所以能说话无非是因为我们应合语言"①。

所以,道说与人们日常的说话行为并不是同一种东西。如果一个人在进行言语的讨论,对海德格尔来说,其并没有进行真正意义上的说话。相反,当其沉默寡言时却能够从其行为中体会到道说的内容,大道无言便是最为直接的体现。

第三节　语言的接受

大道之说为语言的本质探寻提供了正确的方向。传统意义上的语言观念仅仅是为了帮助人们对于语言的表象以及表达进行规模化的获取,其最终目的是帮助人们能够正常性的说出声音或者讨论。而对海德格尔来说,其所推崇的思想则是反其道而行之,他认为,大道之说最为本质的属性即为倾听以及沉默。海德格尔在《存在与时间》中曾提出,本真语言的声音来自倾听以及沉默。海德格尔认为人类符合大道之说的前提条件便是对世间万物有着倾听的可能性。即为了能够实现某一种行为或者目的,需要将自我向外界呈现出开放的状态,运用自身的各种感官对相应的语言实现全方位的倾听。从更加深层次的角度讨论,即是人类在生存活动过程中,将自我奉献给了大道之说。海德格尔认为,人类所具备的"倾听"以及"述说"功能有着较为强烈的原始色彩。当然,这种原始色彩展现出来的方式需要人类运用最为真切的行为展现。海德格尔将其比喻成人类在生活中身边一直存在一个朋友,并且在开展生存活动中,都能够倾听到朋友对于人类的话语,进而实现对人类所处世界环境中各

---

① [德]海德格尔著,孙周兴编:《海德格尔选集》,孙周兴等译,生活·读书·新知上海三联书店1996年版,第1192页。

种环境因素的了解以及掌握。事实上，当人类在与朋友之间构建联系的过程中，便已实现人类对于本真状态的敞开。通过倾听，领会出世界的各种道理。通过对自身领会，完成听命的行为，本质上便是对自我行为的肯定。随着海德格尔对于语言研究的不断深入，其在后期对于存在论语言有着较大程度的转变，正如上文中所提及的存在论思想的转变一样。

海德格尔认为，对于道说来说，其并不是对于有声的表达，以及意境的特例规定，所以，广泛意义上的倾听行为便不是人类耳朵对声音的接受，而是更加深层次的"传送"。值得注意的是，此种传送的形式过于空泛化，一定程度上与道说所传递出的核心理念之间存在着较大的差异。就道说的本质而言，真正意义上的道说则更加倾向于集中性的呈现模式，通过这种模式能够使人们更加深刻地促使相关内容传送至各种对象当中。道说能够运用聚集的方式彰显事情的本质，促使事物能够在遮蔽的状态中更加全面地走出去。正如海德格尔所说："听就是这样一种自行聚集，即留神于要求和呼声的自行聚集。听首先是被聚集起来的倾听。所听在倾听中现身出来。"[①]人类通过掌握正确的倾听方式，能够将语言的本质以独特的方式展现，而如果缺乏倾听的能力，则运用更大的音量也无法让人类获取相应的信息资源。所以，人们应当掌握倾听的方式，逐渐明确倾听的本质属性。

与之相反的是，假设人们通过声音学科的角度分析，则倾听让人们对所听事物进行思考，便会使人不能在第一时间掌握所听内容的真正含义。所以，海德格尔认为，人们在倾听的过程中不能仅仅流于表面形式的倾听，同时也应当全身心地投入其中。借助此种倾听模式，让人们得以投入言语的怀抱当中。而上述过程，则便被称

[①] [德] 海德格尔：《演讲与论文集》，孙周兴译，生活·读书·新知三联书店2005年版，第227页。

为"道说摄取"。基于此种模式，语言当中所表达的核心内容才能够全部让人们掌握。海德格尔写道："当我们的专心完全投入倾听之中，完全忘记了耳朵以及声响的单纯涌通，这时我们就聚精会神地听。只要我们仅仅听作为一个讲话者之表达的字句，则我们根本还没有听。"所以，假设人们在倾听的过程中因自身因素或者外界环境影响而产生注意力不集中的状态，则必然会在一定程度上丧失对倾听内容的全面掌握。

事实上，倾听行为并不存在催促或者强制性行为，倾听是心无旁骛的结果。正如海德格尔所言："任何真正的倾听都以本己的道说而抑制着自身。因为倾听克制自身于归属中，通过这种归属，听始终归本于寂静之音。"① 其中，"寂静之音"即为大道无言。海德格尔认为寂静是语言之道说的前置条件，其存在作用正如绘画作品中的留白。通过静默的语言，让语言之道说的宁静不断拓展其深度，促使大道也会因此而产生世界四重结构，为人们在世界之中的停留打好基础，最终实现"天人合一"的精神状态。然而，大道寂静并不是无声的。事实上，大道无言一定程度上也会为无声提供相应的辅助条件。如果在无声中进行保持，则所体现出的仅仅为物理上声响方面的静止，而静止并不仅是对声音产生的消除，同时也是对发声这一行为的禁止。寂静并不是代表着真正的宁静，可以将其理解为宁静的背面。通过将宁静作为基础，确保宁静的本质能够完成各种类型的静默。寂静的静默属性，永远是大道无言的主题。一旦没有了寂静，则必然会对人们的倾听行为产生影响。烦扰的环境不仅会对倾听产生较大的影响，同时也会使人们无法沉浸到自由之境当中，更不用说在大道之中实现栖居。所以，为了人们能够在大道环境中掌握倾听之力，应当最大限度确保倾听大道之寂静，进而能够

---

① ［德］海德格尔：《在通向语言的途中》，孙周兴译，商务印书馆2004年版，第26页。

帮助人们对大道进行倾听以及述说。因此，海德格尔说："语言作为寂静之音说话。"① 海德格尔认为，通过在寂静之境中实现倾听式的言语论述，即便人们在寂静之境中所表达的话语不够显眼，但是却能够运用最为质朴的言语对大道的核心本质进行论述，确保大道的正常运行。因此，人们才能够在日常的成长过程中，对世间万物进行倾听，其最终本质便在人类对大道之音的倾听中呈现出来。海德格尔认为："终有一死的人听天空雷霆，森林啸声，泉水潺潺，弦乐铮铮，马达隆隆，城市噪声，之所以能听这些，只是由于我们已经以某种方式归属于、又并不归属于所有这一切。"② 通过上述分析，便能看出语言的倾听，并不是关乎着人类听觉感官所接受的信息是多大分贝，或者所获取的信息量的多少，而是对听觉距离的确定，表现对人类听觉感官得以通达大道的空间性的确定。

通过上述内容，便能够发现海德格尔对于语言的本质特性有着不一样的观点。他对传统意义上语言（即说话、发声）的定义有着强烈的不满，这种定义方式并没有真正将语言的本质进行合理性的确定，更不用说其能够达到语言之道。海德格尔认为，过去的语音学、声学以及生理学并没有就发声过程进行合理性的说明，也没有相关经验让其成为寂静之音的源头，更不用说因系统性的不同制定出各种类型关于声音的规定。道说的倾听内容并不是对各种心思的沉迷性，其并不关心声音的大小、强弱程度以及音量的高低。词语的发音并不是对人类语言当中常见方式的规定，而是对道说应答当中所呈现的倾听模式的确认。海德格尔认为："任何一个被说的词语都已然是回答，即：应对的道说，面对面的倾听着的道说。使终有一死者进入道说的根本，把人之本质释放到那种用之中，由此用而

---

① ［德］海德格尔著，孙周兴编：《海德格尔选集》，孙周兴等译，生活·读书·新知上海三联书店1996年版，第1001页。

② ［德］海德格尔：《演讲与论文集》，孙周兴译，生活·读书·新知三联书店2005年版，第228页。

来，人才被使用，去把无声的道说带入语言的有声表达之中。"① 所以，人们可以通过倾听来获取有声表达的可能性，并且促使人们在倾听的过程中逐渐以更加完美的状态完成其释放及保全。海德格尔通过不断探讨语言的本质属性，对其进行更加严肃的定义，让人们逐渐了解了语言存在的本质。

在后期海德格尔的存在论美学中，对于沉默的重视程度比较足。海德格尔认为，沉默可以理解为是语言道说的不同表现形式。"比起口若悬河的人来，在交谈中沉默的人可能更本真地让人领会。"② 现有的语言道说的沉默并不是人们常说的沉默，也不是因为一些生理缺陷或者性格问题而产生的沉默。对于社会中说话有问题的人们，其沉默属于被动型的沉默，而对于那些天生性格张扬，能言善辩者来说，其对于沉默则是熟视无睹。假如说前者的沉默有着特定的条件，而后者则是对于沉默属性的选择性遗忘。海德格尔写道："真正的沉默只能存在于真实的话语中。为了能沉默，此在必须具有它本身的真正而丰富的展开状态可供使用。"③ 某种程度上来说，沉默便是最好的倾听，二者都是语言寂静之道的特有属性。

事实上，沉默并不意味着声音学领域的静寂，沉默一定程度上体现出语言大道中的无言属性。无言并不是意味着不说话，同时也不对言语的了解呈现出否定的含义，在存在论的美学倾听中，应当以无畏的心态，掌握其本质属性。因此，为了能够对沉默的保全以及保有更加合理化处理，应当舍弃传统鼓噪的行为模式。海德格尔认为："凭任何陈述都不能捕捉道说、道说的特性。道说要求我们，对在语言本质中成道者的开辟道路这回事情保持沉默，同时又不谈

---

① [德]海德格尔：《在通向语言的途中》，孙周兴译，商务印书馆2004年版，第261页。

② [德]海德格尔：《存在与时间》，陈嘉映、王庆节合译，熊伟校，陈嘉映修订，生活·读书·新知三联书店2006年版，第192页。

③ [德]海德格尔：《存在与时间》，陈嘉映、王庆节合译，熊伟校，陈嘉映修订，生活·读书·新知三联书店2006年版，第192页。

论这种沉默。"① 因此,海德格尔认为人们之所以能够在生存中完成开口说话,其根本原因在于语言的道说本性。通过道说显示出不同的现象,让倾听以及观看成为合理行为,促使倾听以及观看成为语言道说的本质。

海德格尔说:"语言说话,乃由于语言道说;语言所关切的是这样一回事情,即我们人在听从未被说者之际应和于语言之被道说者。所以,就连沉默也已然是一种应和。人们往往把沉默当作说话的本源而置之于说话下面。沉默应和于那居有着——显示着的道说的无声的寂静之音。"② 所以,不管是倾听行为还是沉默,都应当以更加完美的状态融入大道之中,帮助大道之说不断完善。海德格尔利用两种不同类型的生存论本质特点,让语言学的理论依据得以扩充,其存在论美学中的语言已然成为人们走出生存困境的主要意义世界。

值得注意的是,海德格尔对语言之道的理解,更加侧重对诗歌的理解。假设语言之思是运用最为简单的方式展示出大道的学说,则开辟大道的道路则是海德格尔最为直接的目的。海德格尔认为:"道说乃是大道说话的方式。此所谓方式与其说是模式和样式,而不如说,即吟唱着进行道说的歌。因为成道着或居有着的道说使在场者尽其所有地显露出来,颂扬它,亦即允许它进入其本己的本质之中。"③ 海德格尔写道:"诗与思,两者都是一种别具一格的道说,因为它们始终委诸值得思的东西的词语之神秘,并且由此一向被嵌入它们的亲缘关系中了。"④

---

① [德]海德格尔著,孙周兴编:《海德格尔选集》,孙周兴等译,生活·读书·新知上海三联书店1996年版,第1147页。
② [德]海德格尔著,孙周兴编:《海德格尔选集》,孙周兴等译,生活·读书·新知上海三联书店1996年版,第1143页。
③ [德]海德格尔著,孙周兴编:《海德格尔选集》,孙周兴等译,生活·读书·新知上海三联书店1996年版,第1147页。
④ [德]海德格尔著,孙周兴编:《海德格尔选集》,孙周兴等译,生活·读书·新知上海三联书店1996年版,第1148页。

第四节 语言作为美学的研究基础

海德格尔将语言之道说作为研究的初始点，一定程度上为人们体会语言的存在之真理提供了参考的依据。海德格尔认为："语言是存在之家，因为作为道说的语言乃是成道的方式。"① 事实上，上述话语便是海德格尔对思想领域的最终结论。语言能够将海德格尔对存在之家的理解逐渐转变为对大道的说法，进而对海德格尔的存在论美学进行更加细致化的处理。如果说海德格尔对语言之道说的前期研究主要侧重"存在"领域，那么他在后期研究中则侧重对语言大道的彰明。由存在向大道的转变，某种程度上也可以理解为海德格尔自身思想具体化的表现。海德格尔通过利用游戏的方式让人们对大道有着更加形象化的理解，有助于加深大众对于大道的理解。事实上，道说所传达出的并不单单是表象的内容，同时也隐含着对存在遮蔽性、无蔽性的分析。

语言之所以能够为存在提供家园，主要是因为道说将存在家园的属性、形态丰富化处理。海德格尔认为："语言乃是在场之庇护，因为在场之显露已然委诸道说之成道着或居有着的显示了。"② 此观点与海德格尔1949年所著的《关于人道主义的书信》中所展现出的观点比较相似。海德格尔认为思想能够相对有效地将人之本质与存在紧密联系。此种联系与大道性质相同，并随着大道之说而自我产生、自我变化。因此，人的本质便能够得到最大限度的保护，存着促使我们在现有的环境中不断发散自身的思维，提出创造性的理念，最后让人之本质融入大道当中。

---

① ［德］海德格尔著，孙周兴编：《海德格尔选集》，孙周兴等译，生活·读书·新知上海三联书店1996年版，第1148页。

② ［德］海德格尔著，孙周兴编：《海德格尔选集》，孙周兴等译，生活·读书·新知上海三联书店1996年版，第1147—1148页。

第五章 美学表达:后期海德格尔的语言之思

思想可以将人的本质作为存在的某种独立的表现形式,将存在孕育在自我中这回事向着本身整体呈现出来。海德格尔认为:"这种呈献就在于:存在在思想中达乎语言。语言是存在之家。人居住在语言的寓所中。思想者和作诗者乃是这个寓所的看护者。只要这些看护者通过他们的道说把存在之敞开状态带向语言并且保持在语言中,则他们的看护就是对存在之敞开状态的完成。"①

就如上文表述的一样,思与诗即为大道之说的特殊形式。在此处,思想者以及作诗者便会成为语言的守护者。所以,在海德格尔思想的演变历程中,存在、此在与大道之间起到了相互依存的关系,而思与诗便是相互支撑对象。但是值得注意的是,此种支撑应当于语言环境中找到符合自身条件的生存环境。语言能够向大众表述出人类生存环境的优势以及弊端,存在所涉及的历史在一定程度上也规定着世界中任何人的环境条件。语言成为存在之家园,其最为根本的原因便是语言能够运用相对原始的方式,让人们发现生存的本质以及前提即为诗意之存在。当然,不管是何种存在模式,语言便是存在之家,同时也是栖居存在家园的方式。

如果想要更加近距离地进入家园当中,应当在存在的环境中不断提升自我的生存向度。事实上,世界中存在的各种生存模式,并不是真正接近存在家园。产生这种现象的原因在于存在在历史的长河中并不是突兀性的展示,而是随着社会的发展不断演变。究其根本,存在仅仅可以作为真理的表达。当然,此种表达方式过于简约,其主要目的是帮助存在真理达到一种平衡的状态,并不能将其理解为大众在历史的洪流中所随意产生的各种观点,也不会成为某些因生活环境不同,而产生的封闭式言论。海德格尔认为,假设人们因生活需要而再次进入存在的附近区域,则该以同样的方式让其明白大众状态的诱惑性,同时也能够认识到自我领域的无力性。值得注

---

① [德]海德格尔:《路标》,孙周兴译,商务印书馆2000年版,第366页。

意的是，人在说话准备阶段，应当让其时刻了解存在的呼声。他认为这种呼声有着一定的罕见性，但是只能通过此种方式，让人们以更加有效的方式通过词语掌握存在的本质。语言的本质属性将自身作为存在的家园，便是运用更加深层次的形态让人们将自身传送至存在门下，最终成为更加虔诚的看护者。所以，海德格尔认为语言之道说能够讲述世界中各个人类个体，但是人类个体所表述的语言却无法代表语言之道说。为了追求世界的真理，人们应当时刻遵循着语言之道说的引导，明确语言之道说的不同真理层次，使人们逐渐成为语言之道说的忠实追随者。

海德格尔提出"语言是存在之家"即为对人类中心主义的合理性批判，他试图恢复语言作为存在引导者的核心地位，促使语言成为最终的道说者，而并非受人驱使的交际工具。海德格尔认为，语言能够主动转变其与人类之间的关系，并表述出最为根本的内容。海德格尔认为："人洋洋自得，以语言之创造者自居，自诩为语言的主人实则却是它的奴仆。仅当这种主从关系重新摆正之后，人才会省悟到其间的奥秘玄机。语言可以充当表达工具。语言自为表达。但它可能沦为单纯的表达手段。人在把语言当作手段使用时，必须遵守语言的细致规定，但这一点尚无助于我们恢复语言与人之间真正的主从关系。因为语言本来就是自我表达，人只能顺从语言，聆听它的要求，才可使用它。"① 在此处，语言便能够成为存在之家园的合理性缘由。当然，语言不仅存储着存在展开状态的精华，同时也有着对语言通达性的显现。正是基于此种情况，海德格尔才能够在现有基础上实现对大道之说言论表述方式的创新性论断。

语言之所以能够成为存在之家园，一定程度上也是因为语言有着丰富的历史，同时对于地域的影响也比较大。与此同时，海德格

---

① 刘小枫主编：《人类困境中的审美精神——哲人、诗人论美文选》，东方出版中心1994年版，第562页。

尔也认为语言的历史性以及地域性也不是能够说明问题的主要依据。假如将语言表达称为一项有意义的活动，那么应当将语言的声音特征以及文字特征进行合理性的考察，并让语言逐渐成为无穷性的语言形式。一组词语的诞生，可能是在无声中出现，尽管人们在后期能够为其配上声音，但是声音也在不断地改变。技术性语言的考察行为并不是对根本性时代化划分或者在时代空间的多样化变换。

对同样的一个词语，有的音是浑厚的，而另一个却是清幽的；或者上一个音节是沉闷的，下一个音节便是响亮的。人们通过较为表象性的思维模式以及技术性的测试技巧所进入的语言范畴并不是真正的核心地带。正如海德格尔所说，人们借助语言当中的旋律以及节奏，可以进一步发现语言与歌曲的关联性。由于人们通常运用划分种类或者总结归纳的方式对语言的节奏以及旋律进行辨识，尽管通过此种方式可以帮助人们获取一定的语言特性知识，然而，基于物理学以及生理学的角度出发，利用技术手段完成表象节奏以及旋律，并不能将语言本质性的内容进行全面深入的获取。

海德格尔指出："方言的差异并不单单而且并不首先在于语言器官的运动方式的不同。在方言中各各不同地说话的是地方，也就是大地。而不光是在某个被表象为有机体的身体上的一个器官，倒是身体和口都归属于大地的涌动和生长——我们终有一死的人就成长于这大地的涌动和生长中，我们从大地那里获得了我们的根基的稳靠性。当然，如果我们失去了大地，我们也就失去了根基。"[①] 海德格尔直接展现出了核心，即大地是存在之家的给予，并透露出对其感恩的信息。因为大地不仅能够为人类提供生存的物质基础，同时也能够帮助人们培养自我的语言技能。

大地因其自身的丰富性、多彩性为人类提供了多样化的生存环

---

① [德]海德格尔著，孙周兴选编：《海德格尔选集》，孙周兴等译，生活·读书·新知上海三联书店1996年版，第1109页。

境，并赋予人们生存的根基，而语言便是在大地孕育人类的过程中伴随着出现的。所以，语言不仅能够在听觉感官以及视觉感官（文字）上得以体现，一定程度上也包含着对大地时间的转换，记录着存在家园的沧桑性，同时也聚集着无限的生命力量。因此，从某种程度上来说，语言与其说是被人类所创作，不如说是被大地孕育，人们便是在存在之家园中发现自我天命。海德格尔通过荷尔德林的诗歌深入研究，发现荷尔德林将语言比喻为口之花朵。事实上，这种比喻与日本人将语言称为"言叶"有着异曲同工之妙。海德格尔受到荷尔德林的影响，认为"在语言中，大地向着天空的花绽放花蕾"。语言道说之中对"寂静之音"的解释为大地的无声之言。人类在相对固定化的生存环境中不断演变，会产生不同层面的变化。而语言则在大地的怀抱中得以实现，语言帮助人们加强了对历史的铭记，同时也有着对美好生活的期许，并且也可以表现出人们对大地的热忱之心。正是此种情况，为海德格尔寻找、获取存在之家园提供了理论方面的支持。海德格尔时刻遵循着此种理念，并在与日本学者手冢富雄的交谈中留下这样的话语："如若人是通过他的语言才栖居在存在之要求中，那么，我们欧洲人也许栖居在与东亚人完全不同的一个家中。"① 海德格尔认为人类从熟悉的环境中进入陌生家园有着较大的困难，但是他却最大限度地帮助人们找出探寻语言链接之地的容易方式，即确保西方世界与东方世界之间关于语言之道说的认识是相同的，而能够实现这一点，海德格尔并没有明确的表述，可能也仅仅停留在理论方面。

海德格尔将语言称为大地的花朵主要是因为花朵在自然界的任何适宜生长的区域都能够生长，并且能够给予周边环境以美感。就实际情况来说，世界中每个区域的方言就如大地之花朵一般，能够

---

① [德]海德格尔著，孙周兴编：《海德格尔选集》，孙周兴等译，生活·读书·新知上海三联书店1996年版，第1007—1008页。

给予人美感,并且一定程度上能够体现出较为明显的大地属性。值得注意的是,上述中的大地并不能单纯地理解为现实生活中的大地,或者某一个空间区域,此处的大地应当是为人们提供生生不息的生命以及生存物质的大地。正如远方的游子落叶归根,并不是因为人们的故乡在何种地方,而是因为那种让人能够对原有生活区域产生思念的情感。

大地在语言范畴中有着乡音的意义,是人们在他乡所追寻的声音。当然,此种故乡的声音并不是直接从现在生活区域土地中的元素分析得出,正如海德格尔所言:"家乡存在之为家乡存在,是通过那种源出于故乡本身并且保持着故乡的与故乡的邻近。故乡是灵魂的本源和本根。"① 所以,海德格尔的存在论美学中对于美学的理解更加侧重人诗意地栖居。海德格尔提出:"但我们人从何处获得关于栖居和作诗之本质的消息呢?一般而言,人从何处取得要求,得以进入某个事情的本质中?人只可能在他由以接受这个要求之处取得此要求。人从语言之允诺中接受此要求。无疑地,只有当并且只要人已然关注语言的特有本质,此事才会发生。"② 所以,海德格尔提倡的本质更加侧重对诗意的简化,即为诗歌之道说。

海德格尔认为,诗是世界上最为纯粹的语言之道说。而在荷尔德林的诗句当中,纯粹之道说更加侧重对语言器具的真正现象。海德格尔通过与荷尔德林的诗意对话,其最为主要的目的便是通过对话更加细致化、本质化的确定语言之道说。正如海德格尔所言:"说话在诗歌之所说中成其本质。"又说:"思与诗的对话旨在把语言的本质召唤出来,以便终有一死的人能够重新学会在语言中栖居。"③

---

① [德] 海德格尔:《荷尔德林诗的阐释》,孙周兴译,商务印书馆2002年版,第24页。

② [德] 海德格尔:《演讲与论文集》,孙周兴译,生活·读书·新知三联书店2005年版,第197—198页。

③ [德] 海德格尔:《在通向语言的途中》,孙周兴译,商务印书馆2011年版,第31页。

通过此种情况分析，人们可以通过阅读诗句表现出对诗意栖居的理解，但是并不是意味着阅读诗句便是读诗或者分析诗意，此种作用于形式上，人们可以利用读诗作为语言栖居的一种方式，但是并不能将读诗看成理解诗句，分析诗之情感。此种形式的掌握方式与语言之本质有着本质的不同。所以，荷尔德林对诗的阐释，并不是在荷尔德林通过自我的总结所得出的作诗方式，更不是相应的创新行为。荷尔德林的诗句曰："充满劳绩，但人诗意地，栖居在这片大地上。"① 其中，"大地"指代的是语言的来源处，而"栖居"则是诗化。由此得出"作诗是本真的让栖居"的结论。此结论对于人们的思维有着较大的影响，一方面，人们需要从语言本质对思想进行思忖；另一方面则是让作诗的本质进行栖居。只有做好这两个方面，才能真正意义上实现语言的栖居。正如"栖居在这片大地上"并不是空间位置的占有。就现实生活情况来说，人们在城外生活，在城内工作，或者出去旅行，或者住宿在异地，上述这些情况仅仅是换换地方，但并不意味着栖居。

通过语言，能够将存在之家园中所涉及的命题精确指明，即语言不能被控制在工具性这一范畴当中。海德格尔希望利用更加广阔的视野对待语言，逐渐让人们了解"人为语言主宰者"这一理念的错误性。海德格尔基于本真的角度从源头分析语言的本体论属性。假如将语言之本质称为道说及对话，则存在的显现性以及大道运行便是语言创新性的系统展示。因此，语言便是存在之家园，并且可以借助诗意之体现引导人们探寻回归家园的正确道路。在诗与思的对话以及道说中，语言的本源属性是生生不息的，人们在诗意的道说中得以澄明显现，并且成为忠实的倾听者，成为居住于"语言"中，并守护着语言作为"存在在家"之本质的守护者。

---

① [德]海德格尔：《演讲与论文集》，孙周兴译，生活·读书·新知三联书店2005年版，第200页。

第六章

美学升华：后期海德格尔的"诗意栖居"

第一节　理念与诗意的碰撞

笔者通过对后期海德格尔美学的阐述与展开，认为后期海德格尔在存在论美学中所提到的思，与笛卡尔的"我思"并不相同。与过去人们将思看成是主体力量向外张扬的方式不同，海德格尔认为思是一种"泰然任之"的生存境界。这种境界，充分展现了生存的空间与领域，而完全抛弃了现代科技思维和理性思维对"思"的认知惯性，从而转变了人们对"思"的解读。① 理念与诗意的碰撞，也就是在这一转变的基础上得以实现，并展示出了诗与思的对话。海德格尔认为，在诗里面蕴含着思的本源，而思则将"泰然任之"这一境界通过诗的形式表现得更加透彻，更加展现出思的本真与诗的智慧。关于理念与诗意的碰撞，不仅仅关系到诗意之所处，也影响到真理之所生。思与诗之间相互融合，共同实现天人合一的博大局面，使诗的艺术更加深奥与深远。

正是在这种理念与诗意的碰撞之下，诗的出现随时伴随着思的

---

① 参见谢利民《海德格尔论胡塞尔现象学的近代科学基础》，《自然辩证法研究》2018年第6期。

闪烁，在诗与思的相辅相成之中，逐渐达到思所向往的存在之根本。对此，英国学者乔治·帕特逊在谈到语言、诗与艺术时认为，对存在的深情眷恋，仍然贯穿着海德格尔思之始终。他指出："诗，作为艺术作品，是真理之展开模式，是对存在者的命名，它呼唤存在者进入存在，成为它们本身所是，这就要求我们承认诗与思比邻。"① 通过海德格尔的视角，我们可以看到，他对诗的关注点从来不是分析、品评诗本身，更不是通过对诗中词句的解剖、释意来阐述诗的意义。海德格尔对诗提出了"泰然任之"的思之观点，认为不应当在技术思维影响下破坏诗的本真，而需要保持诗的本源状态，以貌似"心不在焉"的形式，对诗的总体进行思，从而对诗的本质进行保全。海德格尔认为，对于诗我们不应当进行拆解，而要始终将诗作为一个整体，对它进行一而再、再而三的反复诵读，在诵读过程中逐渐领悟到诗的本意。这种以思来悟诗的观点，避免将诗作为一种部件的组合，刻意的拆解和归纳出所谓的中心思想和作诗规律，而是要更加接近诗的本质，这也是诗与思对话与碰撞的最高境界。海德格尔在《荷尔德林的大地和天空》② 一文中，起始就点明了思的境界，即摒弃人们惯常的技术思维方式，运用最为质朴的运思来进入荷尔德林的世界，从而真正了解和领会诗中的意义和内涵。他表示，与思相悖的思维方式，无论是形而上学的概念思维还是现代科技的理性思维，都不适用于诗的理解，更不利于诗的传诵与创造，使诗意世界被异化成为其他的事物。海德格尔特别指出，诗的世界不属于文学或者美学的基本范畴，切不可以文学或者美学的思维模式对诗进行解读，更不能以文学或者美学作为诗学的理论根基。任何试图通过理论的方式进行的诗的解读，都偏离了诗的生存境界，

---

① 参见［德］海德格尔《荷尔德林诗的阐释》，孙周兴译，商务印书馆2000年版，第210页。
② George Pattison, *Routledge Philosphy Guide Book to The Later Heidegger*, London: Routledge New Fectter Lave, 2000, p. 161.

第六章　美学升华:后期海德格尔的"诗意栖居"

错过了诗的本质①——诗的表达,只有在思的境域当中,才能充分展现它的智慧与本源。

海德格尔在《荷尔德林诗的阐释》一书中,首先表达了他对现代诗歌分类编辑的方式的不认同,指出这种诗的分类方式,就是在旷野大钟上覆盖了一层白雪,看似给大钟赋以美的感受,却干扰了钟声的音调,破坏了诗的本真。他认为,对于诗进行分类、编辑和阐释,不论其是否能够具备可行性或者合理性,都是一种不当的行为,因为分类、编辑和阐释本身就是错误的。对诗进行阐释性的研究,不可避免地会将诗拆解成各个部分,使诗意变得零碎,失去了整体的原貌,属于画蛇添足之举。海德格尔认为,诗是一种最为纯粹的艺术,对于诗,我们只能作为一个整体进行思,而不是将这种创作产品进行分解或者阐释,这些行为在诗歌的纯粹面前显得既无力又多余。可以说,海德格尔始终将诗作为一种独立存在、不可分割的存在,通过反复不断地诵读以及咏唱等方式进行自然而然的思,使诗意在诵读过程当中自然的涌现,达到"润物细无声"之功效。诗意的存在,不是采取解析、阐释所能得出的结论,也不是借助诗词的逐字解读所能感受到的,只能通过应和诗人的自我感悟,在潜移默化中领会诗意。形而上学思想影响下的人们对诗歌所进行的阐释,实际上已经偏离了诗意的方向,不应该成为赏诗的主流,这是海德格尔希望突破的思想困境。但与此同时,海德格尔也提出了思的"泰然任之"并不意味着"放任自流",对诗的思需要保持一种纯洁单一的心境,坚持心无杂念的状态,而不能对诗进行胡乱猜想、肆意妄为。只有在这种纯真的思中,诗意才能够自然而然地流淌出。

这种理念与诗意的碰撞,实际上就是要将传统的诗歌鉴赏方式打破,使诗意与诗性回归到诗的本源。在诗的世界中,切不可进行

---

① 支运波:《急迫、建基与敞开:海德格尔对诗的沉思》,《社会科学》2017年第9期。

有意图的生存，而是要时刻保持一种"泰然任之"的心境，达到诗意的浑然天成。而这种诗意境界的抵达，就需要思的指引，以一种水到渠成的状态进入诗歌的深层。而在形而上学思想指引下的诗词分析与阐释，表面上看他们也找寻到了所谓的诗意，但由于没有思进行指引，而是通过理性思维的方式进行诗词剖析，因而它们所达到的诗意并不是诗的本真。在海德格尔的思的指引下，我们可以看到与传统诗歌鉴赏所不同的一种视角，观赏了诗的全新面貌，并且更加清晰地感受到诗的本意，从而回归了诗的本源。传统文学与诗词研究的方式，将诗转换成一种文本，将其划分为某种结构或者类别，表面上看使诗歌更加清楚而易懂，但这种系统归类的方式只是对于语言、文字的另一种解读手法，使其局限在社会理性认知的范围内，反而遮掩了诗的本真。

就像艺术、语言一般，海德格尔将诗也看作是与存在密切联系的事物。如果离开了存在的思来理性地谈论诗的问题，只会将诗退化成为一种干巴巴的语句组合，而失去了其本应当拥有的丰富内涵。正如捷哈德·布汉提出的"诗被理解为进入泰然任之的存在模式是引领去存在的东西"。诗被海德格尔阐释为一种存在的澄明，是在不动声色之中逐渐涌现出诗意。海德格尔认为对诗的理解与领悟实际上是一种诗的探险，是对诗的一种随心的旅行，同时也是思的展开的体现。对海德格尔来说，对诗及诗意的思考，最纯真之处不在于总结归纳出诗的规律或特点，也不是对诗这一体裁进行研究撰写出一整套深刻的理论著作，而是在反复不断地诗歌诵读过程中，一点一点地对诗意进行领会。只有通过朗读这种最为纯粹的语言表达方式，诗才会向人们展示出其最为本真的一面，使人们真正地领悟诗的真谛。

结合海德格尔的思之观点，我们对于中国的古代诗词进行探究，不难发现，中国古代的诗歌起源于夏商周时期，在唐宋时期达到了一个高峰。然而，唐宋时期的诗歌文化更多地强调押韵、结构、排列等诗词的组合,实际上已经偏离了诗的本真。相反,在周朝前后,中国诗歌虽然理论上并不发达,诗词之间也缺乏后期所研究和分析的韵律或词调,但却恰恰反映出诗歌的本源。对于这种最为原始的诗歌,我们不必执着于韵律、结构等后代诗歌规范,而是以思为指引,反复地对诗歌进行诵读,不断贴近诗的真意,从而真正了解领悟古代中国人民的智慧与艺术。我们只有始终秉持这种对诗意本真的向往,以思之诵读来领会诗之本意,从而真正了解诗意之所在,以及诗中所蕴含的历史渊源和文化本色。相比之下,我们要尝试着不要过多地纠缠于理论分析和诗词结构的解读,更不必要对诗词进行拆解和零碎分析,以免将诗词的本意进行掩盖。可以说,诗的本源就是对神性的追寻,是探寻天、地、神与人之共生,而不是通过理性思维的方式对诗进行世俗的解析,更不能将诗词拆解成字、词、句以及句与句之间、词与词之间的某种规律性认知。这种看似更加深入细致的诗作解读方式,恰恰破坏了诗之本源,使诗的真意被浮于表面的语词解释掩盖。真正的诗,是诗人走向诗意家园的随性之表现,不需要进行任何的艺术拆解或者加工处理,而是以整体的形式自然而然地体现出诗之本真。

从海德格尔对诗的态度,以及诗与思之间的关系来看,其对诗的理解与领悟,实际上已经脱离了对于诗词及组成诗词的字句的理解与研究,而是以诗词作为媒介,与诗人进行灵魂上的对话。这种对话,实际上可以说是海德格尔在诗意之思中完成了一首全新的诗歌,并且将诗的境界上升到灵魂层面。正是由于思与诗之间的深刻对话,使诗不再隶属于纯粹的文化范围,而是上升到诗化哲学的领域,从而达到诗之思与哲学思考之间的有机统一。海德格尔通过对"荷马史诗"等历史诗歌名著的深入研究,将思融入荷马、荷尔德林等大诗人诗词的字里行间,再度挖掘出了诗意之奥秘,进而完成了与诸位诗人的心灵交流。如果从一个旁观者的角度来看,海德格尔读"荷马史诗"的时候,其实我们所看到的并不是一名哲学家在阅读剖析一本书及其文字,而是海德格尔与荷马这两位巨匠的史诗交流。荷马这位叙述者和海德格尔这位倾听者,共同组成了一幅诗意交流的画面,使对话深入诗的内涵深处,进而召唤出了诗的意境,使读诗者能够在诗中生存。后期海德格尔的存在论美学,正是将存在的本质与纯真本源的思进行紧密联系,才能够在这种思之理解与交流过程中,充分地表达自己,而我们也只有理解到这种存在的本质,并紧紧抓住这种感觉,才能够真正领会海德格尔的思想精华,看清他在对诗的诵读中寻找诗意的真正缘由。

在这种对诗与思关系的思考中,我们必须清醒地认识到,海德格尔所进行的这种寻找与思索,并不是为了总结出什么理论学说或者剖析出什么规律定论来指导后人,更不是为了建构一整套新的诗词研析方法,而是在诗意当中顺意而为,紧跟诗人的思想步伐向前探索,并在诗词的语言当中领悟诗意、探索本源。这种探索与领悟并不是一种有意而为地指向性行为,更不是对于诗词或者诗意的理论分析,而是自然而为、随心而安的一种状态。① 海德格尔在与特拉克尔的一次交流中,表示诗是对于诗人之思的表达,而对于诗的探讨实际上也就是与诗之思的对话。海德格尔不愿意将诗词放置到诗人所处的政治环境、社会环境、生活环境或者自然环境中进行背景研究,更不希望将诗与诗人的世界观、人生观、价值观进行刻意的挂靠,他的诗性是完全隔绝了客观世界所带来的任何纷扰,完全深入诗人与诗的本意之中,由读诗之人进入诗意中进行生存,找寻出与诗人之间进行对话的感觉,从而营造出一种全新的诗性人生。思与诗之对话,唤醒了人们对诗的本源追求,引导人们进入诗意家园进行生存,并为实现这种生存创造了思之机遇。只有诗意才使人的栖居成为栖居,只有在栖居中人才能体悟存在的诗意。这是人的本

---

① 参见李红霞《从喧嚣到沉默:海德格尔政治哲学的基础与转向》,《苏州大学学报》(哲学社会科学版)2018 年第 6 期。

质、世界的本质向人自身提出的双重要求。在《诗·语言·思》一书中，海德格尔把这种要求浓缩为一句话："人诗意地栖居。"他认为，栖居是指人的生存状态，诗意是指通过诗歌获得心灵的解放与自由，是寻找人的精神家园。[1]

可以说，海德格尔关于思与诗之对话，其实早已跨越了诗的表象，进入海德格尔思想精髓与诗人思想的心灵对话，在这种哲人与诗人之间的深层对话中逐渐引导诗歌回归智慧的本源，实现思与诗的充分融合。因此，海德格尔并没有将诗作为一种特殊的文学载体，而是将诗作为语言的一种形式，以语言作为诗之原象，从语言中寻找思与诗的隐藏之根本。也就是说，诗本身也是语言的一种，并不需要太多的文字或者诗歌规矩加以束缚，更不需要转化成为零散的文字或者辞藻，而是通过诗歌这种语言的形式，将诗意进行充分的展现。诗的目的就是与思进行对话，将人们的思带入语言的大道之中。通过对于海德格尔思想的分析，我们不难发现，由诗入门进行本源的追寻，以"诗—思—语言—大道"为线路形成回溯本源之思路，而又以"大道—语言—思—诗"这一反向的路径形成诗意的生存之路。思与诗之间的对话，其实就是这四个方面的相互关系与转化，共同形成诗性生存的内涵。"诗与思的对话旨在把语言的本质召唤出来，以便终有一死的人能重新学会在语言中栖居。"[2] 海德格尔的这一番论述，正是其对于语言真意的感悟，通过思与诗的对话，促进诗意的成长与成熟，使人们能够在语言的诗意当中生存，并思索着存在之本源。

---

[1] 参见高山奎《海德格尔、施特劳斯与柏拉图的洞穴隐喻》，《吉林大学社会科学学报》2017年第5期。

[2] ［德］海德格尔：《在通向语言的途中》，孙周兴译，商务印书馆2011年版，第31页。

第二节　诗之自由与诗人之回归

与历史上著名的大诗人相比，荷尔德林在他所身处的时代自始至终处于默默无闻的状态。然而，在海德格尔看来，荷尔德林却是一位具有划时代意义的重要诗人，甚至将其称为"诗人的诗人"。海德格尔对于荷尔德林给予了高度的评价，其原因在于荷尔德林将时代之贫困通过诗的形式展现了出来，从而开创了新的诗意生存的时代。海德格尔认为，诗人并不是一种作诗的工匠，而是处于神与人之间的一种衔接的地位，承担着开启世界、联系诸神的神圣使命。以荷尔德林为代表的诗人，并不是对诗词进行高雅的修辞，也没有为诗词灌注深奥的理论，而是以诗人的名义进行时代的展现。他通过诗词的形式，丰富地表现出诸神远去之时的历史空白，通过对历史命运的感慨，承接了诸神远去的时代重任，引领着当代人们思想的前行。因此，海德格尔认为，荷尔德林不仅是一位诗人，更加是诸神消失背景下的重要引领者，创建了诗的本质，展现出了诗之本源。荷尔德林的诗并不是对于社会现实的一种反映，也不是对社会现象的一种展示或讽刺，更不是对神之论述的故弄玄虚，而是一种诗性与神性的融合。存在论美学当中的神性，在荷尔德林的诗中得到了充分的体现。只要世界中有生存，都必然会打上神性的印记，从生存之本源中奠定诗性生存的根基。海德格尔在《存在与时间》一书中，将这一关系进行了充分的阐释。

从前有一次，女神 Cura（意为"操心"）在渡过河流的过程中看见一片胶土，她若有所思，从中取出一块胶泥，动手对它进行塑造。在她思量她所塑造的玩意儿时，朱庇特走了过来。"操心"便请求朱庇特把精灵赋予这块成形的胶泥。朱庇特欣然从命。但当"操心"要用自己的名字来对她所创造的这一形象进行命名时，朱庇特阻止了她并提出了不同的意见，说应得用朱庇特的名字来称呼这个

第六章 美学升华:后期海德格尔的"诗意栖居"

新塑的形象。正当这两位天神为新形象命名之事争执不下时,土地神台鲁斯又冒了出来,认为这个形象是从他的身上取得的胶土,因而台鲁斯才是该形象的创造者,应当以台鲁斯的名字来命名这个形象。三位神祇争论不休,谁也不愿意让给对方,因而只得请来农神做裁判。农神的评判看来十分公正:你,朱庇特,既然你提供了精灵,你该在它死时得到它的精灵;既然你,土地,给了它身躯,你就理该得到它的身体,而"操心"最先造出了这个玩意儿,那么,只要它活着,"操心"就可以占有它。至于大家所争的它的名称,就叫"homo"(人)吧,因为它是由 humus(泥土)造的。

这则寓言告诉我们,操心是长伴在人们的身边,与存在共存于世间。相比之下,海德格尔认为荷尔德林较普通人相比更加操心,在生存中不断地描绘着诗意家园,并且在女神 Cura 的指引下,将自我对世界之贫困的体察进行充分全面的叙述。当神性与存在论美学相结合时,不仅在诗歌当中绽放光辉,也同样地浸润在天、地、人、神的艺术境界之中。荷尔德林和他的诗歌,充分展现出了对于命运的思考与探索,将人与神之间的关系以及生存的本真作为诗的主题,为人们掀开了全新的一页。正是对于这种人与神、诗性与神性之间的思考,荷尔德林终日沉浸在作诗当中不可自拔,甚至被同时代的人们视为"精神病患者",得不到人们的理解与支持。或许正是这种对诗意之本真的深入探索,并且不为他人所干扰的独有境界,造就了荷尔德林的艺术时代。海德格尔对荷尔德林的诗,以及荷尔德林在诗中所体现出的思想与沉思给予了高度的评价,他认为荷尔德林所处时代是一个极其贫困的时代,但对以荷尔德林为代表的诗人来说却又是极其富有的时代。诗人对于远去的神及未知的存在之思考,使他们不满足于表面的空虚,而坚持在这种黑夜的虚无当中随心而安,履行着他们谋求真理的宏大使命。荷尔德林的诗意世界,已经超越了诗这种形式,而是将生活融入诗意当中,使自己的心灵浸入存在的神秘当中,以这种谦卑而又泰然处之的信念,完成了诗人孤独而又饱含诗意的生存。对于诗人来说,其并不是去刻意地追求什么样的结果,而是以一种完全自然的心态,在沉思的过程中抵达诗意家园,在行进的过程中悟出诗意的本真。

海德格尔对荷尔德林的尊崇,并不仅仅是因为荷尔德林的诗恰好与其后期存在论美学的思想有着共通之处。更重要的是荷尔德林在一个思想极度贫困的时代,却依旧能够保持"人诗意地栖居"这种存在论美学的典范状态。荷尔德林不仅实现了在孤独之中传达诸神与人类之间的神性,更在诗的家园中叩问了人类生存的根基。"诗乃是一个历史性民族的原语言。"不要把这句话当作定义之类的东西理解,因为海德格尔不过是在说,神性只能通过诗人传达,诗是规定性的存在,是有目的的诞生。因此,诗歌的存在是其他一切诸如时间、历史、民族存在的前提。海德格尔通过对荷尔德林之诗的诵读,感悟到人类之所以得以在这片大地上生存和发展,并不是自然科学中所论及的物竞天择,也不是社会科学中所谈到的劳动创造人类。他认为人之所以存在于此在,其根基就是"诗意的"。所谓"诗意地栖居",就是置于诸神的当前之中,并且受到物之本质切近的震颤。在存在论美学中,人类诗意的存在是具有必然性的,不是通过劳动或者自然选择而存在,而是一种对天地馈赠之感恩。① 诗人的意义不在于表现社会现状,也不是抒发自己的内心感受,而是要以人类本真的追寻为使命,唤起被人类长期忘却的深层记忆,回归人类的童年本真,这样才是诗人的真正价值,也是诗意生存的根基所在。只有人们真正地理解天地人神的共生之意,领悟世界万物与人类的同等关系,对生命、对神性、对万物都抱有万分的敬意,才能够真正明白人类生存的本质,迎来人类社会的光明。

荷尔德林的诗,正是看到了这一点,才能够在贫困的时代中彰显其本真,而只有这种充满诗性的关怀,才能够给予人类诗意家园

---

① 参见任昕《诗性:海德格尔诗学的内在精神》,《国外文学》2015年第3期。

以希望与梦想，从而创造出全新的历史，使其在后世焕发光芒。海德格尔对于荷尔德林的诗，始终充满了溢美之词，认为其诗在本质上开创了一个历史性的时代。在海德格尔眼中，荷尔德林的诗除了反映出诗意家园的本质、点明了时代的贫困之外，其最重要的就是保有了最原始质朴的向诗意栖居地回归，在沉思中明确了诗意生存的方向。因此海德格尔将荷尔德林评价为"诗人的诗人"，认为他以泰然处之的态度，将诗意进行纯粹地保留，从而在诗的本质当中创造了历史。荷尔德林以一种谦逊的姿态，始终保持与神共舞的方式，在与天地神相互包容之中共同构建诗意家园的本源。正如荷尔德林在诗中所提及的"作诗是最为清白无邪的事业"，他认为诗人不应该受到任何的束缚或者制约，而要像燕子一样获得自由。诗人的作诗是一种自由的行为，如同一场游戏，但又不完全是游戏。因为诗人作诗与游戏不同，他不是一种漫无目的的玩耍，而是在自由地作诗当中泰然处之地切近诗意生存的本质，将人聚焦到存在的根基之处。在诗中，人们逐渐达到了一种无限的安宁状态，使之回归到生存的本源，在回归过程中与安静的自然进行衔接，共同组建出生存的自由境界。人安静的生活，哪怕是静静地听着风声，已能感受到诗意的存在。

海德格尔对荷尔德林诗意的解读，就是要突破现代技术思维主导下对诗歌的解剖与分析，通过对诗意的感悟，将"人诗意地栖居"这一核心思想解放出来，使诗人所处年代中人类所遭受的苦难充分地展现出来，使人们感受到对神性关怀的向往。在后期存在论美学中，海德格尔就是以"天地人神的四方游戏"来组建其生存视域，通过追求四方的平等状态，赢得四方和谐共处的生存空间，最终到达最为纯真的诗意家园。海德格尔对荷尔德林之诗的认同，在很大程度上就是因为荷尔德林在诗中营造了这样一种诗意家园的意境，使海德格尔的思想有了诗意的回归之处。无论是荷尔德林还是海德格尔，都对世界的此在有着十分谦卑的认识，他们认为除了"我"

之外，世间还有着天地万物和诸神所在，不可以对于万物产生任何狂妄的意念，更不应该通过理性思维的方式来解剖一切、剔除本性，否则，人类进入诗意家园的梦想将成为虚幻，难以实现。荷尔德林所期待获得的诗人之自由，就是要开启神性的光芒，使思想不为社会现实所局限，而对自然的期待与万物的尊重，是诗人回归家园的关键所在，也是"人诗意地栖居"的本源之处。

在《如当节日的时候……》一诗中，荷尔德林在最起始的段落中写出了如下的诗词：

> 如当节日的时候，一个行走的农夫
> 望着早晨的田野，昨夜风雨，
> 从灼热的黑夜迸发出清冷的闪电，
> 遥遥地还隆响着雷霆，
> 河水又从河岸回落，
> 大地郁郁葱葱，青翠欲滴，
> 天空令人喜乐的雨水
> 洒落在葡萄树上，
> 小树林沐浴在宁静的阳光下：
> 同样地，诗人们处于适宜气候中
> 自然的轻柔怀抱培育诗人们，
> 强大圣美的自然，它无所不在，令人惊叹，
> 但决非任何主宰。
> 因此当自然在年岁中偶有沉睡模样
> 在天空、在植物或民众中，
> 诗人们也黯然神伤，
> 他们显得孤独，却总在预感。
> 因为在预感中自然本身也安宁。
> 但现在正破晓！我期待着，看到了

神圣者到来,神圣者就是我的词语。
因为自然本身,比季节更古老
并且逾越东、西方的诸神,
自然现在已随武器之音苏醒,
而从天穹高处直抵幽幽深渊
遵循牢不可破的法则,一如既往地
自然源出于神圣的混沌,
重新感受澎湃激情,那创造一切者。①

通过这段诗词,我们不难感受到荷尔德林对于自然的理解,这是"人诗意地栖居"的诗性展现。"自然"是海德格尔对古希腊人诗性生存基础的感知,而这一点在荷尔德林的诗当中不断地呈现,从而表达出某种与此在本源相关联的东西。在荷尔德林的诗歌当中,我们可以充分地感受到诗人对自然的推崇,并且这种自然不仅是一种生机勃勃的情境描绘,更是充满了神性光芒的照耀,使诗人的心灵在自然的簇拥下沉思。自然在荷尔德林诗中的反复出现,表现出了诗人对于天地万物的理解与尊崇,是通过对于神性的认知,培养了这种泰然任之的诗性,拥有了回归诗意家园的能量。自然的圣洁,造成了其无比的强大,而自然的强大,吸引着荷尔德林等诗人们不断前行。这种不断吸引的特质,使诗人将自身置于自然之中,主动承担着诸神与人类的心灵连接,成为自然的传达者,带领着人类逐渐走向诗意家园的深处。海德格尔在"做关于诗歌的谈论"时,这般阐释荷尔德林,"荷尔德林诗意地表达了诗人及其使命,从而诗意地表达了诗歌的特性,诗歌的本己要素"。② 这种对于诗人与诗意的

---

① [德]海德格尔著,孙周兴编:《海德格尔选集》,孙周兴等译,生活·读书·新知上海三联书店1996年版,第326—327页。

② [德]海德格尔:《荷尔德林诗的阐释》,孙周兴译,商务印书馆2000年版,第228页。

理解，使诗人对于自然的感悟不再是一种个人的慨叹，更不是对于自然风光的表面描述，而是真正地深入自然的本真之处，探索着人类自由生存的根基。

在后期海德格尔的存在论美学里，古希腊人的自然既是一种自然而然的发生过程，是对于大自然形态的一种纯粹的展露，也是一种积聚和控制的力量。随着古希腊哲学的演变和形而上学的不断发展，这种自然的观念逐渐被理性的、客观的解析与认知所取代，使对存在的思考被埋没在历史的尘土里。而在荷尔德林的诗歌当中，海德格尔又重新看到了这种自然的感悟，唤起了对于诗意生存的期待与渴望。荷尔德林的诗，对海德格尔来说既是一种诗意的传承，更是一种感悟的提升，使长期以来受到形而上学压制的诗意回归了其原有的形态。荷尔德林诗的阐释既是一种契机，也是一种警醒，它昭示了人类在忽略、离开、使用、占有自然之后，生存所面对的贫困。但是海德格尔坚信那种保存在古希腊人那里对自然的感悟将与生命长存，人类可能忽略和遗忘它，但却不可消灭它，自然无所不在。海德格尔对自然如此阐释道："自然在一切现实之物中在场着。自然在场于人类劳作和民族命运中，在日月星辰和诸神中，但也在岩石、植物和动物中，也在河流和气候中。"[①] 海德格尔认为，自然并不是局限在现实社会的某一个领域或者范围当中，更不是以某种具体事物的形式展现在人类面前，而是一种无处不在的存在。即使是现实社会中所有动物、植物、自然景观乃至气候环境的总和，也只不过是自然产生的结果，而并非自然之本真。无论对自然进行何种的分类或者解析，实际上都是对自然之质朴的损害，是对自然的错误理解。真正的自然，是人们所不能总结或者归类的，也不是借助现实生活中可见的事物可以进行解释的，但同时又是无处不在的，在不知不觉之中贯穿了世界万物。

[①] [德] 海德格尔：《荷尔德林诗的阐释》，孙周兴译，商务印书馆2000年版，第68页。

第六章 美学升华:后期海德格尔的"诗意栖居"

通过对荷尔德林诗的阐释,海德格尔向人们重新阐释了诗意的庇护者,这就是自然。自然即为一种神圣,是诗意家园的发源地,也是诗人所追求的自由之所在。正是这种无处不在的自然,才拥有着至高无上的审美境界,而也正因为自然境界之高,才导致诗人们在回归诗意家园的路途上始终处于孤独寂寞的状态。荷尔德林在其所处的时代鲜有知音。海德格尔深切地认识到,在现代科学技术的作用下,在形而上学理论的引导下,现代人类对于质朴而原始的诗意家园缺乏深层的认知,甚至都有些心不在焉,无法真正感知到自然的宏大与美。只有荷尔德林等诗人,还能够在这种世间的庸俗之中始终保持清醒的认知,不断地进入自然的美学领域,寻找着指引人们行进的方向。在诗人的苦苦追寻之下,自然之光仍然在照耀着人类的前行之路,为人类指出了前往诗意家园的正确方向,使人们领悟天地人神的存在与神圣。

在荷尔德林的诗歌当中,古希腊人所领悟到的自然之主题,不断地出现和升华,充分说明了诗意家园的回归并不需要人们的刻意寻找,而是始终贯穿在人类生存的全过程。诗人之所以比常人更容易到达诗意家园中,是因为他们更加愿意享受自然的馈赠,更加清醒地悟出天地人神和谐共生之真理。例如,在《返乡——致亲人》一诗中,荷尔德林展现出了诗人对于返乡时的喜悦与忧伤。在海德格尔看来,荷尔德林的返乡并不是传统意义上的回归家乡,而是从心灵上回归存在之本源,因而诗人在诗中所表现出的返乡之喜悦,并不是描写诗人返乡过程中所看见和听见的美丽乡景与乡音,也不是描述诗人回到家乡过程中按捺不住的激动心情。他认为诗人的返乡,实际上是诗人的心灵在切近本源上的一次历险,这种历险启示着诗人投入本源的怀抱。这里的本源,实际上就是自然的力量。荷尔德林在诗中叙述了他从苍茫雄壮的阿尔卑斯山,经由美丽的博登湖,最终到达他的家乡施尔本,这一过程从表面上看是对于返乡沿途景色的描述,但海德格尔看见的却是荷尔德林在这种泰然任之的前行过程中，逐渐切近本源，缓步走入诗意家园，从而达到心灵上的宁静。然而，在现代理性思维中，这种返乡所表达出的神秘感并没有得到人们的认可，而只是将这首诗看作是一位诗人回乡时的景观描述与心情展示，试图通过描写、叙述、分析等技术手段对诗词内容和诗人思想进行解剖，最终只能是徒劳无功。海德格尔希望人们能够清醒地认识到一点，即不能通过理性的揭露与分析来尝试了解一种神秘，更不能突破这种神秘进行剖析，否则得到的只能是另外一种无趣的东西。真正的神秘，只有人们将其作为神秘来进行守护，完全扑入神秘的怀抱当中去体现它的伟大之处，才能够真正知道这个神秘，也更加贴近本源之所在。荷尔德林的返乡就是这种生存的展开，就是对神秘的守护。对诗人来说，他们最真切地与本真的自然相关联，对自然神秘来说，从来不是诗人建构出来的，而是让自然保持在神秘的家园中，诗人则迎向这一神秘，应和着它的展开，诗人小心翼翼地让自然的神秘成为它自己，如此，"天、地、神、人"的神秘之境才解开自己的面纱，露出自己的容颜，才向诗人敞开它自己。

在《返乡——致亲人》这首诗里面，荷尔德林除了表现出切近本源的欣喜之外，也同时表达出了自己的忧心之处。特别是当他离自己的家乡越来越近的时候，就越感到一种忐忑不安。这一点，正是诗人孤独一生的灵魂之旅之展现。荷尔德林作为当代的灵魂诗人，除了自身要进入诗意家园外，还承担着连接神性与人类之重任。然而荷尔德林离家乡越近，实际上就是与身边的人们接触越广泛，对人类的认知思维越了解，越发感受到自然之孤独。正如海德格尔所言："诗人的天职是返乡，惟通过返乡，故乡才作为达乎本源的切近国度而得到准备。守护那达乎极乐的有所隐匿的切近之神秘，并且在守护之际把这个神秘展现出来，这乃是返乡的忧心。"[①] 然而，荷

---

① ［德］海德格尔：《荷尔德林诗的阐释》，孙周兴译，商务印书馆2000年版，第34页。

尔德林的返乡不仅没有呼唤出人们共同去寻找故乡的本源、一同进入诗意家园的意愿，反而受到了人们的指责与误解。他发现人们的思想已经完全被现代理性思维所束缚，难以切近神秘之本源，又没有任何办法对他们进行纠正或者指引，只能通过诗的方式进一步表达自己的思想和认识，从而感到一阵无奈的忧心。在荷尔德林的诗中，我们可以看到诗人的深思熟虑与从容不迫，而这种深思与从容的背后，展现出诗人坚强而持久的勇气，从而能够帮助诗人在持续忧心的同时，继续坚守着自己对于神性的追寻。

作为一名深思而从容的诗人，荷尔德林一直在返乡的道路上不断地思索和忧心，执着地引导着人们切近存在之本源，带领人们进入诗意的家园。虽然同时代的人们并没有接受这样的理念，在虚无当中荒度了一生，但诗人们却仍然坚持牺牲自己，将返乡当作一种生存的归宿，不断地将神性与神秘推送到人们面前，一次又一次地促使亲人们接受这种神秘，领悟神秘的真谛，从而在领悟当中按照自己的方式返乡，共同进入诗意的家园。

第三节　诗之真谛

海德格尔对诗之真谛的理解，完全不同于传统观念中对于诗的普遍性认知，这两种理念之间甚至还存在着诸多相反之处。海德格尔认为，所谓诗的普遍性或者规律性，完全阻碍了诗的多样化发展，任何对于诗的归纳或者演绎都是对于诗之真谛的破坏，不利于诗的本质发展。诗，不论是诗歌还是诗词，虽然在风格上有着完全不同的表现，但这些只是诗的表面形象，这种对于诗歌或者诗词进行形式或者内容上的分类，是在现代理性思维主导下的错误做法，本身就具有相当的局限性。他认为，诗的真谛，或者说诗的最原始状态，就是作诗本身。他指出诗是一种游戏，是人诗意地栖居。作诗是一种自由地世界创造，而不会去伤害到天地万物的本性。诗是诗人与世界万物的灵魂接触,是天、地、人、神的和谐共生,而不是一种技术性的文化现象或者文化表达。传统理念上将诗看作是历史的孕育物,认为诗是诗人的一种情绪表达或者功能性的消遣,抑或是对社会现实的反映与感悟。在海德格尔的眼里都是对于诗之真谛的异化,使诗的本质变得十分的狭隘,并没有回归到诗的本源来看待诗。海德格尔之所以对荷尔德林的诗充分认可,就是因为荷尔德林的诗突破了世俗对诗的各种限制与约束,使诗真正地回归到诗之本身,从而更加接近于诗之真谛。

在荷尔德林的诗中,海德格尔选择了五个中心句,对诗之真谛进行了深入的阐释。其一曰"作诗是最清白无邪的事业"。其二曰"因此人被赋予语言,那最危险的财富……人借语言见证其本质……"其三曰"人已体验许多。自我们是一种对话,而且能彼此倾听,众多天神得以命名"。其四曰"但诗人,创建那持存的东西"。其五曰"充满劳绩,然而人诗意地栖居在这片大地上"。① 这五个中心句,深刻反映出了海德格尔对于诗之真谛的认知。作诗既不是一种客观的叙述,也不是一种主观的分析和决断,而是一种完全无害且无作用的行为。作诗只是一种非严肃性的词语游戏,并不需要参与到社会现实当中,更不必要对社会的现实活动进行任何的改变,而只是一种道说和谈话。诗是一种从本源之地所绽放的花朵,不会对人们的生活加以任何干预,只会指引人们在生存家园中保持一种平静祥和的生活。海德格尔指出,作诗不应当带有任何的功利性色彩,不应当将诗作为某种目的或者手段,而是通过它的清白无邪,道出一个时代的贫困之处,并且努力开启一个全新的时代,使人们共同走进诗意家园。

在海德格尔的眼中,诗即为游戏,是对诸神的一种命名。因此,

---

① [德]海德格尔著,孙周兴编:《海德格尔选集》,孙周兴等译,生活·读书·新知上海三联书店1996年版,第309—310页。

诗的命名并不是一种规则或者严肃的形式,而是如同神之踪迹一般难以捉摸,具有游戏一样的特色。诗的命名时而凸显,时而隐匿,在这种若隐若现当中不断地展现出神性的一面,使诗性与神性在最本源之处相互融合,最终超越诗作所欲表示之物。这种诗的命名,并不是理性主义对诸神的观察与分析所获得的认知或者体系建构,而是在思与诗的对话过程中自然而然地浮现出来,体现出诗与思的本质。海德格尔将语言的本质定义为语言之道说,即语言幻化成为整个世界,天地人神在这语言之道说当中相互地诉说,相互地游戏,共同组建诗意家园。这种为诸神命名的游戏方式,使得诗突破了传统理性思维的桎梏,引导人们走出技术性思维的牢笼,逐渐地切近天地人神之领域,步入诗意家园的本真。而我们在荷尔德林的诗当中,也正是倾听到诗人的这种意念,感受到荷尔德林与诸神交流、向本源切近的心灵呼唤。不论是荷尔德林的《返乡》,还是他的《大地与天空》,这些诗里所展现出的意境都可以看出诗人在命名诸神时的执着意愿,使我们充分感受到了神性之光辉。正如海德格尔所写:"由于诸神源始地受到命名,物之本质得以达乎语词,而物借此才得以闪亮,由于这样一回事发生出来,人之此在才被带入一种固定的关联之中,才被设置到一个基础上。"① 所以说,诗的本意所在不能被诗的本体所局限,它的命名特性使得物之本质更加切近本真。语言是诗的主要活动领域,也是诗的重要表现,因而诗的本质离不开对语言的理解与述说。诗对于诸神的命名,实际上就是对存在进行命名,是让世界万物进入一个无限域的空间范围,在日常的语言中处理这些事物,进而使人们到达语言的存在家园。

从诗意家园的根本出发,诗即是一种最为现实的存在,但同时

---

① [德]海德格尔著,孙周兴编:《海德格尔选集》,孙周兴等译,生活·读书·新知上海三联书店1996年版,第318页。

又给别人以一种非现实的虚幻假象。在许多人的眼里，诗中充满了诸多的梦幻与想象，与现实生活存在着许多矛盾甚至对立之处，甚至只是诗人的一种"非正常"的意念之展现。然而海德格尔认为，诗人所道说和采纳的，实际上才是最为现实也是最能体现本质的东西，保有诗才真正抓住了时代的本真，更是超越了表面意义上的天地万物，直接进入神性的领域。无论是荷尔德林的"返乡"，还是对于古希腊哲学之思的回顾，抑或是诗人们对于自然的尊崇，都是在创造着诗意家园的根基，为天、地、人、神的共生而努力。因此，海德格尔认为作诗实际上就是在奠定和创建诗意家园，为人们创造出诗意地栖居，还给人们以世界的本真。所以海德格尔才坚定有力地说："作诗就是追忆，追忆就是创建。诗人创建着的栖居为大地之子的诗意栖居指引并奉献基础。一个持存者进入持存之中。"① 与此同时，我们也必须清醒地指出一个问题，那就是诗的创建并不是海德格尔或者荷尔德林等诗人们的凭空猜想，而是需要借助一些可以被观察的客观事物来加以表现，这些事物实际上就是词语。存在的词语，最终创建并组成不同的诗，而诗人要想寻找到能够与诗相匹配的词语，就必须要进入词语被命名的初生之所。而这一寻找词语诞生地的过程，实际上就是诗之真谛所展开的地方，也是诗人向本源回溯的一个圆满过程。

借用另一位诗人格奥尔格的一首诗，也就是《词语》来说明创建的路径："名称就是词语，它们使已经存在的东西和被认为是存在者的东西变得如此具体而严密，以至于万物从此欣荣生辉，疆域内到处充溢着美丽。名称乃是具有描绘作用的词语。它们把已经存在的东西传递给表象性思维。凭着它们的描绘力量，名称证实了自身对于物的决定性的支配地位。诗人本就是根据名称的要求来作诗的。

---

① ［德］海德格尔：《荷尔德林诗的阐释》，孙周兴译，商务印书馆2000年版，第183页。

为了获得名称,诗人必须首先通过漫游才抵达他的要求获得应有实现的地方。"① 当然,格奥尔格的诗跟荷尔德林的诗有十分明显的不同之处,他更加注重以诗歌本身的形式来驾驭诗人的情感和意象,而不是以自由的意象流动来代替诗歌的节律。海德格尔借以分析语言与存在之关系的范本之一,就是格奥尔格的《词语》一诗。通过这首诗,我们可以看到诗作的创建并不是对于所得出结果的追寻,而是经由历险以及发现,诗人关注和享受了这一找寻的过程,从而获得词语的力量。诗人不是去寻找最为合适的词语来组成自己的诗,而是在寻找词语的过程中漫游,在词语之显现与隐没过程中感悟到诗之真谛,进而获得了词语的存在意义。

诗人在追寻词语的过程中,并不是为了创造什么全新的词语,而是在这一过程中感悟到诗之真谛,而当诗人获得了诗之真谛时,这些词语之类的附加物就会自然而然地脱落,不再妨碍人类存在之根基。对存在之根基来说,不仅是词语或者诗作,即使连诗人本身都显得是一种多余的存在。这一点,海德格尔表述得极为透彻:"诗人的道说不仅是在自由与捐赠意义上的创建,而且同时也是建基意义上的创建,即把人类此在牢固地建立在其基础上。如果我们理解了这一诗的本质,理解诗乃是存在的词语性创建,那么,我们就多少能猜度荷尔德林那个诗句的真理了;而诗人说出这个诗句时,早已被卷入精神错乱的夜幕中了。"② 对后期海德格尔的存在论美学来说,诗即是诗意家园存在的最佳方式,但构建诗意家园的命名和创造并不是一种随便的命名和创建,也不是在某种固定的规则或者标准之下形成的定式,而是维系于诸神的暗示。换句话说,无论是对诸神的命名还是对诗作的创建,最终都需要回归诸神的领域,只有

---

① [德] 海德格尔:《在通向语言的途中》,孙周兴译,商务印书馆2004年版,第149页。
② [德] 海德格尔:《荷尔德林诗的阐释》,孙周兴译,商务印书馆2000年版,第46页。

在神性的光辉之下命名才具有真实的意义,创建也才拥有指向根基的能量。可以说,在诸神活跃的古希腊时代,人们对本真家园的依恋和诗意家园的追寻,才真正开启了这样一个历史性的时代。而荷尔德林之所以能够成为"诗人的诗人",就是因为他的诗作无限地接近于古希腊时代的本真,是对诗之真谛的一种诗化阐释,从而具有最高程度的历史性。他的诗中,古希腊人的世界就是对于思与诗之和谐生存状态的回归,是对本源的真切呼唤。对天地神的敬畏,共同造就了人类诗作的真谛,也是荷尔德林诗作的闪耀所在。通过将天地人神进行有机统一,共同整合成被命名的世界,最终创建出"天、地、人、神"的四方纯一世界。这就是海德格尔所认知的诗之真谛,也是诗在命名、创建、建基过程中所取得的诸多成就。而这个四方纯一世界,既是对贫困时代人们的拯救,也是"人诗意地栖居"之基础所在,是海德格尔对于诗之真谛的深思。

第七章

美学反思：后期海德格尔的艺术之思

如果说后期海德格尔的语言之思是在语言作为"存在之家"的现象学思考中揭示出语言与存在的本源关系，从而为作为最本质语言的诗的出场开辟场地的话，那么其对诗与思源头的追问则意味着天地人神和谐共生的人的"诗意栖居"境界只能在艺术作品所开启的审美世界中加以观照。仅仅从诗性的表面分析，诗性的存在模式仍然处于片面的状态。之所以呈现出此种样式，是因为人们通过荷尔德林、里尔克等人的诗作仅仅体察到了存在的真谛。这种体察还仅仅是一种觉知而不是对存在本源的深思。对于海德格尔来说，诗作的分析必须建基于全新的艺术理念，在艺术开启的审美世界里天地和谐、人神共处的源头才得以被沉思。艺术并不是单一的物的表象形式，也不是人类精神的历史性叙述，而是事物之为事物、人之为人本来样貌的呈现。也就是说，在艺术所开启的审美世界中，我们得以回到事情本身，使人与物都如其所是的存在。

第一节 艺术作品的特性

海德格尔对艺术的理解不同于当时大多数艺术领域的学者、专家，其所描述的艺术本质与学科性的艺术理论甚至美学之间都存在较大差异。他不是从艺术作品的创作者和接受者方面，也不是从艺术作品的文本层次方面来探讨艺术,而是利用物与物之间、物与人之间的关联性对艺术作品的根基进行推演。

海德格尔认为,艺术作品与现实器具一样,都或多或少地表现出物性,而物性与人们的现实生活紧密相连。然而,实际生活中,人们更加倾向于对艺术作品经济价值以及审美价值的研究,而对于艺术作品的物质因素不加重视。以实际存在角度分析,海德格尔认为在同一环境中不同的现实事物有着某种关联性、相似性。例如,将梵·高的《向日葵》由一个画展运输到另一个画展,这一过程的本质与将书籍由一个书店运输至另一个书店的本质相一致。上述物品之所以在现实环境中具有较强的稳定状态,主要在于他们的物质因素。所以,物质因素逐渐成为艺术作品与普通事物之间标准划分的主要参数。但是,人们却忽视标准划分,仅仅就自身的审美体验进行评判。

海德格尔认为艺术作品的实质本源受到了诸多因素影响,最终导致人们无法明确艺术的源头。正如海德格尔所说:"可是,即使人们经常引证的审美体验也摆脱不了艺术作品的物因素。在建筑作品中有石质的东西。在木刻作品中有木质的东西。在绘画中有色彩的东西。在语言作品中有话音。在音乐作品中有声响。在艺术作品中,物因素是如此稳固,以至于我们毋宁反过来说:建筑品存在于石头里,木刻存在于木头里,油画在色彩里存在,语言作品在话音里存在,音乐作品在音响里存在。"①

人们在进行艺术作品的鉴赏过程中,非常容易运用简易的方式完成物质因素的发现。然而,就物质因素的本质而言,大多数人却无法对其实现合理的解释。海德格尔则从现实事物存在的方式着手分析,对艺术作品的秘密进行合理的挖掘、拓展。海德格尔认为,找出艺术作品的现实性尤为重要,继而在欣赏艺术作品的同时对艺

---

① [德]海德格尔:《林中路》,孙周兴译,上海译文出版社2004年版,第3页。

术作品所表达的思想、情感进行获取,实现艺术作品各种价值的全面展现。为了更加高效的让人们了解艺术,海德格尔认为首先需要对物质的固有属性进行辨识,而后明白物质的本质。其中,物质的辨识一般需要利用物质的自然性质,例如春天的细雨、夏天的雷鸣、秋天的落叶、冬天的雪花等。上述表述的自然物质都是没有生命的,与自然环境中附带生命属性的物种比较,显得无足轻重,然而,海德格尔却认为其能够表现出相对真实的物性。

海德格尔在论述自己物性理论的同时,也对历史中存在的三种主流物性理论进行反驳。

第一种物性理论是将事物本身作为物性的具体载体。以花岗石为例,其自身表现出硬度强、重量大、不规则、有色差等特征,人们在不知道花岗石事物本质的同时,仅仅通过事物的特点即可得到事物是花岗石这一物质。海德格尔却认为,事物的固有特征与物性之间不应存在直接联系,仅仅依赖于语言的描述得出物性的实质,这一过程过于模糊,不利于保证人们对物性的最终结果进行掌握。因此,海德格尔说:"从根本上说来,既不是命题结构给出了勾画物之结构的标准,物之结构也不可能在命题结构中简单地得到反映。就其本性和其可能的变互关系而言,命题结构和物的结构两者具有一个共同的更为原始的根源。总之,对物之物性的第一种解释,即认为物是其特征的载体,不管它多么流行,还是没有像它自己所标榜的那样朴素自然。"① 海德格尔认为将物质特征等同于物性理解具有一定的片面性,如果不能更加深层次明白事物的实质源头,则必然会引起物性理解的偏差。因此,第一种物性理论并不能很好地支持多个方面,有着一定的局限性。

第二种物性理论则是将物性与物之间的关系直接省略。海德格尔在《物》中论述,物性因素不单是被动性的表象对象,也无法运

---

① [德]海德格尔:《林中路》,孙周兴译,上海译文出版社2004年版,第9页。

用对象性将物性进行明确。第二种物性理论所涉及的内容并没有直接与物性观念联系。

第三种物性理论将物性解释为根据物质的材料以及形式总结得出的。海德格尔认为第三种物性理论是根据概念演绎的模式就物质的材料以及形式进行推演。该理论主要从中世纪开始确立，并且逐渐成为比较流行的方式。第三种物性理论与第一、第二种理论关于物性的解释有着一定的相似性，最终呈现出物性概念的混乱。而为了对物性进行正确的理解，需要及时转变固有的状态，最大限度控制混乱概念的传播以及拓展。

海德格尔借助花岗岩例子，对其所理解的物性进行论述。就花岗石来说，其形式以及材质是物性体现的结果，但是对器具的罐、斧等形式却是不同的结果。与之对应的，物质材料与其表现形式之间有着一定的主从关系。大多数情况下，通常根据具体的形式确定质料的类型以及选取方式。例如，罐需要具备封闭性，斧应当有较强的硬度以及锋利性。基于此，物质的材料选择以及形式设计，应当预先明确物质的用途，最终保证器具的实用性。所以，某种程度上，可以将质料以及形式作为研究的核心，并以实用性作为连接物性与质料的途径。

通过对器具的分析，海德格尔认为物性存在于物质本身以及艺术作品这一范围当中，更加确切地说，物质的实用性包含物性。然而，与自然物质比较，器具有着自身的独特性。尽管制作完成的器具在某种程度上表现出自然属性，但是，与自然物质不同，其并不涉及自生性领域，而是利用人力的方式加以生成，正是此种生成模式，使得器具与艺术作品之间存在着或多或少的联系。当然，艺术作品自身涉及艺术自足性，对器具来说，该属性需要得到进一步加强。海德格尔认为，我们所处的环境是生活中最为接近物质本质的元素。因此，器具不仅可以涉及物质载体，同时也可以将其理解为抽象于现实世界之上的概念。器具本身属于艺术品范畴，但是却并没有艺术作品所呈现出的超凡的艺术价值和审美价值。所以，器具通常会被其设计用途规范。

如果将上述所涉及的事物概念进行排列的话，则可形成事物、器具、艺术作品依次排列的结果。因为器具处于相对中间的位置，所以人们可以通过器具所涉及的实用功能，推测器具使用者的大体情况，即事物、艺术作品、存在者。借助器具，海德格尔不仅深入研究了器具的各种因素，同时也详细论述了物性与艺术作品的相关元素。所以，为了确保正确认识物性、实际性以及作品等诸多元素，应对上述三种物性理论观点持质疑态度。为了保证人们能够在生活中回归本身，即器具成为器具本身，艺术品成为作品本身，人们需要培养出赤子之心，进而让人们更加高效地完成器具、物性、艺术作品的辨别。海德格尔并不是就事物本身出发，也不是借助艺术作品论述，而是利用器具这一载体，明确存在者思想的源头。所以，器具这一载体逐渐成为帮助人们理解物性以及艺术作品的辅助形式。通过对器具的深入分析，物质因素与艺术作品所涉及的问题也逐渐找出了对应的方案。

海德格尔借相对普通的器具样式，即以一双农鞋作为思维的拓展。尽管在日常生活中农鞋这一器具并不具备显眼的特征，甚至缺乏从深层次角度论述的依据，但是人们能够在日常的生活中了解、应用。尽管人们对农鞋比较熟悉，但是却并不意味着人们能够真正深入掌握农鞋世界的真理。通过分析农鞋的构成材质以及设计样式，根据设计理念的不同，农鞋通常涉及不同的材质和样式以应对不同的使用需求。人们可以利用农鞋包裹脚，农鞋也可以帮助人们进行农耕行为。就鞋子本质来说，不同用途的鞋子体现出不同的鞋子因素，但是，关于鞋子这一器具的根本因素却仍需要明确，尤其是"有用性"。海德格尔认为，对于农鞋来说，其最为初始的目的即为帮助人们进行农耕行为。人们在田间耕作的过程中，对于农鞋思考的时间越短，或者注意农鞋的频率越低，则农鞋的价值便得以体现得越明晰。农鞋通过将人们的双脚与大地进行隔离,并且能够支持行走或者站立等功能,可以彰显出农鞋的存在意义。

海德格尔认为,不管针对何种器具,都应当最大限度找出器具存在的根本。但是对于梵·高绘画作品中的农鞋,则应当以包含诗意的思维理解其内涵。对农妇而言,其在日常生活以及劳作过程中,并没有真正观察、了解脚上的农鞋,并在过节日的时候,又将其放置一边。尽管上述过程中,农妇对于农鞋的存在性不加重视,但是农鞋对于农妇来说却是一直存在,有着一定的丰富性。

值得注意的是,此处的丰富性并不单单指器具的有用性。海德格尔将除有用性的其他属性进行有针对性的划分,并称为可靠性。海德格尔认为,农妇可以借助器具的可靠性,实现对其自身世界的观察,农妇成为世界的中心,任何环境、物质条件都是根据农妇的需求所设定的。通过将有用性与可靠性相互结合,使得农鞋这一器具凸显出其存在世界。将相对隐性的力量以显性样式体现,同时集聚物质的呈现范围以及方式,进而能够更加深入、明确地将所涉及各种因素相互聚集,进而使得器具这一物质的本质更加凸显。因此,海德格尔认为,器具所呈现出的有用性,究其根本则是事物自身可靠性的结果。基于有用性,使得可靠性进一步浮现。一旦可靠性缺失,则有用性也会随之消散。尽管器具在不断磨损、消耗的过程中,器具的有用性也会逐渐减少或者消失,最后仅仅保留物质的固有属性,但是,器具有用性的削减一定程度上也是对器具根本特性的侧面展现。

我们可以根据《农妇的鞋》这一艺术作品的世界深入赏析,通过得出农鞋的丰富性,对农鞋的可靠性进行更加合理的判断。当然,此种判断并不是片面性的审美意识,而是器具存在以及演变的最终结果。借助于器具的可靠性以及有用性,海德格尔逐渐逼近艺术的本源。海德格尔提出,艺术与审美之间并没有相对直接性的联系,不能曲解艺术为审美的对象这一理念。应当将艺术理解为器具的可靠性表现,将自然真理无形中融入艺术作品的创作世界,艺术是每一个人的,需要在艺术审美的过程中不断探索以及发现。

第二节 艺术与真理的关系

海德格尔通过对梵·高的油画作品深入分析,并以油画作品作为原点,展开了一系列的美学思考。基于艺术与真理之间的相互融合,最终发现艺术与真理的各种关系,即真理与艺术之间存在着一定的平衡性,并且在本真中得以存在。通常来说,真理是历经演变而自我产生的显性特性,而美这一元素便在真实显性的基础上得以孕育。拿艺术作品分析,并不是将已经完成的艺术作品上张贴一个"美"的标志,便能够展现出艺术作品的美感,此阶段的美与艺术作品之间并不是处于相同的水平,而是艺术作品对美感的展现提供了促进作用。美感仅仅是人们用来讨论艺术作品的一种表达载体,其并没有真正地深入艺术作品的精髓当中。所以,当人们将艺术作品的美作为美学的一个分支的时候,并没有与艺术作品所涉及的世界产生直接性的联系。就如海德格尔认为,大多数人认为艺术作品与美之间关系紧密,但是真理却与上述二者之间存在较远的距离。一旦出现类似此种模式的作品,都可以将其称为艺术作品,并且将艺术作品创作时所运用到的艺术称为美的艺术。当然,这种说法不能理解为艺术是美的,而是艺术产生美。与美比较,真理则更加侧重逻辑领域的表现,最终,将美划分为美学范畴。

在后期海德格尔的美学思想中,海德格尔力避将美置于人们的思维以及认知领域进行分割,进而确保艺术作品本质的整体呈现。事实上,人们无法从真、善、美的角度深入艺术作品所因缘的世界。人们对艺术作品理解的程度存在较大差异,并且对不同时期的艺术本质有着自己的判断。因此,为了帮助人们更加深入理解后期海德格尔的美学思想,需要分析海德格尔对于艺术与艺术作品关系的定义。对海德格尔来说，艺术并不是过去人们常说的创作模式以及表现技巧，而是"存在者之存在的敞开"。即明确作品中存在者的内涵及其演变结果，随后推导出艺术作品所呈现的真理。根据海德格尔的思考模式，人们可以进一步提高对存在者的理解以及认识。

值得注意的是，海德格尔对艺术的理解主要是源自古希腊人相对原始的艺术，这与现代艺术之间并没有过多的相似性。所以，对于原始艺术，海德格尔将存在者进行自我拓展，彰显出自由性、灵动性。现代技术的作用对象并不是以人作为主体，而是针对自然环境，世间万物，实现自然万物向着开发资源的形式转变。所以，海德格尔认为，现代技术有着一定的解蔽特征，但是此特征与古希腊原始艺术所呈现出的无蔽特征之间相差甚远。从某种程度来说，海德格尔所认为的艺术理论与现代技术有着一定的矛盾。究其根本，艺术是起到保护作用的。对于物质、器具以及艺术作品的本质进行保护，同时让其根据自身特性逐渐演变，并保证其不受到外界因素影响。换句话说，海德格尔的艺术是自然万物的拓展，通过对物质本源的聆听、看护，最终让人们向着诗意之栖居出发。基于这种理解，让人们转变艺术创作的初衷。而艺术作品作为一定的自然物，其与物质和器具并不相同，其能够相对完美的保护艺术的存在。因此，艺术作品的存在能够让其更加接近艺术作品的本源。

当明白艺术与艺术作品的关系之后，人们可以对海德格尔的真理进行再次分析。《存在与时间》中对真理有着更加深层次的认识，即海德格尔认为真理并不是主体和对象，当然也不是对概念、表象、意识的进一步提炼。通过将存在展开分析，可实现对真理情态的描述，并将情态与艺术之间的本性共同联系，最终得到"真理即自由"的结论。

自由实际上即为存在者的存在。在此过程中并不涉及强制性的行为，也不包含随意发展的理念，应当以乐观、热情的态度积极参与到存在者当中，并且能够进入存在者的开放状态。开放状态具有

第七章 美学反思:后期海德格尔的艺术之思

明显的鲜活特性,但是并不单单指专注性,而是存在者的存在将本真与真理相互关联。就像海德格尔所论述的,"真理并非事先在某个不可预料之处自在地现存着,然后在某个地方把自身安置在存在者中的东西"①。

单就真理来说,真理并不是预设或者假定的结果,而是人们实际生存状态的展现。所以,海德格尔认为"真理乃是一种敞开状态借以成其本质的存在者之解蔽"。真理作为本源存在的无限性拓展,属于存在者本质状态的解蔽,最终体现出艺术与真理的互通性。当然,相对来说,艺术更加侧重真理在艺术作品中的融入,并且更加集中化、完美化、自成化。因此,人们可以逐渐舍弃获取真理的习惯方式,即通过对自然物的观察获取,转而借助艺术作品探究真理。由于艺术作品在创作阶段的绝大多数情况下会涉及物性,而真理在融入艺术作品的同时也会体现在其中,这样,人们即能够在同一艺术作品中辨识艺术与物性的差异并观察真理自行置入作品的过程。

根据上述关于真理特性的分析,海德格尔发现麦叶尔的《罗马喷泉》中对于喷泉这一现象的描述符合真理的呈现过程。海德格尔说:"鞋具愈单朴,愈根本地在其本质中出现,喷泉愈不假修饰,愈纯粹地以其本质出现,伴随它们的所有存在者就愈直接、愈有力地变得更具存在者特性。于是,自行解蔽着的存在便被澄亮。如此这般形成的光亮,把它的闪耀嵌入作品之中。这种被嵌入作品之中的闪耀就是美,是作为无蔽的真理的一种现身方式。"② 在此处,真理与美之间呈现出一定的联系,即美即真理之显现。在这里,海德格尔打破了传统的艺术理念,对艺术在概念以及领域上进行了重新定义,将艺术从艺术家的创作模式以及各种艺术理论中解放出来,如

---

① [德]海德格尔:《林中路》,孙周兴等译,上海译文出版社2004年版,第48—49页。
② [德]海德格尔著,孙周兴选编:《海德格尔选集》,孙周兴译,生活·读书·新知上海三联书店1996年版,第276页。

其所是地呈现于众人面前。按照海德格尔的分析，可以说，艺术之所以成为艺术乃在于真理的充分显现。

一般来说，艺术家即为艺术作品的创作者，但是海德格尔却认为此种理解有着一定的局限性。他认为艺术家对艺术作品的创作行为缺乏主动性，艺术作品创作的本质是艺术真理引导艺术家产生为艺术奉献自身的一种理念，尤其是对于留存在世间的相对伟大的艺术作品，其体现出的艺术真理更加凸显。就艺术作品来说，艺术家并没有扮演着多么重要的角色，其仅与艺术作品共同构成真理的一部分。海德格尔如此写道："艺术家与作品相比才是某种无关紧要的东西，他就像一条为了作品的产生而在创作中自我消亡的通道。"① 艺术作品在最终形成的过程中，艺术真理越发明朗地呈现出来。然而，随着艺术真理的出现，艺术家却已经与真理渐行渐远。艺术家之所以远离艺术真理，究其根本则是艺术自身在开展阶段往往以最为原始、本真的方式展现，而艺术家则是思考艺术作品创作完成之后所展示的环境，并没有真正将艺术作品中的艺术真理充分体会。所以，现阶段大多数艺术作品已经无法让观赏者寻求其内在的艺术真理，艺术作品本身逐渐成为陈列馆、博物馆甚至拍卖行的组成部分，或者成为人们衡量自身艺术修养的物件，换句话说，艺术作品已经逐渐丧失了艺术创作的初衷。

海德格尔就人们对于艺术作品的上述行为，说道："作品乃是为了满足公众和个人的艺术享受的。官方机构负责照料和保护作品。鉴赏家和批评家也忙碌于艺术作品。艺术交易操劳于市场。艺术史研究把作品当作科学的对象，然而，在所有这些繁忙折腾中，我们能遇到作品本身吗？"② 上述做法不仅不能对艺术作品的存在本质起到保护作用，也不能促进艺术真理的展开。从某种角度来说，这些

---

① ［德］海德格尔：《林中路》，孙周兴译，上海译文出版社2004年版，第25页。
② ［德］海德格尔：《林中路》，孙周兴译，上海译文出版社2004年版，第26页。

做法实际上会对艺术作品真理的显现造成阻碍。艺术作品慢慢丧失了开启本源的钥匙，并成为一种固定模式的对象，艺术作品的自立已经逐渐从作品中消逝，作品仅仅留下了物质的形体皮囊。

对于真理之艺术呈现的世界性，海德格尔通过对希腊神庙的阐释来昭明。通过对神庙世界的全面拓展，让人们更加细致的融入神庙世界，一切环境因素，天空、大地、大海、岩石等都将由神庙世界所产生，任何事物也会以自然的状态向受众分享着属于神庙的世界。真理的产生以及作用也会使得神庙逐渐完善自身，其中人以及动物则是因大地保护，而处于世界当中。艺术真理可以理解为大地与神之间产生争执的结果，并在神庙中得以展现。假如神庙缺少大地以及神的庇护，则艺术真理必然会模糊不清。因此，海德格尔认为："只要这个作品是作品，只要神还没有从这个作品那里逃逸，那么，这种视界就总是敞开的。"①

单单对艺术作品来说，其在日常放置期间仅仅属于博物馆以及展览厅里的物品，与大地之间存在一定的阻碍。而就以建筑物来说，其本身就建立在大地上。海德格尔认为，"这里的'建立'乃是奉献和赞美意义上的树立。这里的'建立'不再意味着纯然的设置。在建立作品时，神圣者作为神圣者开启出来，神被召唤入其现身在场的敞开之中；在此意义上，奉献就是神圣者之献祭。赞美属于奉献，它是对神的尊严和光辉的颂扬。尊严和光辉并非神之外和神之后的特性，不如说，神就在尊严中，在光辉中现身在场。我们所谓的世界，在神之光辉的反照中发出光芒，亦即光亮起来"②。这里所说的"世界"可以理解为天、地、人、神四方的互融共生世界，真理在这个世界中自行显现，并照亮周遭世界。

海德格尔认为："真理把自身设置在作品中。真理惟独作为在世

---

① ［德］海德格尔：《林中路》，孙周兴译，上海译文出版社2004年版，第29页。
② ［德］海德格尔：《林中路》，孙周兴译，上海译文出版社2004年版，第29页。

界与大地的对抗中的澄明与遮蔽之间的争执而现身。真理作为这种世界与大地的争执被置入作品中。"① 通过分析可以发现，艺术作品在离开神的关照、大地的帮助之后，真理的呈现进程也就被打断了。尽管对于艺术作品来说，世界与大地之间的争执是不可避免的，但是这一争执产生的过程仍然需要进一步的分析、探究。海德格尔为了应对此种状态，用"设置"这一词语来论述艺术作品中真理的开展，当然此种设置并不代表着强有力的占据或者给予。海德格尔认为："设置入作品意味着：作品存在进入运动和进入发生中。"此处的"发生"并不是孕育，而应当理解为"保存"。当然，这种保存并不能理解为将艺术作品放置在博物馆等非自然环境中。海德格尔得出"艺术就是对作品中的真理的创作性保存"的判断，由此总结出"艺术就是真理的生成和发生"②。通过此种理论，便能得到真理与艺术之间的共同点，艺术也不再是与真理之间不产生联系的形式。如果艺术作品与真理之间并没有存在联系，则必然会使艺术作品的保存功能逐渐消失，继而影响艺术作品的无蔽状态，最终影响对艺术作品本源的探究。

第三节　审美境域的开启

在后期海德格尔的存在论美学体系中，审美实际上被赋予了本体论意涵，真理的自行置入既然是艺术作品的本源，审美世界的开启也就意味着存在的直观显现。美这一特征，也不再仅限于艺术作品范畴，而是能够拓展到任何支持存在的境域。"天、地、人、神"的四方共生之境毋宁说就是审美之境。当存在与审美逐渐成为有机的整体时，二者对于诗意家园的构建便起到了决定性作用。可以说，

---

①　[德]海德格尔：《林中路》，孙周兴译，上海译文出版社2004年版，第50页。
②　[德]海德格尔：《林中路》，孙周兴译，上海译文出版社2004年版，第59页。

第七章　美学反思:后期海德格尔的艺术之思　219

后期海德格尔存在论美学的核心内容即为存在的审美化,或曰,审美的泛化。正如伊格尔顿所言:"如果海德格尔能够将美学拂之而去,也只不过是他实际上已将审美泛化了。他以一种先锋派富于反叛性的滑稽模仿泯灭了艺术与存在的界限。美学从其特殊的疆域中解放出来,现在才得以延伸到现实的全部领域:艺术能使事物回归本真,故而艺术能够与存在的运动判为同一。"① 实际上,细查后期海德格尔的相关著作,可以发现,其著作中关于存在的内容在不断减少,取而代之的则是大道以及艺术,后者才是让美学元素影响现实世界的主要载体,天、地、神、人的艺术境域也能够与艺术以及大道之间形成呼应的关系。

后期海德格尔借助天、地、神、人的统一将存在的诗意特征具象化了。在天、地、神、人的审美境域当中,大地属于神秘的一方,而与大地相对的天空则是敞开领域。人居于大地与天空之间,在对神的敬畏、企盼中以栖居的方式在天空下澄明,在大地上劳作。同时又感恩天空之明敞,守护大地之神秘,等待众神莅临之消息。在"天、地、神、人"四位一体的境域中天、地、神、人时刻共存共生。质言之,通过审美世界的开启,天、地、神、人如其所是的样子才得以显明。这意味着存在的具象化,存在的审美化。

海德格尔在《世界图像的时代》② 中对现代的五个根本现象进行了解读。第一为科学;第二为机械技术;第三是从艺术的角度分析审美世界,成为世界的角色体验者;第四为人类活动的定义,即活动逐渐成为文化、政治;第五则是放弃神。当然,此处的弃神并不是哪一个神被动性的消逝,而是在基督教宗教理念的影响下,传统的神性逐渐成为一种人为参与的宗教仪式。

---

①　[英]特雷·伊格尔顿:《二十世纪西方文学理论》,伍晓明译,北京大学出版社2007年版,第60页。
②　参见[德]海德格尔《林中路》,孙周兴译,上海译文出版社2004年版,第77—78页。

对处于现代生活环境中的人们来说，尽管人们能够借助宗教活动而生活，但是人们与神之间的距离却越来越远。事实上与弃神的现象一样，其余四种现代现象更加能够将现有的世界理解为对象，并对其进行处理以及加工，导致原本完整的诗意家园逐渐变得残缺不堪。海德格尔认为："在预先计算中，自然受到了摆置；在历史学的事后计算中，历史受到了摆置。自然和历史便成了说明表象的对象。这种说明性表象计算着自然，估算着历史。只有如此这般地成为对象，如此这般地是对象的东西，才被视为存在着的。唯有当存在者之存在在这种对象性中被寻求之际，才出现了作为研究的科学。"①

现代技术在对自然和历史进行对象化"摆置"的过程中，以计算的态度而不是泰然任之的态度进行着"思"，这种计算之"思"天然拒绝与"诗"的毗邻，以技术对存在的"摆置"遮蔽着艺术对存在的显现。神是隐遁的、天地是割裂的，人是凌驾于一切的，但同时也是无根的。这就是海德格尔所说的"世界图像的时代"。一旦人们只通过自身来度量自身，人的解放也就意味着神的退场，意味着人对神格的取代。就现代生活来说，人类自产生起第一次成了世界的主宰。海德格尔认为，个人主义以及主观主义是造成天、地、神、人艺术境域走向衰变的主要因素。事实上，人性中包含着张扬，一定程度上会对其他类型的存在者产生忽略。正如海德格尔所言："存在者之存在从来就不在于：存在者作为对象被带到人面前，存在者被摆置到人的决定和支配领域中，并惟有这样才成为存在着的。"②因为人类在无形中被推到不可回避的地步，天、地、神、人的诗意家园已经无法提供相对平等的游戏。一旦"存在"被定义为单单与人产生关联，则存在的意义就无法昭明，因此存在必然会对天、地、神、人的艺术境域产生损坏或者阻碍。

---

① ［德］海德格尔著，孙周兴选编：《海德格尔选集》，孙周兴译，生活·读书·新知上海三联书店1996年版，第896页。

② ［德］海德格尔：《林中路》，孙周兴译，上海译文出版社2004年版，第86页。

第七章 美学反思：后期海德格尔的艺术之思

海德格尔通过对古希腊人的研究，发现古希腊人对自然有着系统的保护行为，并且对于神性以及神秘事物保持着一定的尊重。与古希腊人进行比较，大多数人并不是存在者的表象，人们仅仅是存在者的一部分。按照海德格尔的说法，就其本质来说，存在者即为自我涌现者或者开启者。当然，存在者并不是因预先觉知的在场者而向在场者自我开启的人。存在者也并不是人对其表面的直观描绘，或者说只有具备主观表象的存在者。

从某种程度上说，人在存在者的视角中一直属于直观的存在。当人作为存在者被直观，人便会在存在者敞开的领域中被限制，并在被放置在对立面的同时，被分化出相应的标识。艺术意境的产生，则需要以人与存在者之间的相互交融作为前提。如果现代人将自身所处的地位无限提升，则会致使人们逐渐脱离自身所处的世界，并使得自我本质逐渐消失。一旦人将自我塑造为一种无限者，则人在不断超离自身的过程中必然会对自我本质进行舍弃或者更改。因此，人只能成为有限者，进而对生活产生忧虑，对自然产生敬畏，从更深层次上将世界开启并托举出来。人的有限性并不是对人自身能力缺陷的总结，而是源于人们对于真理无蔽性的探寻，正是这种探寻让人们明白了自身的有限性。海德格尔说："人局限于当下无蔽领域，人才接受一种尺度，此尺度一向把某个自身限定于此或彼。人并非从某个孤立的自我性出发来设立一切在其存在中的存在者必须服从的尺度。"① 人与天地神之间能够平等的游戏，则是基于赠献性。人通过在天、地、神的无蔽状态中对自身的价值尺度辨识，即平等地对待天、地、神，进而形成天、地、神、人和谐共处的真理状态。艺术境域则是在天、地、神、人的平等游戏中所孕育。因此，海德格尔说："艺术是历史性的，历史性的艺术是对作品中

---

① ［德］海德格尔：《林中路》，孙周兴译，上海译文出版社2004年版，第101页。

的真理的创作性保存。艺术发生为诗。"①

艺术从本质上来说是构建历史的基石,或者可以这样理解:艺术乃历史展开的最初场域。艺术为天、地、神、人的历史性共存提供了直观的方式。所以,海德格尔说,"艺术是存在者真理从作品中一跃而出的源泉"②。海德格尔认为天、地、神、人所造就的平等游戏以及艺术境域并不是鼓励人们去沉溺于审美,而是让人们将自身的存在逐渐引向诗意家园,人们在其中生活便是对诗意家园的保护。后期海德格尔存在论美学展开的思路是由存在真理、艺术产生、诗意栖居顺序构成的,从本质来说,三者是三位一体的,是同一过程的不同展开方式,也是直观存在本质的三个角度。简言之,唯通过审美境界的开启,我们才能"目击道存"!

---

① [德]海德格尔:《林中路》,孙周兴译,上海译文出版社2004年版,第55页。
② [德]海德格尔:《林中路》,孙周兴译,上海译文出版社2004年版,第65页。

参考文献

一　海德格尔的著作

海德格尔：《诗·语言·思》，彭富春译，文化艺术出版社1991年版。

海德格尔：《形而上学导论》，熊伟、王庆节译，商务印书馆1996年版。

海德格尔著，孙周兴选编：《海德格尔选集》，孙周兴等译，生活·读书·新知上海三联书店1996年版。

海德格尔：《在通向语言的途中》，孙周兴译，商务印书馆1997年版。

海德格尔：《荷尔德林诗的阐释》，孙周兴译，商务印书馆2000年版。

海德格尔：《路标》，孙周兴译，商务印书馆2000年版。

海德格尔：《面向思的事情》，孙周兴译，商务印书馆2001年版。

海德格尔：《尼采》，孙周兴译，商务印书馆2004年版。

海德格尔：《林中路》，孙周兴译，上海译文出版社2004年版。

海德格尔：《演讲与论文集》，孙周兴译，生活·读书·新知三联书店2005年版。

海德格尔：《存在与时间》，陈嘉映、王庆节合译，熊伟校，陈嘉映修订，生活·读书·新知三联书店2006年版。

海德格尔：《思的经验》，陈春文译，人民出版社2008年版。

海德格尔：《存在论：实际性的解释学》，何卫平译，人民出版社2009年版。

海德格尔:《系于孤独之旅——海德格尔诗意归家集》,成穷等译,天津人民出版社 2009 年版。

海德格尔:《依于本源而居——海德格尔艺术现象学文选》,孙周兴译,中国美术学院出版社 2010 年版。

海德格尔:《海德格尔谈诗意地栖居》,丹明子译,工人出版社 2011 年版。

海德格尔:《哲学论稿(从本有而来)》,孙周兴译,商务印书馆 2012 年版。

海德格尔:《海德格尔自述》,丁大同、沈丽妹译,天津人民出版社 2017 年版。

海德格尔:《海德格尔文集(丛书)》,孙周兴等译,商务印书馆 2018 年版。

海德格尔著,王炜编:《熊译海德格尔》,熊伟译,同济大学出版社 2004 年版。

Heidegger, *Being and Time*, trans. John Macquarrie & Edward Robinson, Basil Blackwell, 1962.

Heidegger, *The Essence of Reasons*, trans. Terrence Malick, Evanston, IL: Northwestern University Press, 1969.

Heidegger, *What is Called Thinking?*, trans. Fred D. Wieck and J. Glenn Gray, New York: Harper and Row, 1968.

Heidegger, *What is a Thing?*, trans. W. B. Barton and Vera Deutsch, Chicago: Regnery, 1968.

Heidegger, *On the Way to Language*, trans. Peter D. Hertz, New York: Harper and Row, 1971.

Heidegger, *Poetry, Language, Thought*, trans. Albert Hofstadter, New York: Harper and Row, 1971.

Heidegger, William McNeiled, *Pathmarks*, New York: Cambridge University Press, 1998.

二 有关海德格尔的研究性著作及论文

（一）著作

阿尔弗雷德·登克尔、汉斯-赫尔穆特·甘德、霍尔格·察博罗夫斯基主编：《海德格尔与其思想的开端》，靳希平等译，商务印书馆 2009 年版。

阿兰·布托：《海德格尔》，吕一民译，商务印书馆 1996 年版。

安东尼娅·格鲁嫩贝格：《阿伦特与海德格尔——爱和思的故事》，陈春文译，商务印书馆 2010 年版。

比梅尔：《海德格尔》，刘鑫、刘英译，商务印书馆 1996 年版。

陈嘉映：《海德格尔哲学概论》，生活·读书·新知三联书店 1995 年版。

李智：《海德格尔的现代性批判——另一种后现代主义》，首都师范大学出版社 2003 年版。

刘旭光：《海德格尔与美学》，上海三联书店 2004 年版。

刘小枫选编：《海德格尔与有限性思想》，孙周兴等译，华夏出版社 2007 年版。

刘小枫选编：《海德格尔式的现代神学》，孙周兴等译，华夏出版社 2008 年版。

莱因哈德·梅依：《海德格尔与东亚思想》，张志强译，中国社会科学出版社 2003 年版。

Michael Inwood：《海德格尔》，刘华文译，译林出版社 2009 年版。

马尔霍尔：《海德格尔与〈存在与时间〉》，亓校盛译，广西师范大学出版社 2007 年版。

那薇：《天籁之音 源自何方——庄子的无心之言与海德格尔的不可说之说》，商务印书馆 2009 年版。

彭富春：《无之无化——论海德格尔思想道路的核心问题》，生活·读书·新知上海三联书店 2000 年版。

帕特里夏·奥坦伯德·约翰逊：《海德格尔》，张祥龙等译，中华书局 2002 年版。

孙周兴：《说不可说之神秘》，上海三联书店 1994 年版。

孙周兴：《语言存在论：海德格尔后期思想研究》，商务印书馆 2010 年版。

王颖斌：《海德格尔和语言的新形象》，人民出版社 2015 年版。

夏汉苹：《海德格尔传》，长江文艺出版社 2001 年版。

夏可君：《一个等待与无用的民族：庄子与海德格尔的第二次转向》，北京大学出版社 2017 年版。

约瑟夫·科克尔曼斯：《海德格尔的〈存在与时间〉》，陈小文等译，商务印书馆 1996 年版。

张祥龙：《海德格尔传》，商务印书馆 2007 年版。

张祥龙：《海德格尔与中国天道——终极视域的开启与交融》，生活·读书·新知三联书店 1996 年版。

张一兵：《回到海德格尔——本有与构境》，商务印书馆 2014 年版。

赵卫国：《海德格尔思想的多维透视》，人民出版社 2016 年版。

钟华：《从逍遥游到林中路——海德格尔与庄子诗学比较》，中国社会科学出版社 2004 年版。

(二) 论文

白刚：《形而上学的历险：从康德到海德格尔》，《社会科学辑刊》2018 年第 6 期。

陈嘉映：《Sorge 及其翻译》，《读书》1996 年第 12 期。

邓刚：《寻找真正的时间：海德格尔对柏格森的批评》，《学海》2018 年第 5 期。

高山奎：《海德格尔、施特劳斯与柏拉图的洞穴隐喻》，《吉林大学社会科学学报》2017 年第 5 期。

洪汉鼎：《何谓现象学的"事情本身"(Sache Selbst)(上、下)——胡塞尔、海德格尔、伽达默尔理解之差异》，《学术月刊》2009

年第 6 期。

李蒙、吴玉平：《科学的逻辑与解释学的逻辑——评海德格尔逻辑思想》，《自然辩证法研究》2016 年第 8 期。

刘晶：《庄子与海德格尔的生死观及其当代意义》，《学理论》2018 年第 7 期。

李红霞：《从喧嚣到沉默：海德格尔政治哲学的基础与转向》，《苏州大学学报》（哲学社会科学版）2018 年第 6 期。

马琳：《圣人不远游？——海德格尔对〈道德经〉的征引》，冯俊主编：《哲学家2008》，人民出版社 2009 年版。

倪梁康：《海德格尔与胡塞尔关系史外篇：反犹主义与纳粹问题》，《现代哲学》2016 年第 4 期。

任昕：《诗性：海德格尔诗学的内在精神》，《国外文学》2015 年第 3 期。

沈广明、左勇华：《〈存在与时间〉"常人"观视域下的机器人、经济人与超人——基于海德格尔的现代性批判语境》，《江西师范大学学报》（哲学社会科学版）2019 年第 1 期。

宋晓杰：《斯宾诺莎与海德格尔：奈格里与阿甘本政治理论的不同基调》，《江西社会科学》2018 年第 11 期。

史现明：《海德格尔空间观念的多重意蕴》，《江汉论坛》2018 年第 8 期。

宋祖良：《海德格尔的思想转折》，《德国哲学》第 13 辑，北京大学出版社 1993 年版。

沈广明：《海德格尔的现代技术之思》，《苏州大学学报》（哲学社会科学版）2018 年第 5 期。

王立、胡平：《论海德格尔〈存在与时间〉中的"天命共同体"》，《吉林大学社会科学学报》2018 年第 5 期。

王颖斌：《海德格尔和科学运动观的交锋》，《科学技术哲学研究》2018 年第 4 期。

王光耀:《意志与让予的交错——论海德格尔式"泰然让之"的内在结构及其伦理缺失》,《道德与文明》2019年第1期。

王宏健:《伦理之隐匿——海德格尔的伦理学问题探析》,《道德与文明》2017年第5期。

王珏:《身体的位置:海德格尔空间思想演进的存在论解析》,《世界哲学》2018年第6期。

王晓升:《阿多诺对海德格尔存在论的内在批判》,《学术月刊》2017年第7期。

谢利民:《海德格尔论胡塞尔现象学的近代科学基础》,《自然辩证法研究》2018年第6期。

杨栋:《论海德格尔思想道路中的马克思》,《现代哲学》2017年第3期。

杨虎:《从无生性原在到有死性此在——重读海德格尔的"存在论区分"》,《河北学刊》2015年第4期。

赵奎英:《从"存在与时间"到"栖居与空间"——海德格尔后期哲学的空间化转向及其生态美学意义》,《厦门大学学报》2009年第2期。

张贤根:《海德格尔美学思想研究述评》,《哲学动态》2002年第2期。

张兴娟:《海德格尔:哲学作为生命对历史的倾听》,《广西师范大学学报》(哲学社会科学版)2017年第4期。

周铭哲:《庄子"齐物"与海德格尔"常人"之比较研究》,《牡丹江大学学报》2018年第8期。

张汝伦:《〈存在与时间〉为什么没有完成?》,《世界哲学》2011年第4期。

支运波:《急迫、建基与敞开:海德格尔对诗的沉思》,《社会科学》2017年第9期。

邹小华:《从操心范畴看海德格尔对科西克思想之影响》,《内蒙古社会科学》(汉文版)2019年第1期。

Bindeman Steven L., *Heidegger and Wittgenstein: The Poetics of Silence*, Washington, D. C.: University Press of America, 1981.

C. Macanned, *Martin Heidegger: Critical Assessments*, Vol. 4, London, 1992.

Daniel O. Dahlstrom, *Heidegger's Concept of Truth*, London: Cambridge University Press, 2001.

George Pattison, *The Later Heidegger*, London, 2000.

Lucien Goldmann, *Lukacs and Heidegger: Towards a New Philosoph*, London: Routledge, 1992.

Macquarrie John, *Heidegger and Christianity*, London: SCM Press, 1994.

Marx Werner, *Heidegger and Tradition*, trans. Theodore Kisiel and Murray Greene, Evanston, IL: Northwestern University Press, 1971.

Neske Gunther and Emil Kettering, *Martin Heidegger and National Socialism, Questions and Answer*, trans. Lisa Harries and Joachim Neugroschel, New York: Paragon House, 1990.

Ott Hugo, *Martin Heidegger: A Political Life*, trans. Allan Blunden, New York: Basic Books, 1993.

Poggeler Otto, *The Paths of Heidegger's Life and Thought*, trans. John Bailiff, Amherst, NY: Humanity Book, 1998.

Robert Mugerauer, *Heidegger's Language and Thinking*, Atlantic Highlands, NJ: Humanities Press International, Inc., 1988.

Sheehan, *Heidegger, The Man and the Thinker*, Chicago: Precedent Publishing, 1981.

三 其他相关著作及论文

（一）著作

奥古斯丁：《忏悔录》，周士良译，商务印书馆1992年版。

北京大学哲学系：《古希腊罗马哲学》，生活·读书·新知三联书店

1957年版。

柏格森：《形而上学导言》，刘放桐译，商务印书馆1963年版。

陈嘉映：《语言哲学》，北京大学出版社2003年版。

陈嘉映：《思远道》，福建教育出版社2000年版。

杜小真：《萨特引论》，商务印书馆2007年版。

丹·扎哈维：《胡塞尔现象学》，李忠伟译，上海世纪出版集团2007年版。

丹·扎哈维：《主体性和自身性——对第一人称视角的探究》，蔡文菁译，上海译文出版社2008年版。

方朝晖：《重建价值主体——卡尔·雅斯贝斯对近现代西方自由观的扬弃》，中央广播电视大学出版社1993年版。

费尔迪南·德·索绪尔：《普通语言学教程》，高明凯译，商务印书馆1980年版。

葛兆光：《中国思想史》（第二卷），复旦大学出版社2001年版。

高秉江：《胡塞尔与西方主体主义哲学》，武汉大学出版社2005年版。

黑格尔：《哲学史讲演录》（第4卷），贺麟、王玖兴译，商务印书馆1981年版。

哈贝马斯：《现代性的哲学话语》，曹卫东等译，译林出版社2004年版。

哈贝马斯：《哈贝马斯精粹》，曹卫东选译，南京大学出版社2009年版。

胡塞尔：《纯粹现象学通论》，李幼蒸译，商务印书馆1996年版。

胡塞尔：《现象学与哲学的危机》，吕祥译，国际文化出版公司1988年版。

胡塞尔：《欧洲科学的危机和超验现象学》，张庆熊译，上海译文出版社1988年版。

何卫平：《通向解释学辩证法之途》，上海三联书店2001年版。

汉斯·昆、瓦尔特·延斯：《诗与宗教》，李永平译，生活·读书·

新知三联书店 2005 年版。

洪汉鼎：《现象学十四讲》，人民出版社 2008 年版。

今道友信：《存在主义美学》，崔相录、王生平译，辽宁人民出版社 1987 年版。

加缪：《西西弗的神话》，杜小真译，西苑出版社 2003 年版。

伽达默尔：《真理与方法》（下卷），洪汉鼎译，上海译文出版社 2002 年版。

伽达默尔：《哲学解释学》，夏镇平、宋建平译，上海译文出版社 2004 年版。

康德：《判断力批判》，邓晓芒译，人民出版社 2002 年版。

克罗齐：《美学原理》，朱光潜译，外国文学出版社 1983 年版。

克罗齐：《美学或艺术和语言哲学》，黄文捷译，中国社会科学出版社 1992 年版。

克劳斯·黑尔德：《时间现象学的基本概念》，靳希平等译，上海译文出版社 2009 年版。

克劳斯·黑尔德，孙周兴编：《世界现象学》，倪梁康等译，生活·读书·新知三联书店 2003 年版。

克尔凯郭尔：《基督徒的激情》，鲁路译，中央编译出版社 1999 年版。

卡尔·雅斯贝斯：《生存哲学》，王玖兴译，上海译文出版社 2005 年版。

刘小枫：《走向十字架上的真》，上海三联书店 1994 年版。

刘小枫编：《人类困境中的审美》，知识出版社 1994 年版。

刘小枫：《现代性社会理论绪论》，上海三联书店 1998 年版。

刘小枫：《诗化哲学》，华东师范大学出版社 2007 年版。

罗素：《西方哲学史》（上卷），何兆武、李约瑟译，商务印书馆 1963 年版。

列维纳斯：《上帝·死亡和时间》，余中先译，生活·读书·新知三联书店 1997 年版。

李泽厚:《中国思想史论》,安徽文艺出版社1999年版。

刘放桐:《现代西方哲学》,人民出版社1981年版。

莱斯泽克·柯拉柯夫斯基:《形而上学的恐怖》,唐少杰等译,生活·读书·新知三联书店1999年版。

雷蒙·威廉斯:《关键词——文化与社会的词汇》,刘建基译,生活·读书·新知三联书店2005年版。

李元:《加缪的新人本主义哲学》,上海社会科学院出版社2007年版。

梅洛·庞蒂:《知觉现象学》,姜志辉译,商务印书馆2001年版。

马丁·布伯:《人与人》,张健、韦海英译,作家出版社1992年版。

马丁·布伯:《我与你》,陈维纲译,生活·读书·新知三联书店2002年版。

尼采:《权力意志——重估一切价值》,张念东、凌素心译,商务印书馆1991年版。

倪梁康:《自识与反思》,商务印书馆2006年版。

萨特:《生活·境遇——萨特言谈随笔集》,秦裕、潘旭镭译,上海三联书店1990年版。

萨特:《存在主义是一种人道主义》,周煦良、汤永宽译,上海译文出版社2005年版。

萨特:《存在与虚无》,陈宣良等译,生活·读书·新知三联书店2007年版。

舍勒:《舍勒选集》,刘小枫选编,上海三联书店1999年版。

叔本华:《作为意志和表象的世界》,石冲白译,商务印书馆1982年版。

舍斯托夫:《以头撞墙》,方珊译,陕西师范大学出版社2003年版。

宋志明:《薪尽火传——宋志明中国古代哲学讲稿》,北京师范大学出版社2010年版。

特里·伊格尔顿:《审美意识形态》,王杰译,广西师范大学出版社2001年版。

特雷·伊格尔顿：《二十世纪西方文学理论》，伍晓明译，北京大学出版社 2007 年版。

W. 考夫曼编：《存在主义》，陈鼓应等译，商务印书馆 1995 年版。

王为理：《人之问——思与禅的一种诠释与对话》，上海三联书店 2001 年版。

威廉·冯·洪堡特：《论人类语言结构的差异及其对人类精神发展的影响》，姚小平译，商务印书馆 1999 年版。

熊十力：《新唯识论》，中华书局 1985 年版。

徐友渔：《哥白尼式的革命——哲学中的语言转向》，上海三联书店 1994 年版。

杨春时：《美学》，高等教育出版社 2004 年版。

杨春时：《走向后实践美学》，安徽教育出版社 2008 年版。

杨大春：《语言·身体·他者——当代法国哲学的三大主题》，生活·读书·新知三联书店 2007 年版。

张汝伦：《德国哲学十论》，复旦大学出版社 2004 年版。

（二）论文

丁耘：《启蒙主体性与三十年思想史——以李泽厚为中心》，《读书》2008 年第 11 期。

高秉江：《胡塞尔的内在时间意识与西方哲学的时间观》，《求是学刊》2001 年第 6 期。

李泽厚：《思想史的意义》，《读书》2004 年第 5 期。

罗钢：《一个词的战争——重读王国维诗学中的自然》，《北京师范大学学报》（社会科学版）2007 年第 1 期。

童世骏：《"后世俗社会"的批判理论——哈贝马斯与宗教》，《社会科学》2008 年第 1 期。

王晓东：《哲学视域中的主体间性问题论析》，《天津社会科学》2001 年第 5 期。

杨春时：《美学要回应现代性的挑战》，《广西师范大学学报》（哲学社会科学版) 2001 年第 1 期。

余虹:《审美主义的三大类型》,《中国社会科学》2007 年第 4 期。

H. H. Gerth and C. W. Mills, *From Max Weber: Essays in Sociology*, New York: Oxford University Press, 1946.

Habemas, *Knowledge and Human Interests*, trans. by Jeremy Shapiro, Boston: Beacon Press, 1971.

Karl Jaspers, *The Origin and Goal of History*, Routledge & Kegan Paul Ltd., Broadway House, Carter Lane, London.

Lovejoy ao, *Essays in the History of Ideas*, Baltimore: John Hopkins Press, 1948.